5627

Motifs & Détails
CHOISIS
d'Architecture Gothique

EMPRUNTÉS

AUX ANCIENS ÉDIFICES DE L'ANGLETERRE

par

A. PUGIN,

ARCHITECTE,

TEXTE HISTORIQUE & DESCRIPTIF

PAR

E. J. WILSON,

Traduit avec autorisation & annoté

PAR

ALPHONSE LEROY,

Professeur à l'Université de Liége.

2ᵐᵉ VOLUME.

PARIS, | LIÉGE,
J. Baudry, éditeur. | Même Maison,
Rue des Saints Pères, 15. | Place derrière St Paul, 6.

1867.

PRÉFACE DE L'AUTEUR.

En soumettant à mes amis et au public le présent volume, je viens m'acquitter de toutes les promesses que je leur ai faites lorsque je leur ai livré son prédécesseur. Un *Glossaire* d'architecture a été composé; ni soins ni dépenses ne m'ont arrêté pour réaliser un progrès; les descriptions sont plus circonstanciées et plus techniques, plus satisfaisantes, j'ose l'espérer; enfin, j'ai visé plus que jamais, dans toutes les parties de l'ouvrage, à l'exactitude et à l'utilité pratique. J'ai éprouvé une grande satisfaction en recevant les encouragements les plus flatteurs de la part des premiers architectes de la métropole, et de plusieurs antiquaires éminents (1). Ces témoignages me récompensent largement de mes efforts accomplis, m'excitent à en tenter de nouveaux, et m'animent d'un désir croissant de plaire à ceux qui m'ont accordé leur approbation. Pendant que je travaillais à ce second volume, des hommes de savoir et de goût m'ont poussé à continuer mon œuvre, et à recueillir les matériaux d'un troisième : preuve évidente que je n'ai fait fausse route, ni quant au choix des sujets, ni quant à la manière dont j'ai essayé de les traiter. Je me sens honoré du vœu qu'on a bien voulu exprimer et j'en garderai un souvenir reconnaissant. Mais je crois devoir clore ici cette série d'études, pour conserver mon crédit devant le public. Mon intention première avait été d'insérer dans ce volume un plus grand nombre de *spécimens* d'architecture *domestique*, et quelques modèles empruntés à des *châteaux*; j'ai reconnu ensuite qu'il me serait impossible d'atteindre convenablement mon but sans augmenter outre mesure le nombre des planches. D'autre part, je suis à peu près certain qu'un ouvrage de ce genre sera publié par mon ami J. Britton, qui s'est attaché depuis nombre d'années à recueillir des plans, des coupes, des vues et des documents concernant ces édifices intéressants et pittoresques. J'ai contracté de grandes obligations envers ce gentleman et envers M. Willson, de Lincoln : je dois au premier d'excellents conseils pratiques, et je ne saurais assez faire l'éloge du zèle et du jugement sain que le second a déployés dans la rédaction du texte annexé à mon travail. Mes sentiments me portent aussi à donner publiquement une marque de gratitude à toutes les personnes qui ont saisi l'occasion de m'obliger, soit comme propriétaires, soit comme conservateurs des monuments que j'ai dessinés : je ne saurais assez dire combien j'ai été touché de leur empressement et de leur obligeance.

---

(1) L'ouvrage avait paru par livraisons. — Le tome II est précédé d'une dédicace à Rob. Smirke, esq. architecte attaché aux bâtiments royaux, etc. (*Note du traducteur.*)

PRÉFACE DE L'AUTEUR.

Depuis la publication du premier volume de ces *spécimens*, une catastrophe est survenue; un grand nombre d'exemplaires ont été détruits, et les éditeurs-propriétaires ont subi une perte sérieuse. Un incendie a consumé entièrement la maison de M. Taylor, à Holborn, dans la nuit du 23 novembre, et avec elle un dépôt considérable d'ouvrages d'architecture d'un grand prix, de dessins, de gravures et d'autres objets importants. *Tous les exemplaires invendus* de mon premier volume, le *Glossaire*, les tirages des planches IV et V ont été enveloppés dans ce désastre. L'utilité de mes spécimens et le soin avec lequel ils sont dessinés étant aujourd'hui compris et appréciés par les hommes de l'art qui ont des bâtiments neufs à construire ou des restaurations à exécuter, il a fallu réimprimer le tout sans retard. Je n'ai pas négligé de soumettre cette réimpression à une révision sévère; j'y ai introduit des corrections chaque fois que l'occasion s'en est présentée.

Pour conclure, j'appellerai respectueusement l'attention de mes protecteurs et du public en général sur un nouveau recueil que j'ai préparé de longue main avec mon ami M. Britton, et qui sera intitulé: *Architectural illustrations of the Public Buildings in London*. Il comprendra des plans, des élévations et des vues des principales églises et chapelles, des ponts, des *mansions*, des théâtres, des *halls*, etc., de la métropole, et sera accompagné de descriptions historiques et architectoniques. On peut s'en procurer le prospectus chez les éditeurs du présent volume.

A. PUGIN.

105, *Great Russell Street, Bloomsbury*, le 21 décembre 1822.

TABLE DES PLANCHES DU SECOND VOLUME.

N°ˢ d'ordre. / Renvois au texte. Pages.

25. — *Frontispice.* — Porte de la chapelle S¹-Étienne (actuellement la *Chambre des Communes*). 46

PALAIS DE HAMPTON-COURT.

1. — Parapet et tourelles au-dessus de la tour d'entrée. 27
2. — Pignons de la grande salle et de la façade occidentale. . . 27
3. — Tuyaux de cheminées dans la première cour. 28
4. — Tuyaux de cheminées dans la première cour et dans la cour de la Fontaine. 28
5. — Élévation d'une partie de la cour intérieure. 29
6. — Fenêtre d'oriel au-dessus de la seconde porte cochère. . . 29
7. — Arcade et voûte en arête de la seconde porte cochère. . . 30
8. — Coupe transversale des combles de la grande salle. . . . 30
9. — Coupe longitudinale des mêmes combles; détails et ornements. 31
10. — Élévation de la tribune des musiciens, dans la grande salle. 32
11. — Porte du côté Nord-Ouest de la grande salle. 33
12. — Élévation de l'oriel et de deux autres fenêtres du boudoir ou salon de retraite. 34
13. — Plafond du salon de retraite, plan et coupe. 36

ÉGLISE DE SAINTE-MARIE, A OXFORD.

14. — Coupe transversale de la nef et de l'aile méridionale. . . 37
15. — Travée de la grande nef, côté du Sud. 37

PORCHES ET PORTES D'ENTRÉE.

16. — Porte méridionale de l'église d'Iffley, comté d'Oxford. . . 38
17. — Porte occidentale de l'église de S¹-Sauveur, à Southwark. . 38
18. — Porte du Collège de Merton, à Oxford. — Porte de l'église du Christ. 39
19. — Porches de l'église de S¹-Michel, à Oxford, et de l'église de la Trinité, à Cambridge. 39
20. — Portes du Collège du Roi, à Cambridge. 41
21. — Porte du Collège des Ames, à Oxford. — Porte de l'hôtel de Guise, à Calais 43
22. — Grandes portes de l'hôtel de Guise, à Calais, et du Collège des Ames, à Oxford. 43
23. — Grande porte du Nord à l'église de S¹ᵉ-Marie, à Cambridge. . 44
24. — Porte dans les cloîtres du Nouveau Collège, à Oxford. — Porte dans la chapelle d'Édouard-le-Confesseur, à l'abbaye de Westminster. 45

FENÊTRES.

26. — Fenêtres à Oxford 46
27. — Rose ou roue de Ste-Catherine, au transsept méridional de l'église de Westminster. 47
28. — Fenêtres du Collége du Roi, à Cambridge et du Collége de Baliol, à Oxford 48
29. — Fenêtres d'Oriel dans la grande salle du Collége de Jésus, à Cambridge 48
30. — Partie supérieure de la tour d'entrée du Collége de Brazen-Nose, à Oxford 49

MONUMENTS SÉPULCRAUX, ETC., A L'ABBAYE DE WESTMINSTER.

31. — Monument du prince John d'Eltham († 1334) 50
32. — Idem du roi Édouard III († 1377) 51
33. — Élévation d'une tourelle de la cage d'escalier du monument du roi Henry V († 1422). 52
34. — Coupe de la même tourelle 52
35. — Dais en pierre de la tombe de William Dudley (dite de Lady St-John). 53
36. — Monument de l'abbé Fascet. 54
37. — Porte et écran dans la chapelle de l'abbé Islys. 54

NICHES POUR STATUES; STALLES.

38. — Niche dans la chapelle de Henry VII, à l'abbaye de Westminster. 56
39. — Niches à Oxford. 57
40. — Siége ou stalle dans la chapelle de Henry VII, à Westminster. 58
41. — Dais de la même stalle. 59

SUJETS DIVERS.

42. — Tribune en pierre dans la cathédrale de Worcester. . . . 60
43. — Tribune en pierre dans une cour du collége de la Madeleine, à Oxford. 61
44. — Coffre sculpté (appartenant à G. Ormerod, Esq.). 61
45. — *Triforium* de la nef de l'abbaye de Westminster. 63
46. — Tourelle et gable de la chapelle du Collége du roi, à Cambridge. 63
47. — Voûte d'arête à l'église St Sauveur, à Southwark (Chapelle Notre-Dame). 64
48. — Chapiteaux et bases 65
49. — Chapiteaux feuillagés 65
50. — Consoles et ornements sculptés, à Oxford 66
51. — Ornements sculptés, à l'abbaye de Westminster. 66
52. — Corniches et crêtes courantes, à l'abbaye de Westminster . . 66
53. — Cheminée dans la galerie de la reine Élisabeth, au château de Windsor. 67
54. — Détails d'ornementation de la même cheminée. 68

REMARQUES

SUR

L'ARCHITECTURE GOTHIQUE

ET SUR

LES IMITATIONS MODERNES DE CE STYLE.

DEUXIÈME ESSAI.

Les *motifs et détails* étant destinés à contribuer au progrès des études pratiques dont l'architecture ogivale est depuis quelque temps l'objet, l'auteur a jugé utile de faire précéder le premier volume de cette publication, de quelques *remarques historiques* sur la décadence du style gothique en Angleterre, après le règne de Henry VIII. Il y constate l'indifférence et même le dédain qu'on professa pour cette forme de l'art, lorsque l'architecture italienne obtint la vogue; l'ignorance où l'on tomba généralement, par l'effet de cet abandon, à l'égard des principes qui avaient guidé les anciens maîtres; enfin la réaction qui s'est opérée en faveur des types du moyen-âge, à notre époque et dans notre pays. La suite de ces réflexions servira d'introduction à la seconde partie de l'ouvrage.

On a déjà signalé la coïncidence de la révolution architecturale dont nous sommes témoins, avec le revirement du goût en littérature. Les artistes n'ont fait que suivre une voie qui leur était tout naturellement tracée par les tendances des écrivains et par les préférences du public. C'est de la même manière, nous l'avons déjà dit, qu'un zèle enthousiaste pour la culture classique avait autrefois provoqué l'admiration la plus exclusive pour l'architecture romaine. Pendant toute une longue période, le mot *gothique* signifia *barbare*; il fut de mode de l'appliquer, en guise d'épithète méprisante, dans les arts et dans les lettres, à tout ce qui s'écartait du genre de beauté des modèles antiques. Nous avons mentionné quelques-uns des premiers essais ou mémoires publiés dans le but de ramener l'attention sur l'architecture du moyen-âge. Le nombre de ces travaux s'est considérablement accru; mais nous bornerons là nos indications, pour ne pas sortir du cadre nécessairement restreint de ces remarques.

Malheureusement, la plupart des auteurs auxquels nous faisons allusion se sont appliqués avec trop de persistance à la recherche des *origines* et de *l'invention* du style gothique, et leurs conclusions sur un sujet aussi obscur ne sont guère étayées de preuves suffisantes (1). Ils ont entassé arguments sur arguments, sans s'inquiéter de la solidité de ces prémisses, et ainsi ils n'ont fait qu'embrouiller la question; leur empressement irréfléchi a donné naissance à une théorie qui doit paraître ridicule aux antiquaires du continent, ce qui ne laisse pas que de plaire médiocrement à ceux d'Angleterre. Les hostilités politiques confinèrent pendant longues années nos artistes et nos touristes dans leurs îles natales : ils utilisèrent cette séquestration forcée en étudiant d'une manière approfondie nos monuments d'architecture; ils en déterminèrent avec une grande précision l'âge respectif; ils notèrent avec le soin le plus minutieux les différences de style qui les caractérisent, et les résultats de leurs travaux ont été généralement adoptés par les historiens de l'art. Mais ils n'avaient pu visiter ni l'Allemagne, ni la France, ni la Flandre; or on sait que ces contrées possèdent des

---

(1) M. D. Ramée ne cite pas moins de 78 opinions différentes sur l'origine de l'ogive, et il serait facile, aujourd'hui, de grossir cette liste. « La série des idées sur ce point, dit l'écrivain français, est curieuse à parcourir. Jamais peut-être n'y avait-il eu une diversité aussi bizarre et aussi puissante sur aucun fait de l'histoire. » *(Note du traducteur.)*

églises, des palais et des clochers qui sont loin de le céder en magnificence à ceux de l'Angleterre. Sans tenir compte des prétentions rivales des autres peuples, ils affirmèrent, sur la foi d'inductions plus ou moins spécieuses, que les architectes étrangers n'avaient été que les imitateurs d'un style inventé et perfectionné par les Anglais (1).

Il ne saurait entrer dans notre plan de discuter l'origine du style gothique. Disons seulement que, dans notre conviction, l'invention n'en peut être attribuée aux Anglais (2). L'arc ogival (*pointed*) nous est arrivé d'Orient, ou bien il résulte tout simplement de l'intersection de deux demi-cercles

---

(1) Le terme « *Architecture nationale anglaise*, » appliqué aux mouvements des XIIIe, XIVe et XVe siècles, ainsi que l'hypothèse qui l'avait mis en crédit, furent repoussés pour de sérieux motifs par le Rév. G. D. Whittington, qui paraît avoir visité et examiné attentivement, tout exprès, en 1802 et 1803, les principales églises de France et d'Italie. Sa mort prématurée l'empêcha de mettre la dernière main à un ouvrage étendu qu'il avait composé sur l'architecture. Un volume, extrait de ses papiers, vit le jour en 1809 ; mais alors la reprise des hostilités venait de nous interdire de nouveau l'accès du continent, si bien que les arguments des auteurs français en faveur de leur système ne parvinrent guère à la connaissance des Anglais avant le rétablissement de la paix, en 1815. Les idées émises par Whittington dans son *Historical survey of the Ecclesiastical antiquities in France* furent l'objet d'une censure sévère de la part du célèbre artiste John Carter, qui y consacra une série d'articles dans le *Gentleman's Magazine*. Champion décidé de l'architecture *anglaise*, Carter traita du haut de sa grandeur, avec le ton superbe d'un héros de la chevalerie, l'audacieux qui avait osé revendiquer, pour les églises françaises, la palme de la beauté et de l'antiquité ; mais son imagination échauffée fut seule à lui décerner les honneurs du triomphe.

(2) L'arc ogival se montre déjà dans quelques-unes des anciennes mosquées du Caire, dont la construction remonte bien positivement au IXe siècle de notre ère (LUBKE, *Geschichte des Architektur*, 2e édition, Cologne (Leipzig) 1858, in-8, p. 225). Deux ou trois siècles plus tard, il apparaît dans les monuments arabes de la Sicile ; enfin il commence à remplir un rôle important dans les édifices romans de la dernière période, dite de *transition*. A vrai dire, jusque là, il n'y faut guère voir autre chose qu'un ornement ; mais enfin c'était une forme adoptée dans l'art monumental, longtemps avant que les architectes anglais songeassent à *l'imaginer*. Même observation quant au style ogival proprement dit, c'est-à-dire quant au style où l'ogive est inhérente à la construction elle-même, où plutôt en est l'inévitable conséquence. C'est au nord-ouest de la France qu'il fleurit d'abord ; c'est là qu'on peut saisir le moment précis du passage du roman au gothique (Laon, Noyon, etc., quelques monuments de la Normandie), entre 1160 et 1170 ; c'est de là que, peu de temps après, il traversa la Manche, et se répandit d'autre part en Allemagne et dans les pays du Nord. Au fond, cette controverse est assez insignifiante : mieux vaut prendre les choses de plus haut. Le style gothique est essentiellement germain, comme l'établit fort bien M. Lübke (p. 379). Les Français du Nord, fortement germanisés et hardis à tenter des innovations, ont rompu les premiers avec la tradition antique, encore empreinte dans le style roman. Le rapport symbolique du nouveau type avec l'esprit de l'époque, avec le caractère de la scolastique et avec les tendances sociales des races du Nord, fut immédiatement saisi par les artistes, chez tous les peuples de cette origine. A un moment donné, on dirait qu'ils écoutent un mot d'ordre : la révolution s'accomplit presque instantanément, comme plus tard la contre-révolution de la Renaissance. La France eut la mission de souffler sur l'étincelle ; mais bientôt chaque nation eut sa part de gloire. V. Hope, *Histoire de l'architecture*, trad. par A. Baron (Paris, Noblet, 1856, in-8°) chap. XXXVII et XXXIX. (*Note du traducteur.*)

(*arcs enlacés*), disposition qu'on observe dans plusieurs édifices de l'Europe (1): il y a plus d'un argument à l'appui de l'une et de l'autre de ces conjectures, mais elles soulèvent aussi plus d'une objection (2). Quoi qu'il en soit, nous devons reconnaître qu'on trouve sur le continent des *spécimens* d'ogives et en général de constructions gothiques, d'une date certainement plus reculée et d'une perfection plus grande, eu égard à cette date, que les monuments semblables existant chez nous. C'est un fait établi par des documents authentiques, vérifié par l'analogie, et qui, au surplus, ne doit exercer aucune influence directe sur l'histoire critique de l'architecture en Angleterre.

Notre dessein n'étant pas d'écrire une telle histoire, il suffira, pour l'intelligence de ce recueil de *Spécimens*, de passer rapidement en revue les divers caractères que revêtit successivement le style gothique, de ce côté de la Manche (3).

---

(1) Elle se rencontre assez fréquemment en Angleterre même, par exemple à l'église abbatiale de Croyland, à la cathédrale de Canterbury, au prieuré de Castle acre, à St.-Joseph de Glastonbury, à Castle rising (Norfolk), etc. *(Note du traducteur.)*

(2) Sur cette question, v. l'ouvrage prémentionné du Rév. G. D. Wattington; le *Traité de l'architecture ecclésiastique du moyen-âge* in-8°, 1811), du Rév. Dr Milner; deux lettres du Rév. John Haggith à un membre de la Société des Antiquaires, *sur l'architecture gothique* (in-8°, 1813), et les *Recherches* du Rév. William Gunn *sur l'origine et l'influence* de la dite architecture (in-8°, 1819).

(3) En traçant ce tableau, nous avons été plus d'une fois embarrassé par le défaut de termes appropriés à la matière : les écrivains spéciaux ne sont point d'accord entre eux sous ce rapport; celui-ci choisit tel mot, celui-là en emprunte tel autre; chacun suit ses préférences. Nous avons pris note d'un certain nombre de termes, et expliqué brièvement ceux qui nous ont paru dignes d'être généralement adoptés : il ne faut jamais oublier que plus on est fixé sur le sens précis des expressions techniques, plus on a de chances de rendre le sujet qu'on traite intelligible pour tout le monde. — V. ci-après les observations placées en tête du *Glossaire*.

ESQUISSE CHRONOLOGIQUE DE L'ARCHITECTURE ANGLAISE.

1. — STYLE ANGLO-SAXON OU SAXON. 597 (1)-1066.

Les édifices construits en Angleterre pendant les quatre siècles qui précédèrent la conquête normande sont ordinairement désignés comme Anglo-Saxons ou Saxons ; mais la date exacte d'un certain nombre de monuments attribués aux architectes de ces époques reculées n'ayant pu être suffisamment établie (2), tout ce qu'il est possible de dire du style saxon, c'est qu'il semble n'avoir été qu'une altération du style romain, observation qui s'applique aussi aux bâtisses élevées sur le continent dans le cours de la même période.

2. — STYLE ANGLO-NORMAND OU NORMAND. 1066-1189.

Les princes et les nobles Normands des XIe et XIIe siècles eurent un goût très-prononcé pour les constructions. A la différence des Anglo-Saxons, ils avaient des habitudes de frugalité ; en revanche ils tenaient à résider dans des manoirs de proportions grandioses. Presque toutes les grandes

---

(1) Date de la conversion des Anglo-Saxons au christianisme. — V. l'*Essai* du Rév. J. Bentham *sur l'architecture saxonne*, publié d'abord dans son *Histoire de la Cathédrale d'Ely* (in-4°, 1772), et ensuite dans les *Essais sur l'architecture gothique* ; Londres, 1800, in-8° (2e édition, 1808).

(2) L'église de Stewkley (Bucks) a été hardiment déclarée *saxonne*; l'église conventuelle d'Ely, une église en ruine à Oxford (Suffolk), une autre à Dunwich, et çà et là quelques vestiges d'anciens édifices ont été regardés comme antérieurs à la conquête normande. Feu M. Carter et M. King (dans ses *Munimenta antiqua*) n'ont pas hésité à déterminer les traits caractéristiques de l'architecture saxonne. Quelques écrivains ont tenté de distinguer les moulures et les proportions propres au style saxon et au style normand ; mais leurs conjectures sont plus ou moins arbitraires. — V. dans l'*Archeologia*, vol. XII, un *Essai* de W. Wilkins, esq., et l'*Histoire de l'église collégiale de Southwell*, par Dickinson, in-4°. Britton a discuté, dans ses *Antiquités architecturales*, les prétentions de quelques-unes des constructions précitées au titre de *saxonnes*.

églises de l'Angleterre furent rebâties à cette époque, et l'on vit s'élever un nombre prodigieux de châteaux. Ces édifices imposent par leur solidité lourde et massive ; leurs arcades sont en plein cintre ; leurs diverses moulures sont trop connues pour qu'il soit nécessaire de les décrire ici (1).

Plusieurs de ces détails d'ornementation, et à certains égards les proportions mêmes de certaines constructions normandes rappellent trop évidemment l'architecture romaine, pour qu'on y voie autre chose qu'une dégradation successive du type antique; de là l'on a proposé, pour le style normand, le nom de *roman* ou *romanesque* (2). La propriété de ce terme, eu égard à son étymologie, est incontestable; de plus, il mérite la préférence, en ce qu'il s'applique également à tous les édifices du même genre, existant en Angleterre, en Normandie ou dans d'autres pays. — Les planches 2, 3 et 4 du premier volume présentent des spécimens de ce style.

3. — 1189-1272.

L'adoption générale de l'ogive et la substitution de formes sveltes et élancées aux larges masses du style normand, furent pleinement décidées sous le règne du roi Jean ; mais on pourrait citer, de ces dispositions nouvelles, deux ou trois exemples remontant à quelques années plus haut. Il est impossible d'assigner une date exacte à ce changement et à ceux qui le suivirent ; il suffit d'indiquer le règne de tel ou tel roi, comme coïncidant à peu près avec l'époque où tel ou tel style fit son apparition. La présente période embrasse les règnes de Richard I, de Jean et de Henry III.

On a désigné l'architecture de ce temps sous les noms de *gothique primitif*, *simple gothique*, *gothique à lancettes*, *style anglais*, *ancien anglais*.

---

(1) V. Bloxam, ch. 5, et la préface du présent volume. (*Note du traducteur.*)

(2) Ce terme fut employé pour la première fois par W. Gunn, dans ses *Recherches sur l'architecture gothique*, citées plus haut. Dans une note explicative, M. Gunn justifie ainsi son choix : « Un Romain moderne, de quelque rang que ce soit, s'appelle lui-même *Romano*, distinction qu'il n'accorde pas à un simple *habitant* de sa ville natale ; depuis si longtemps que ce dernier soit domicilié à Rome, si son origine est incertaine, s'il est étranger par son extraction, s'il est simplement allié à une famille de la cité, on lui infligera l'épithète dédaigneuse de *Romanesco*. Je considère l'architecture, sauf discussion, du même point de vue, etc. » Sur la justesse de ce terme, V. la *Quarterly Review*, vol. XXV, p. 118.

Au double point de vue de la précision et de la simplicité, mieux vaut peut-être, ici comme ailleurs, fixer l'attention sur un modèle bien connu et d'une authenticité incontestable. Ainsi, la cathédrale de Salisbury étant le spécimen le plus complet de la forme artistique dont il s'agit, pour plus de clarté et nous mettant en garde contre toute méprise, nous pourrons, s'il s'agit de décrire un édifice construit sous les mêmes inspirations, dire qu'il appartient au *style de Salisbury* (1). V. la pl. 5 du premier volume et vol. II, pl. 47.

4. — 1272-1377.

Le XIIIe siècle ne s'acheva point sans détrôner le style simple de la cathédrale de Salisbury au profit d'une autre architecture d'un caractère plus riche. L'abbaye de Westminster offre peut-être le plus ancien exemple de cette innovation, sur une large échelle. Elle fut commencée par le roi Henry III, en 1245; mais les fenêtres seraient difficilement antérieures à l'événement d'Édouard I, ce qui nous donne le point de départ de la quatrième période. La partie orientale de la cathédrale de Lincoln est encore d'une plus grande richesse; cet édifice ne fut terminé qu'en 1305, quoique probablement ses premières assises remontent à vingt ans plus tôt (2). Les maisons chapitrales, à York et à Salisbury, et même quelques portions de la cathédrale de cette dernière ville, vraisemblablement celles dont on s'occupa en dernier lieu, se rangent, pour le style, à côté des monuments précités.

Les fenêtres de cette période sont d'une remarquable beauté. Les fenêtres

---

(1) Au premier abord, ce terme semble tomber sous la même objection que le terme « Anglais; » mais il offre l'avantage de pouvoir être employé dans les comparaisons, sans que la pensée se reporte sur la controverse signalée plus haut, à propos des prétentions nationales opposées aux prétentions étrangères. York, Lincoln, Exeter, Durham et les autres principales églises de notre île nous offrent des exemples palpables et d'admirables bases d'analogie, et font naître dans l'esprit des idées beaucoup plus promptes et plus claires que les descriptions purement verbales.

(2) Cette partie de la cathédrale de Lincoln, qui se prolonge au-delà du transsept supérieur, est incomparablement le plus riche spécimen de cette date existant en Angleterre; la profusion d'ornements qu'on y remarque démontre clairement qu'on a eu tort d'appliquer d'une manière exclusive les épithètes *orné*, *décoré*, *fleuri*, etc., aux styles des époques postérieures. La nef d'York n'est pas beaucoup plus récente; la nef et le chœur d'Exeter appartiennent aussi au même style, et offrent également de beaux modèles de broderie dans les réseaux des fenêtres.

latérales ont trois ou quatre baies au lieu de deux seulement ; on signalerait un ou deux exemples de grandes fenêtres sous pignons à huit *panneaux* ou baies.

Vers le milieu du XIVe siècle, un nouveau dessin se fait remarquer dans le réseau intérieur du sommet des fenêtres : les courbes s'entrecroisent, affectant quelquefois les complications des nervures d'une feuille : de là le nom de réseau *feuillagé* ou *ramifié*, applicable par exemple à la fenêtre occidentale de la cathédrale d'York, à celle de Durham, à la fenêtre orientale de la cathédrale de Carlisle, à la fenêtre circulaire qui s'ouvre à l'extrémité sud du grand transsept de la cathédrale de Lincoln, etc. Dans les plus anciens édifices de ce style, le tracé du réseau a été obtenu au moyen d'une combinaison de cercles et de segments de cercles, formant des trèfles, des quatrefeuilles, etc., ainsi qu'on peut le constater à l'abbaye de Westminster, aux fenêtres orientales de Lincoln, dans la nef et à la maison chapitrale d'York, à la maison chapitrale de Salisbury, etc. On a donné à ce type les noms de *gothique pur*, de *gothique absolu*, d'*anglais décoré*. — Voir les planches 20, 21, 22, 26, 27, 36 et 52 du premier volume, et vol. II, pl. 26, 31, 35, 49, 54, etc.

5. — 1377-1460.

La forme simple et majestueuse de l'ogive dont les deux arcs ont leurs centres sur la base du triangle inscrit, céda la place, à partir du règne de Richard II, à une forme moins élevée et plus compliquée. Au lieu de deux centres on en prit généralement quatre, quelquefois trois seulement. La nef de la cathédrale de Winchester présente des ogives de cette sorte ; cependant l'arc simple résultant de deux traits de compas resta préféré, pour les larges voussures, plusieurs années encore après le commencement du XVe siècle ; l'arc composé s'employa surtout pour les portes, les fenêtres, etc. (1). L'apparition de l'*ogive composée* est un signe caractéristique

---

(1) Les premières ogives composées s'élevaient à peu près à la même hauteur que les arcs en plein cintre ; par exemple, celles de la nef de Winchester. Deux ou trois fenêtres de Wresehil Castle (bâti par la famille Percy sous Richard II) ont une hauteur exactement égale à la moitié de leur portée. Plus tard, la proportion ordinaire fut beaucoup moindre relativement à la hauteur.

de la cinquième période; d'autres se trouvent dans le dessin du réseau des larges fenêtres, dans les murs intérieurs des églises, etc. Les meneaux, quoique se reliant entre eux, ne se courbent point avant d'avoir atteint une certaine hauteur, mais s'élancent le plus ordinairement en lignes perpendiculaires. Les deux grandes fenêtres, sous les pignons de Westminster-Hall, offrent d'anciens et beaux exemples de cette manière (vol. I, pl. 34 et p. 58); elles remontent à l'époque de Richard II. La fenêtre occidentale et le portail de la cathédrale de Winchester sont du même style. Aucune fenêtre n'égale en délicatesse celle du portail oriental de la grande église York; celle de la cathédrale de Beverley en est une noble imitation. Ce style a reçu les noms de *gothique orné*, *anglais décoré*, *anglais perpendiculaire* (1). — Pour les exemples, v. les planches 9, 10, 11, 18, 24, 25, 30, 31, 32, 33, 34, 35, 37, 38, 42, 43, 45 et 48 du premier volume, et vol. II, pl. 17, 27, 32, etc.

6. — 1460-1547.

La dernière période du style gothique est caractérisée par la domination générale de l'ogive surbaissée ou composée. La simple ogive, le plein cintre même n'avaient pas entièrement disparu : dans toutes les périodes, cette dernière forme se représenta occasionnellement à côté de l'ogive; mais enfin, à partir du milieu du XV° siècle, l'ogive plate devint prédominante. Les meneaux des fenêtres, perpendiculaires, comme dans la période précédente, offrirent

---

(1) Le terme *perpendiculaire* a été imaginé par M. Th. Rickman, architecte de Liverpool, qui l'applique indistinctement à tous les édifices postérieurs à l'avénement de Richard II, jusqu'au temps où l'ogive fut tout à fait abandonnée. « Je distingue par là nettement ce style, dit-il, de celui de l'époque précédente : son originalité bien tranchée consiste dans les lignes perpendiculaires des meneaux des fenêtres et des ornements des panneaux. » (*Essai de classification des différents styles de l'architecture anglaise*, 2° édition, 1819). Ce nouveau terme semble au premier abord un peu barbare et désagréable à l'oreille; mais il est scientifique, et choisi conformément aux lois d'une saine analogie. On pourrait trouver trop étendue la signification que lui donne M. Rickman, en ce sens que, dans la deuxième moitié du XV° siècle, l'arc obtus donna naissance à un style tout particulier; l'auteur de l'*Essai de classification* a passé très-légèrement à l'ordre du jour sur ce point. Turner, dans son *Tour de Normandie*, a fait usage du terme *perpendiculaire*, ce qui aidera vraisemblablement à le mettre en circulation. (*Note de l'auteur.*) — Bloxam (ainsi que plusieurs écrivains récents) réserve le terme *perpendiculaire* pour l'architecture des édifices construits à partir du règne d'Édouard III; il appelle *décoratif* le style de l'époque immédiatement précédente. (*Note du traducteur*).

encore l'aspect des barreaux d'un grillage (1); les moulures et les sculptures en taille se compliquèrent de plus en plus et furent ciselées, fouillées avec une délicatesse croissante. Les chapelles royales de *King's College*, à Cambridge; de St-Georges, au château de Windsor, et de Henry VII, à Westminster, sont autant de splendides échantillons de ce style, appelé par certains écrivains *gothique fleuri*, *anglais fleuri*, par d'autres, *anglais très-décoré* (highly decorated), *anglais perpendiculaire*. Le présent ouvrage en contient de nombreux spécimens. — V. les pl. 7, 8, 16, 23, 39, 41, 42, 43, 44, 45, 49, 50, 51, 52, 53, 54, 57, 58, 59 et 60 du premier volume, et vol. II, pl. 1, 2, 3, 4, 5, 7, 8, 9, 10, 12, 17, 18, 21, 36, 37, 38, 40, 41, 44, 52, 53, etc.

L'architecture du moyen-âge ne paraît pas avoir été l'objet d'études très-attentives, sur le continent, avant le rétablissement de la liberté des relations avec l'Angleterre, conséquence de la dernière paix. C'est depuis cet heureux moment que les *Antiquités architecturales de la Normandie* ont été gravées en une série de planches d'un burin sûr et habile (2); mais les Anglais qui n'ont pas voyagé s'intéresseront surtout au recueil des *Monuments de l'architecture allemande du moyen-âge*, publié ou terminé l'année dernière (3). Ils auront lieu d'admirer, par exemple, l'étonnante élévation de quelques-

---

(1) Nous empruntons cette comparaison qui, du reste, rend exactement la pensée de l'auteur, à M. Lübke (*ouv. cité*, p. 440). (*Note du traducteur.*)

(2) *Antiquités architecturales de la Normandie*, par John Sell Cotman, 2 vol. in-folio, 1822. Cet ouvrage contient 100 planches, magistralement dessinées et gravées à l'eau-forte, mais avec une grande préoccupation de l'effet, ce qui donne quelquefois aux sujets traités une apparence plus grandiose qu'ils n'ont en réalité. Les élévations sont bien calculées pour l'usage des architectes-praticiens; mais l'absence d'une échelle de dimensions laisse subsister une absolue incertitude quant à la grandeur effective de ces spécimens. C'est ainsi que, dans plusieurs planches, on a représenté les figures humaines dans des proportions évidemment inférieures à celles qu'elles devraient avoir, ce qui induit en erreur sur la hauteur des monuments vis-à-vis desquels elles sont placées. La partie descriptive, œuvre de D. Turner, Esq., est très-riche en renseignements historiques; mais nous aurions préféré des remarques critiques plus nombreuses sur les différents édifices représentés. M. Turner nous a gratifiés d'un *Tour en Normandie* (2 vol., 1820; v. ci-dessus). Ce *Tour*, entrepris dans le but d'étudier les anciens monuments dont le sol normand est couvert, renferme la description d'un grand nombre de beaux restes.

(3) *Denkmäler der Deutschen Baukunst*, dargestellt von G. von Moller. Darmstadt, 1821, in-folio (Cet ouvrage a été continué par M. Gladbach, et forme quatre parties. La 4ᵉ et dernière édition a été publiée à Francfort-sur-le-Mein en 1854, par M. Hessemer. Il ne faut pas confondre le livre de Moller avec les *Denkmäler der Kunst*, autre collection de spécimens très-précieuse, mais plutôt à l'usage des archéologues que des praticiens. Cette dernière a paru à Stuttgard en 2 vol., avec 157 pl., figurant 1700 sujets). (*Note du traducteur.*)

unes des cathédrales de l'Allemagne. L'importance du contenu de ce livre nous fait un devoir d'y consacrer une notice particulière. Soixante-dix grandes planches in-folio, la plupart au trait, exposent aux regards des modèles d'architecture rangés par ordre chronologique, depuis un édifice *romanesque* du VIIIe siècle, jusqu'aux riches constructions du XVe, époque où la fantaisie décorative paraît avoir atteint, sur le continent, le dernier degré de raffinement. C'est un tableau complet de l'histoire de l'art monumental du moyen-âge en Germanie. Parmi les objets d'étude les plus dignes d'attention que renferme cet ouvrage, nous signalerons une église de Gelnhausen, bâtie au XIIIe siècle; elle est d'un style mixte, ogival, avec une ornementation *romanesque* (1). Il ne faut pas oublier l'église Ste-Catherine d'Oppenheim (2), dont la partie orientale, construite entre 1262 et 1317, rappelle par son style à la fois simple et hardi l'abbaye de Westminster, bien que celle-ci soit conçue dans des proportions beaucoup plus larges; la nef, de 1439, a des fenêtres d'un dessin extrêmement riche; elles ressemblent à celles de la cathédrale d'Exeter, mais l'emportent en délicatesse. On admirera le clocher de la grande église d'Ulm, en Souabe, commencé en 1377, et terminé, sauf la flèche, en 1478. M. Moller reproduit un dessin au trait de l'élévation de cette tour, d'après un ancien vélin de deux yards (1m,83) de longueur. La base de la tour a près de 100 pieds; la hauteur totale est de 500, et la flèche est surmontée d'une statue de 15 pieds, représentant la Ste-Vierge portant son divin enfant. Les merveilles de ciselures dont toutes les parties de la surface de cette colossale œuvre d'art sont couvertes, n'ont point de rivales en Angleterre. Oserait-on dire qu'on éprouve comme un plaisir secret à penser que ce chef-d'œuvre ne saurait être achevé? La tour d'Ulm n'est parvenue qu'à 237 pieds (3) : au-dessus devait s'élever une lanterne octogonale, et au-dessus de la lanterne la flèche proprement dite, toutes deux percées à jours, toutes deux en légères et élégantes dentelles de pierre, et dépassant de 255 pieds le point culminant de la tour actuelle (4).

---

(1) LÜBKE, *ouv. cité*, p. 290, 292 (détails) et 320.   *(Note du traducteur.)*
(2) *Die Katharinenkirche zu Oppenheim* (splendide monographie), par F. H. Müller. Darmstadt, 1823, gr. in-folio.   *(Note du traducteur.)*
(3) Le pied anglais est un peu plus grand que le pied allemand : environ comme 100 est à 98.
(4) V. GRÜNEISEN et MAUCH. *Ulms Kunstleben im Mittelalter*. Ulm, 1840, in-8°; Fortoul, *L'art en Allemagne au moyen-âge*; les *Denkmäler der Kunst*, pl. 55 (4 et 5), et Kugler, *Handbuch der Kunstgeschichte*, t. II *(passim)*. — Il existe une monographie de l'église d'Ulm (par M. D.), publiée en 1825; nous n'avons pu nous la procurer.   *(Note du traducteur.)*

On n'a pas découvert en Angleterre un seul ancien dessin du genre de celui dont il vient d'être parlé; ils paraissent s'être mieux conservés ailleurs, car M. Moller en reproduit trois ou quatre, figurant d'autres tours grandioses, ou simplement leurs flèches. Les deux dernières planches de l'ouvrage étalent d'admirables modèles, dont les Allemands peuvent à bon droit s'enorgueillir. La planche 71 donne l'élévation de la cathédrale de Freibourg (en Brisgau), placée en regard du dôme d'Orvieto, en Italie, d'une part, et de l'autre, de l'église abbatiale de Batalha, en Portugal. La hauteur de la tour de Freibourg est d'environ 415 pieds anglais (128 mètres); la flèche seule, découpée à jours et du plus riche dessin, occupe à peu près un tiers de cette dimension (1). A la planche 72, nous voyons le « Münster » de Strasbourg, entre la cathédrale d'York et Notre-Dame de Paris. La façade de Strasbourg mesure en largeur (2) environ 180 pieds (environ 58 mètres), et 230 pieds (75 mètres environ) en hauteur, beaucoup plus que les tours d'York (3). Les deux flèches devaient avoir 458 pieds anglais (4); mais celle du Nord a seule été portée à cette hauteur. Tout inachevée qu'elle est, cette construction gigantesque suffit pour rabattre les prétentions de l'architecture *anglaise*. Le style de quelques-unes de ses parties ressemble beaucoup à celui d'York; mais sous le double rapport de la beauté et de la grandeur, il défie toute comparaison. Il est fort regrettable que la partie descriptive de l'ouvrage de Moller ne soit pas traduite en français ou en anglais (5) : en effet, indépendamment de l'explication des planches, il contient une dissertation sur l'histoire générale de l'architecture, élucidée et appuyée par des comparaisons entre différents édifices de même date, et renvoyant parfois le lecteur à des publications anglaises qui traitent de

---

(1) M. M. Schreiber a donné, en 1826, une description détaillée de la cathédrale de Freibourg (un vol. in-fol. et un vol. in-8º). *(Note du traducteur.)*

(2) La largeur de l'église, dans œuvre, est de 37^m,65. Pour la bibliographie, V. D. Ramée, *ouv. cité*, t. II. *(Note du traducteur.)*

(3) Les tours d'York ont 193 pieds anglais de hauteur, y compris leurs pinacles; la façade est large d'environ 138 pieds. La cathédrale d'Ulm mesure en longueur 121^m,50; en largeur, 49^m,50; en hauteur, jusqu'à la naissance du toit, la tour a 70 mètres. La grandeur des trois portes occidentales est en rapport avec celle des autres parties de la façade. La nef doit être de moitié plus élevée que celle d'York, pour donner ouverture à la grande rose centrale du porta

(4) Les calculs le mieux établis donnent 143^m,09. La tour *achevée* contient 635 marches d'escalier. *(Note du traducteur.)*

(5) Ce vœu a été accompli; l'ouvrage existe en anglais et en français.

(Note du traducteur.)

l'art monumental. Des spécimens gravés dans ce recueil, il résulte que les Allemands restèrent fidèles jusqu'à la fin au style gothique tel qu'il fut modifié dans les dernières années du XIVe siècle. Leurs dessins de cette période ne diffèrent pas absolument des dessins anglais, mais ils ont plus de légèreté et de finesse. Les tours sont merveilleusement aériennes et élancées. Presque pas de traces du style *perpendiculaire* (1); aucune analogie avec le style de la chapelle de Henri VII, ou d'autres monuments anglais du même genre, sauf dans des détails accessoires. La même observation est applicable à l'architecture française; au surplus, il convient d'attendre que les édifices étrangers aient été l'objet d'études plus attentives, avant de prononcer un dernier jugement sur leur mérite, comparativement à ceux de notre pays.

Quelques-uns des premiers essais de retour au style gothique tentés de nos jours ont été mentionnés dans la première partie de nos *Remarques* (2). Depuis quelques années, ce style est regardé comme convenant particulièrement aux résidences de campagne, et s'harmonisant de la manière la plus heureuse avec les effets pittoresques de paysage et les dispositions caractéristiques des parcs anglais. On a trouvé si fastidieuse la répétition perpétuelle de la symétrie *palladienne*, qu'on s'est épris tout d'un coup d'une passion ardente pour la variété, pour l'originalité saillante du style gothique. Les constructions à l'italienne étaient si uniformément équilibrées, leurs parties correspondantes étaient si exactement semblables entre elles que, soit que le visiteur se dirigeât vers un château le long d'une allée

---

(1) M. Turner fait la même remarque à propos des monuments français. « Dans les édifices religieux, sujet de mes dernières lettres, dit-il, j'ai essayé de vous faire connaître les spécimens des deux plus anciens styles d'architecture qu'on rencontre à Rouen. Les églises dont je vous entretiendrai maintenant appartiennent au troisième style, au style *décoré*; c'est l'ère des larges fenêtres ogivales, divisées par des meneaux qui s'entrelacent, en s'élevant en lignes ondulées, selon des courbes géométriques; c'est l'ère des sculptures riches et délicates. Ce style ne se développa guère, en Angleterre, que pendant une période de soixante-dix ans, sous les règnes du second et du troisième Edouard. En France, sa vogue paraît avoir été plus longue. Il y prit vraisemblablement naissance cinquante ans plus tôt que chez nous, et il y resta prédominant jusqu'à ce qu'il fût détrôné par la renaissance de l'architecture grecque ou italienne. — Nulle part je n'ai été capable de trouver, chez nos voisins les Gaulois, un vestige de l'existence du simple *style perpendiculaire*, qui est de beaucoup le plus commun dans notre pays, ni de cette variété de gothique somptueux à laquelle nos antiquaires ont donné le nom de la famille des Tudor. » — *Tour en Normandie*, vol. I, p. 177. Ceci peut se dire aussi pertinemment de la Flandre et de l'Allemagne que de la France.

(2) Vol. I, p. 10 et suiv.

droite, à la vieille mode, ou qu'il eût à suivre les méandres d'un chemin serpentant, le premier aspect de l'édifice lui faisait éprouver un plein désenchantement; rien ne contribuait à exciter son imagination (1). Les lignes horizontales du faîte s'élevaient sans la moindre grâce au-dessus des bois environnants; on avait finalement poussé si loin l'affectation de la simplicité, qu'on proscrivait même les coupoles et les balustrades dont Wren et ses élèves avaient voulu orner les sommets des bâtiments élégants. L'antiquité classique, disait-on, n'avait connu rien de semblable : c'étaient donc des inventions barbares (2).

Quand le style gothique reparut pour la première fois dans des maisons modernes, l'attrait de la nouveauté fit aisément prendre le change aux architectes et aux amateurs. Ils s'extasièrent à propos de misérables oripeaux, qu'ils n'auraient pas manqué de rejeter et de dédaigner, si les véritables mérites de l'architecture qu'ils cherchaient à relever eussent été mieux compris. Ces sortes d'erreurs doivent servir d'avertissement aux architectes qui aspirent à laisser un nom durable : il est si facile, si l'on n'y prend garde, de s'engager dans la route du mauvais goût! Beaucoup de fautes proviennent de ce qu'on veut trop entreprendre. La sévérité, la grandeur d'un castel féodal, la douce solennité d'une ancienne abbaye ne peuvent être que très-rarement reproduites par imitation; et il est vraiment absurde et ridicule de viser à de tels effets, quand il ne s'agit que de construire une maison d'importance médiocre (3).

Les principes du goût ont été tristement violés plus d'une fois par des imitateurs maladroits : leurs compositions pimpantes, mais disparates, ne

---

(1) « Le bon sens demande un certain degré de régularité. Les parties accessoires d'un édifice placées dans les mêmes conditions et servant aux mêmes fins, telles que les colonnes, les chapiteaux, les moulures, etc., doivent affecter les mêmes formes; en pareil cas, les dissemblances n'ont pas de raison d'être. Mais que toutes les parties du bâtiment soient rigoureusement régulières, qu'elles se correspondent exactement, lorsque les circonstances extérieures ne se prêtent ni à cette régularité ni à cette correspondance mathématique, c'est à mes yeux le comble de l'absurdité et de la disconvenance. » — KNIGHT, *Analytical Inquiry into the Principles of Taste*, 2⁰ partie.

(2) Le célèbre James Wyatt fit disparaître la coupole et la balustrade qui couronnaient le faîte de Belton-House (Lincolnshire), château du comte Brownlow, bâti par sir Christophe Wren. A Nocton, dans le même comté, un autre manoir du même âge, la résidence du dernier comte de Buckingham, fut aussi dépouillé de sa coupole il y a peu d'années. On remarque une coupole centrale dans le dessin original de Wanstead-House, comté d'Essex.

(3) L'auteur des *Metrical Remarks on modern Castles and Cottages, and architecture in general* (in-8⁰, 1813), a très-habilement fait ressortir les absurdités de cette sorte; mais il a fait fausse route quand il a voulu montrer quel est le style le plus convenable.

sont que des assemblages d'éléments empruntés sans choix à des châteaux et à des églises, servilement copiés, réduits à des dimensions mesquines, privés de leurs légitimes détails, et dont les contours paraissent nus et décharnés, lâchement exécutés qu'ils sont en bois ou en plâtre.

Il semble qu'on ait moins eu égard aux difficultés inhérentes à l'imitation du style gothique, qu'au mérite qu'il pouvait y avoir à tenter une pareille entreprise. Cette opinion sonnera mal aux oreilles de quelques personnes ; on ne peut s'attendre à la voir aisément accueillie parmi les hommes pratiques ; cependant, repoussant d'avance tout soupçon d'intentions peu généreuses envers nos contemporains, et reconnaissant avec empressement le grand mérite de quelques-unes de leurs œuvres de style gothique, nous ne pouvons nous empêcher d'affirmer avec une pleine conviction, que les architectes et ceux qui les employent ne font pas assez attention, en général, aux difficultés de l'art. Ils se contentent de trop peu ; ils trouvent trop vite excellent ce qui n'est nullement digne d'entrer en comparaison avec les anciens modèles.

Ce serait entreprendre une tâche malséante, que de censurer tels ou tels ouvrages particuliers. Tout Anglais est libre de bâtir comme il lui plaît, dans le style qu'il préfère, pourvu, bien entendu, qu'il ne porte point atteinte à la liberté d'autrui. Notre souverain (1) fait ses délices d'un palais richement décoré de coupoles et de minarets à l'orientale (2) ; son royal père (3) préférait un manoir à tourelles, en briques et en plâtre (4) ; nous voyons des pairs du royaume habiter des *cottages* couverts de chaume, et des marchands de la cité résider dans des châteaux ; et telle est enfin l'absolue *confiance* de la loi moderne, qu'il est permis à chacun de *créneler*, d'*embastiller*, en un mot de *fortifier* sa maison, sans être obligé de solliciter à cet effet une licence ou des lettres-patentes (5).

On nous accordera cependant que la liberté de publier son opinion existe aussi pour chacun ; et puisque tout édifice considérable attire inévitablement l'attention, l'approbation publique ne saurait être indifférente ni au fondateur ni à l'architecte.

---

(1) Georges IV.
(2) Assez étrangement désigné sous le nom de *Pavillon*, à Brighton.
(3) Georges III.
(4) A Kew.
(5) V. le GLOSSAIRE, au mot *Créneau*.

Les difficultés auxquelles il a été fait allusion tout à l'heure peuvent se ranger sous les chefs suivants :

1. La complication et la perfection du style en lui-même.
2. L'accroissement de la somme de travail qui en résulte.
3. La circonstance que les ouvriers modernes ne connaissent absolument rien des moulures et des ornements propres au style gothique.
4. La susceptibilité délicate des habitudes modernes, en opposition avec les façons d'être d'autrefois.

1. Le style gothique présentait, surtout dans ses applications à l'architecture religieuse, des complications tout autres que l'art monumental de la Grèce et de Rome. Peu d'édifices grecs sont restés debout ; leur caractère le plus tranché, dans quelque genre que se soit, réside dans la simplicité de la construction. Chez les Romains, l'architecture se compliqua, mais se distingua surtout par le grandiose. La légèreté incomparable, la sublimité des cathédrales du moyen-âge furent les conquêtes d'une vieille expérience, la réalisation d'un idéal poursuivi à travers les générations, par des essais sans nombre, de plus en plus hardis (1). La perfection que le style gothique peut atteindre n'a pas besoin d'être relevée par des commentaires ; notre pays renferme des monuments avec lesquels aucune œuvre moderne ne saurait entrer en parallèle. L'habileté déployée par nos anciens architectes et maçons à élever dans les airs flèches et pinacles, à faire reposer sur de sveltes piliers plusieurs rangs superposés de hautes et fières arcades, à épanouir les réseaux de dentelles des plafonds ouvragés, à y suspendre de merveilleux culs-de-lampe, porte aux imitateurs un défi presque désespérant.

> . . . . Le gothique subit la sentence d'exil ;
> Mais quand un art nouveau lui ravit la victoire,
> Il nous laissa du moins, pour venger sa mémoire,
> Ses firmaments de pierre et ses brillants réseaux,
> Et ses piliers géants assemblés en faisceaux (2).

---

(1) ... « Il est certain que les églises gothiques, à part les modifications du goût à chaque époque, présentent des beautés qui frappent tous les yeux. Nous ne saurions les contempler sans y reconnaître une majesté en rapport avec la dignité de leur destination, et sans attribuer à leurs auteurs la connaissance de ce qu'il y a de plus profond dans la science et dans l'art de construire, et une audace dans l'exécution, dont l'antiquité classique ne fournit pas d'exemples. — DALLAWAY, *Observations*, p. 81.

(2) *The economy of monostic life* ; a poem, by the Rev. T. D. FOSBROOKE, in-4°.

2. La dépense de la main-d'œuvre, en fait de style gothique, tient en grande partie à la richesse des moulures dont on veut orner les ouvertures et les saillies. Les puissants effets de lumière et d'ombre qui nous frappent dans les meilleurs édifices anciens sont produits par des courbes et par des dentelures aussi profondes, aussi fouillées que possible ; l'exécution de ces détails demande une grande patience et l'attention la plus consciencieuse. Faire correspondre exactement et assortir correctement les pièces recourbées d'une broderie de pierre, ce sera toujours un travail difficile (1).

3. Les conditions désavantageuses où sont placés les ouvriers modernes, quand il s'agit de mettre la main à une construction de style gothique, sont loin d'être facilement appréciables par les simples praticiens. L'expérience rend graduellement la difficulté moins considérable; mais nos ouvriers ont besoin d'un apprentissage plus spécial, si l'on veut qu'ils rivalisent un jour avec leurs prédécesseurs. Avant que le type gothique fût abandonné, il existait parmi ceux-ci un fonds de science pratique, accumulé pendant des siècles ; chaque modification du style, si elle ne répondait pas toujours à un progrès du bon goût, impliquait du moins quelque perfectionnement dans les procédés d'exécution ; or tous les secrets de l'art des anciens maçons sont perdus pour nous (2). Il est hors de doute que les boutons, les feuillages, les menues sculptures dont nous admirons la variété infinie, l'esprit, l'originalité, ont reçu leur exécution des individus mêmes qui en avaient donné le dessin. Attendez-vous à quelque chose de semblable, de la part des ouvriers terre-à-terre qui travaillent à nos édifices modernes ! Les anciens artisans doivent avoir été des dessinateurs très-habiles : qu'on s'attache donc à former en ce sens nos travailleurs, et bientôt on constatera de brillants résultats. De nos jours, le maçon et le charpentier sont beaucoup moins considérés qu'il y a trois ou quatre siècles : c'est que les préoccupations

---

(1) Un architecte du nord de l'Angleterre, aujourd'hui décédé, s'écria un jour tout en colère : « Je déteste ce style gothique : j'ai plus de peine à dessiner une fenêtre qu'à édifier deux maisons ! »

(2) La connaissance des mystères de l'Association des *maçons libres* (francs-maçons) ne nous apprendrait probablement pas grand'chose sur le style gothique. Inigo Jones et Sir Christophe Wren ont figuré tous les deux sur le catalogue des grands maîtres ; ils furent au courant et en possession des arcanes de la Société, et cependant l'un et l'autre ne surent que montrer leur incompétence, lorsqu'ils s'occupèrent de l'architecture du moyen-âge.

commerciales ont débordé chez eux le zèle de l'art, et que par suite ils sont tombés dans l'ignorance. Un jeune homme bien doué, fils d'un bon fermier, entre en apprentissage chez un maître constructeur ; au bout d'un certain temps, le voilà déchu du rang de sa famille ; il est de mauvaise compagnie aux yeux de son frère, qui est debout les six jours de la semaine, *en grande toilette*, derrière le comptoir d'un marchand drapier ; cependant la profession que le premier a choisie demande cent fois plus d'intelligence que celle de l'autre. On ne distingue pas assez entre l'homme de peine proprement dit, qui fait la grosse besogne et porte des fardeaux, et l'artisan capable d'exécuter les meilleurs détails d'une œuvre d'architecture. Il faut disposer ce dernier à compléter son éducation ; il faut élever son salaire proportionnellement à ses progrès, le mettre en rapport avec son habileté ; il faut qu'un homme capable, si même il ne possède pas un capital qui lui permette de s'établir comme maître, puisse convenablement subvenir à ses besoins, trouver la récompense de ses efforts persévérants, et conquérir une place respectable dans la société (1).

4. Le raffinement excessif des habitudes modernes a considérablement aggravé les difficultés de l'architecture domestique. Les *convenances privées* laissent si peu de latitude à l'architecte, il est obligé d'avoir tant d'égards pour la mode et pour le *comfort*, que les murailles nues et le toit sont à peu près le seul champ où son talent ait la faculté de se produire. Rien d'architectural dans l'intérieur ; l'entrée est rétrécie à des dimensions toutes conventionnelles ; la cage de l'escalier a perdu toute la noblesse que lui avaient donnée les moulures hardies et les sculptures de l'école de Jones et de Wren ; la balustrade a dégénéré en une série de bâtons, sans la moindre grâce ; les appartements ne se sont guère améliorés ; ce n'est point l'architecte, c'est le tapissier que l'on consulte : tout est couvert de draperies. On croirait la dignité de l'architecture plus ou moins respectée dans les églises; pourtant nous voyons l'intérieur de grands et anciens temples divisé en compartiments et en galeries closes, renfermant un petit nombre de siéges bien chauds et bien commodes, tandis que le reste est abandonné

---

(1) N'oublions pas que ces excellentes observations datent de 1822. Depuis lors, il a été beaucoup fait, dans les principaux pays de l'Europe, pour l'éducation des classes ouvrières ; mais on n'est pas encore arrivé à la hauteur de l'idéal de Willson. (*Note du traducteur.*)

comme inutile. D'un autre côté, l'on n'accorde aux églises modernes que tout juste autant d'espace qu'il en faut pour contenir le peuple.—Les remarques que nous avons formulées sur la difficulté d'appliquer le style gothique aux constructions privées, nous ont été inspirées par notre désir de stimuler les praticiens d'aujourd'hui. Cherchez dans les anciennes églises des modèles pour les nouvelles; faites servir la décoration des anciennes maisons à celle des maisons modernes. Songez qu'il est difficile de copier avec succès des châteaux, non pas seulement à cause de leurs grandes dimensions, mais surtout à cause des convenances de situation. Voulez-vous imiter une abbaye? Voyez si le paysage environnant s'y prête : ce n'est pas ordinaire. Entourée d'arbres d'un âge vénérable, une grande maison peut affecter le style monastique (1). La grande porte à tourelles, le cloître, le réfectoire, etc., peuvent être très-convenablement appropriés aux usages modernes, sans perdre leur véritable caractère; les tours, les tourelles d'escalier, si l'on en calcule judicieusement la hauteur, peuvent donner lieu à des effets pittoresques et ne point paraître de mauvais pastiches. Quant aux habitations de dimensions moindres, il ne convient pas d'y employer un style de cette importance : nombre de maisons de campagnes du XVIe siècle fourniront des motifs dont on pourra tirer bon parti, surtout pour l'extérieur; mais les grandes lignes des châteaux et des abbayes n'ont rien à faire ici. Appliquez minutieusement votre attention à chercher des modèles en rapport avec le but que vous vous proposez : dans ces conditions, une résidence moderne pourra être construite en style gothique, dans des dimensions quelconques, avec quel caractère on voudra, sans qu'on y puisse trouver à redire au nom des sains principes du goût. Sans doute il faudra bien, dans de certaines limites, s'écarter des types du moyen-âge, en ce sens qu'une fidélité trop scrupuleuse serait incompatible avec les convenances qu'il est nécessaire d'observer. Mais soyez très-sobre de ces hardiesses, et par dessus tout, n'adoptez rien que ce qui s'harmonise heureusement avec la situation et le

---

(1) Les grandes dimensions des églises abbatiales interdisent l'imitation de cette partie des édifices monastiques. En maintes localités où les couvents sont restés habités,après leur suppression comme établissements religieux, les églises ont été démolies. Fonthill, l'imitation la plus considérable de l'architecture monastique, laisse beaucoup à désirer dans son plan : c'est ainsi que l'ensemble affecte la forme d'une église, tandis que les anciennes abbayes se divisaient en plusieurs cours, et que l'église n'en était qu'une partie, la plus importante, à la vérité.

caractère de l'endroit où vous bâtissez ; évitez enfin tout ce qui ne peut être reproduit à l'échelle de ses dimensions primitives. Si le but unique du jeune architecte est de faire fortune, qu'il se contente de faire bon accueil aux profits que sa profession lui procure ; mais s'il aspire à honorer son nom, à mériter une place à côté des immortels fils de l'art, qu'il compare ses propres dessins à ceux des anciens maîtres ; et si les sommes indispensables pour parfaire l'exécution du projet auquel il s'est arrêté lui sont refusées, qu'il décline son engagement, plutôt que de compromettre sa réputation en produisant des œuvres insignifiantes et sans caractère.

Edouard-James WILLSON.

MOTIFS ET DÉTAILS

CHOISIS

D'ARCHITECTURE GOTHIQUE.

DESCRIPTION DES PLANCHES.

PALAIS DE HAMPTON-COURT, COMTÉ DE MIDDLESEX.

(1520-1540).

Pour les esprits disposés à la méditation, peu de monuments sont aussi intéressants que le palais royal de Hampton-Court. Un silence solennel règne dans ses cours spacieuses et dans ses salles princières; et tandis que le visiteur les parcourt à loisir, une longue suite d'images attachantes, ressuscitant deux siècles environ de notre histoire, semblent se dérouler devant lui comme autant d'épisodes d'un même drame, dont le dernier, le délicieux tableau de « La boucle de cheveux enlevée », se représente à ses yeux dans ses moindres circonstances, tel que l'a retracé le crayon inimitable de Pope.

Jusqu'au commencement du règne de Henry VIII, Hampton-Court ne paraît avoir été rien de plus qu'un manoir ordinaire; vers cette époque, le cardinal Wolsey le transforma en une vaste et somptueuse résidence, pour lui-même et pour sa suite nombreuse. En 1526, il en fit don au roi, dont la jalousie avait été excitée par ce déploiement inusité de magnificence (1). Les constructions se poursuivirent pendant plusieurs années encore, et Hampton-Court devint une résidence favorite de la cour. Charles Ier y fut détenu en 1647, par le parti militaire (2). Le parlement en décréta la vente après la suppression de la monarchie; Cromwell le choisit pour son séjour. Sous la Restauration, il revint à la Couronne. Guillaume III fit abattre la plupart des principaux appartements, qui furent reconstruits vers 1690, sur les dessins de Christophe Wren. La cour ne s'est plus installée dans ce palais depuis la mort de George II; les appartements d'État sont restés inoccupés.

La partie ancienne des bâtiments de Hampton-Court est extrêmement curieuse pour l'architecte, en ce qu'elle lui offre des spécimens de la toute dernière période du style gothique; l'influence du goût italien ne s'y fait encore sentir que dans certains détails d'ornement.

L'ensemble de ce vaste édifice est bâti en briques rouges (3), capricieusement entremêlées de briques noires formant des lignes diagonales; on a réservé la pierre pour les fenêtres, les portes et les ornements saillants. Il serait tout-à-fait impossible de distinguer ce qui est proprement l'œuvre du cardinal: d'une part, les armes royales figurent partout, sur toutes les parties hautes du palais; de l'autre, il paraît que les architectes royaux sont restés fidèles au style adopté par Wolsey.

---

(1) Ainsi fit Richelieu, lorsqu'il offrit le Palais-Cardinal (depuis *Palais-Royal*) à Louis XIII. Il faut dire du reste que l'orgueil de Wolsey était bien fait pour porter ombrage à son souverain. Nous renvoyons le lecteur à l'intéressant chap. VIII des *Souvenirs d'Angleterre* de M. Alfred MICHIELS, Bruxelles, 1846, in-8°; il y trouvera tout à la fois une description du faste de Wolsey et une étude historico-artistique sur le palais de Hampton-Court. (*Note du traducteur.*)

(2) VILLEMAIN, *Histoire de Cromwell*, liv. II, Alf. MICHIELS, ouv. cité, ch. IX, etc. (*Id.*)

(3) « L'aspect des constructions en briques est sombre, malgré les cordons de pierre qui en rompent l'uniformité; cet effet est tel, que ni la correction des lignes architecturales ni la distribution des parties ne peuvent la combattre, même dans les édifices aussi magnifiques que le palais de Hampton-Court. » DALLAWAY, *Observations sur l'architecture anglaise*, 191. — La vaste étendue de Hampton-Court, les formes magistrales de ses anciens bâtiments ne peuvent manquer de paraître imposantes; mais la mesquinerie des matériaux ne s'en trahit pas moins. Les marqueteries formées par des lignes de briques noires sont des symptômes de la décadence du goût; elles sont très-communes dans les édifices de cette époque.

PLANCHE 1. — PARAPET ET TOURELLES AU-DESSUS DE LA TOUR
D'ENTRÉE DE L'OUEST.

Trois portes surmontées de tours s'ouvrent le long de la façade occidentale, et donnent accès dans l'intérieur du palais, où les constructions élevées sous Guillaume viennent rejoindre les anciennes cours.

Le parapet crénelé, représenté ici, est d'une légèreté vraiment aérienne ; toute la broderie intérieure est percée à jour, comme l'indique le plan. Les pinacles, copies réduites des tourelles, au lieu de s'aiguiser en flèches pointues, comme dans les édifices des temps plus reculés, affectent une forme particulière à la dernière période du style gothique (1). On en retrouve du même genre au-dessus des créneaux de la grande salle, et dans d'autres parties du palais.

PLANCHE 2. — PIGNONS DE LA GRANDE SALLE ET DE LA FAÇADE
OCCIDENTALE.

Les *gables de la grande salle* (*hall*) sont d'un contour peu commun, correspondant à la ligne même du toit, dont la partie supérieure est tronquée ou coupée en angle obtus. La planche 2 ne représente que cette partie, avec des coupes du parapet qui domine les combles. Le griffon placé sur l'aiguille terminale est un des supports des armes royales, telles que les prenait Henri VIII. On décorait volontiers les édifices, à cette époque, de semblables figures, portant des bannières de métal (2). Les deux petites fenêtres qu'on entrevoit au bas du dessin sont fermées à l'intérieur par la charpente du toit.

Le second sujet de la même planche est un *gable de la façade occidentale du palais*; il correspond à un autre pignon semblable, élevé de l'autre côté de l'entrée. Les petites tourelles ressemblent à celles de la grande porte (pl. 1); les crochets, figurant des animaux, sont en rapport avec l'ornementation de la salle.

---

(1) Cf. TYPES, t. I, pl. 27, 59, 60, 61, 62, 63, 64 et 65 ; MOTIFS ET DÉTAILS, vol. I, pl. 58.
(*Note du traducteur.*)
(2) V. tome I, p. 74, note 1.

C. Coupe agrandie de la corniche qui court sous les fenêtres. D. Coupe du chaperon, sur une échelle plus grande que celle de l'élévation.

PLANCHE 3. — TUYAUX DE CHEMINÉES DANS LA PREMIÈRE COUR.

Les manoirs anglais des XVe et XVIe siècles sont souvent surmontés de cheminées très-élégantes et richement décorées. Les parties anciennes de Hampton-Court gagnent beaucoup à ce genre d'embellissement (1); les cheminées dominent les créneaux, semblables à de sveltes tourelles diversement groupées. La planche 3 en présente deux spécimens. Elles sont construites en fines briques rouges, moulées et grattées avec le plus grand soin. Les souches sont ornées de frettes d'un dessin très-varié, et ne se ressemblent point par le plan; il y en a de cylindriques, de carrées, placées diagonalement, enfin d'octangulaires. En revanche, leur hauteur est à peu près uniforme; toutes les bases sont du même genre et tous les chapiteaux sont crénelés. Dans le premier spécimen, les tuyaux sont percés dans une seule masse; dans le second et dans la plupart des autres qu'on pourrait citer, chaque cheminée est séparée de ses voisines, ce qui est du meilleur effet.

Les lettres *a . a . b . b .* se rapportent aux plans des souches; *c .* aux chapiteaux, dont le contour est remarquable par sa courbure; dans les modèles que nous reproduisons, ils sont très-saillants, ce qui flatte singulièrement l'œil.

PLANCHE 4. — TUYAUX DE CHEMINÉES DANS LA PREMIÈRE COUR, ETC.

Ces spécimens diffèrent des précédents par les détails de l'ornementation, mais ils leur ressemblent quant à la forme générale. *a . b .* marquent les points d'où sont pris les plans, dans les deux exemples. Pour bien comprendre ces plans, il conviendra de les comparer avec les élévations (2).

---

(1) Les cheminées de Hampton-Court, dit M. Alfred Michiels, sont aussi élégantes, aussi pompeuses que celles de Chambord. — V. d'autres spécimens de souches dans les TYPES, t. I, pl. 67 et 68; t. II, pl. 44; t. III, pl. 42. (*Note du traducteur.*)
(2) Nous invitons le lecteur à rapprocher ces spécimens de ceux qui sont figurés à la planche 41 du premier volume.

PLANCHE 5. — ÉLÉVATION D'UNE PARTIE DE LA COUR INTÉRIEURE.

Cette élévation présente un beau spécimen du style de Hampton-Court, dans les parties intérieures de l'édifice; les cours extérieures (par rapport à celle-ci) n'ont que deux étages, dont les fenêtres sont semblables à celles qu'on remarque, sur notre gravure, au rez-de-chaussée et au second étage. On voit ici avec quelle liberté les anciens constructeurs anglais proportionnaient et distribuaient leurs fenêtres. Ce culte scrupuleux de l'uniformité qui, dans maintes maisons modernes, entraîne les sacrifices des convenances intérieures, était inconnu avant l'invasion du style italien. Les fenêtres des grands appartements de Hampton-Court ont deux jours superposés; elles sont doubles en hauteur; celles des étages inférieurs n'ont, au contraire, qu'un *jour*. La largeur des unes et des autres est très-variable, depuis la grande *fenêtre à rangées* qui s'étend ici près de la tourelle, jusqu'aux simples baies à ouverture étroite des cabinets et des escaliers. Toutes ont des cadres de pierre, sans aucun ornement ou chaperon, ce que la proximité des corniches rend d'ailleurs inutile.

PLANCHE 6. — FENÊTRE D'ORIEL AU-DESSUS DE LA SECONDE PORTE COCHÈRE.

On a représenté ici une partie de la façade de la cour d'entrée, qui met la première cour en communication avec la cour centrale du palais. Sa plus grande saillie est celle de l'*oriel* ou fenêtre en encorbellement, qui surmonte la porte (1). Des fenêtres de construction analogue, mais présentant quelque

---

(1) On peut comparer cette fenêtre avec celle de la maison du chancelier, à Lincoln (vol. pl. 47 et page 70). La saillie de la fenêtre de Lincoln est plus hardie et plus dégagée; elle produit un meilleur effet, que l'*élévation*, sur notre planche, ne fait pas suffisamment saisir. La porte qui s'ouvre en regard de celle que nous figurons ici, de l'autre côté du carré intérieur de Hampton-Court, a été modernisée; le chiffre 1732 indique la date de cette altération. L'architecte a eu quelque velléité de faire du *gothique*; mais se sentant incapable d'exécuter une voûte semblable aux autres, il y a substitué une misérable imitation en stuc. Au lieu d'un *oriel*, il a placé au-dessus de la porte une fenêtre de son invention, trop médiocre pour être décrite. La pauvreté de semblables essais devrait bien engager les artistes d'aujourd'hui à étudier les anciens monuments, avant d'assumer le rôle de *créateurs*.

variété dans les détails, ornent les façades intérieure et extérieure de la première cour. Les armes royales, taillées en haut relief, sont d'une exécution très-remarquable. Une coupe fait ressortir la projection de la fenêtre, tout-à-fait digne de l'attention de l'artiste praticien. L'arceau de la voûte, sous l'oriel, est d'une courbure plus arrondie que ne le voulait l'usage de cette époque, ce qui lui donne peut-être une apparence moins gracieuse (1).

A. Plan de la fenêtre. B. Moulure de la porte, sur une plus grande échelle.

PLANCHE 7. — ARCADE ET VOUTE EN ARÊTE DE LA SECONDE PORTE COCHÈRE.

Les voûtes du genre de celle-ci ont été souvent appelées *voûtes à rayons* (*fan-groin*), à raison de la divergence régulière des nervures partant d'un même centre. Nous retrouvons cette forme remarquable sur une grande échelle, dans les chapelles royales du King's College, à Cambridge; de St-Georges, à Windsor, et de Henry VII, à Westminster; dans le chœur de l'abbaye de Bath, etc. La porte extérieure de Hampton-Court est voûtée de la même manière; *l'oriel* de la grande salle est aussi en *fan-groin*, avec de petites clefs pendantes d'une extrême beauté et d'une rare délicatesse.

Les joints des pierres dont notre voûte est formée sont marqués; on a indiqué sur les plans, par des lignes pointillées, la courbure de la côte diagonale, et diverses particularités qu'il est indispensable de connaître, pour comprendre tout-à-fait le développement de la construction.

A. Coupe verticale. B. Dessin horizontal de la voûte. C. Plan de la porte d'entrée, sur une échelle réduite. L'ouverture à gauche conduit directement de la porte à la grande salle, par un spacieux escalier.

PLANCHE 8. — GRANDE SALLE : COUPE TRANSVERSALE DU TOIT.

Les combles de Hampton-Court ont déjà été signalés comme sans rivaux dans tout le royaume, sous le rapport du *fleuri* de la décoration. Ceux

---

(1) On trouvera dans les Types de beaux modèles de fenêtres en encorbellement, t. I, pl. 6 et 7; t. II, pl. 31, 32, 33, 34, 35, 47, 48 et 49; t. III, pl. 5, 6, 16, 17, 37, 38, 62 et 63.

(*Note du traducteur.*)

du *hall* de Christ-Church, à Oxford, bâtis par le cardinal Wolsey, quelques années avant ceux dont il s'agit ici, sont beaucoup plus simples, mais passeront difficilement pour moins beaux. Les combles de Crosby Hall peuvent aussi leur être comparés, bien que ceux-ci l'emportent de beaucoup par la finesse du travail, s'ils sont moins riches d'effet; quant au grandiose, la palme appartient incontestablement à ceux de la grande salle de Westminster (1).

Notre planche figure la construction de l'un des chevrons principaux, moitié en coupe, moitié en élévation. Le faîte, aplati ou tronqué dans sa partie supérieure, est une particularité très-rare; la maison chapitrale de la cathédrale de Canterbury, dont le toit présente la même forme à l'extérieur, a peut-être servi de modèle en cette occasion. Les grands chevrons des combles de Hampton-Court se composent des mêmes parties que ceux d'Eltham et de Westminster-Hall, de construction plus ancienne : chacun d'eux consiste en une arcade supportée par deux demi-arcades. Les lambris recourbés qui tapissent les parties élevées de la construction, ainsi que les petites clefs pendantes qui en descendent, sont des caractères originaux de notre édifice.

PLANCHE 9. — COUPE LONGITUDINALE DU TOIT.

Cette planche, ainsi que la précédente, est destinée à donner une idée complète du système de charpente des combles, comprenant, en longueur, sept travées. Dans les détails de l'ornementation, on remarquera quelques moulures et figurines empruntées au style italien; les armes royales et la couronne, avec différents accessoires (notamment les initiales H. J.) fixent à 1536 ou 1537 la date de l'achèvement de cette construction : le mariage de Jeanne Seymour, troisième femme de Henri VIII, fut célébré en 1536; l'année suivante, le roi se retrouva dans l'état de veuvage.

a. Un des grands culs-de-lampe. *b*. *c*. Clefs pendantes de la deuxième et de la troisième rangées. Les plans de ces parties sont dessinés sous leurs élévations.

---

(1) Nous renvoyons le lecteur au vol. I, pages 54 et suivantes, et aux planches correspondantes. Le *hall* de Hampton-Court mesure 106 pieds sur 40, et 45 pieds de hauteur, dans œuvre. Celui de Christ-Church, 115 pieds sur 40, et 50 de hauteur. Celui du Collége de la Trinité, à Cambridge, 100 pieds sur 40, et 50 de hauteur. Il date du même règne que la grande salle de Christ-Church, dont il est une imitation; mais son ornementation est plus simple.

d. Un des corbeaux de pierre qui supportent les combles.

A chacune des deux extrémités de la salle, c'est-à-dire au levant et au couchant, dans le cadre du pignon, s'ouvre une grande fenêtre, ainsi qu'on peut le voir à la planche précédente. Les parois latérales sont éclairées par des fenêtres dont la planche 9 reproduit le dessin. Un *oriel*, montant du sol jusqu'au toit, fait saillie du côté du Sud, vers le haut de la salle, et occupe toute la largeur d'une travée. Les panneaux du plafond lambrissé étaient originairement coloriés en bleu, les parties saillantes conservant la couleur du chêne. Lors des dernières réparations, tout a été repeint : les panneaux en bleu, la charpente et les ornements en une teinte qui a la prétention de représenter le bois de chêne, mais qui est de beaucoup trop crue et trop voyante. La brune couleur de noyer employée dans le *hall* de Christ-Church, où elle est encore relevée par la dorure des ornements, aurait pu fournir ici un excellent modèle.

PLANCHE 10. — ÉLÉVATION DE LA TRIBUNE DES MUSICIENS,
DANS LA GRANDE SALLE.

L'entrée principale des *halls* des anciens manoirs était invariablement pratiquée dans un des murs de côté, vers le bas de la salle. Elle s'ouvrait derrière un écran de bois, remplissant l'espace d'une travée. D'autres portes, communiquant avec la cuisine et les chambres de service, donnaient aussi dans le passage formé par l'écran : au-dessus était une loge pour les ménestrels, dont la présence ne faisait jamais défaut dans les grandes fêtes. L'écran se divisait généralement en trois compartiments, laissant entre eux deux ouvertures par où l'on introduisait la compagnie, et par où circulaient les servants qui apportaient et remportaient les plats.

La planche 10 représente en élévation l'une des ouvertures d'un écran de ce genre, dans la grande salle du palais de Hampton-Court. La partie antérieure de la galerie qui la surmontait a été détruite (1). La corniche

---

(1) Cette dégradation remonte probablement à 1718, époque où l'on établit dans le *hall* un théâtre temporaire, qui continua, jusqu'en 1798, d'obstruer l'intérieur de cette salle magnifique. Comme on n'a emprunté au *hall* de Hampton-Court qu'un petit nombre de spécimens, il peut être utile d'ajouter, dans une note, quelques détails à la description qui en a déjà été

paraît avoir perdu quelques ciselures : on voit encore sous les moulures des creux destinés sans doute à recevoir les attaches de ces ornements. Les coupes, etc., des détails n'ont pas besoin de description. Les insignes et le chiffre du roi Henry se font remarquer parmi les ornements.

PLANCHE 11. — PORTE DU COTÉ NORD-OUEST DE LA GRANDE SALLE.

Cette porte conduit de la *salle d'apparat (high place)* à la *grande chambre* ou *salle* d'assemblée, comme on dirait de nos jours. La profondeur du retrait de l'arcade mérite attention ; elle produit ici le meilleur effet. La porte elle-même est tout-à-fait simple, sans le moindre ornement, à l'exception du *marteau*, qui est percé à jours, en forme de herse, l'un des emblêmes de la maison de Tudor (1).

---

donnée. Du côté du sud, elle occupe toute la largeur de la principale cour intérieure du palais. Elle est portée sur un rez-de-chaussée bas, destiné aux celliers et aux offices. Les combles ont été décrits. Originairement une lanterne dominait le toit, au-dessus du foyer (sur ces foyers et ces lanternes, voir page 67, vol. 1); les quatre tourelles qui se dressent aux angles étaient terminées par des coupoles couvertes en plomb. Privé de ces ornements, le toit paraît relativement trop élevé ; néanmoins il est d'un très-noble effet, par la hauteur même dont il dépasse les constructions voisines. Une riche collection d'anciens portraits intéressants, la plupart condamnés aujourd'hui à l'obscurité dans des appartements reculés de Hampton-Court et du palais de Kensington, pourrait être avantageusement transportée dans ce *hall*, dont les murs sont actuellement nus, dépouillés de ces tapisseries dont on avait coutume de les orner (*). Le *hall* de Christ-Church est garni de portraits qui lui donnent un air de magnificence. On formerait sans peine une importante galerie nationale, si l'on rassemblait tout ce qui est disposé à Kensington et à Hampton-Court. Une vue intéressante du *hall* de Hampton-Court a été gravée par Verdy ; d'autres vues, tant de l'extérieur que de l'intérieur, figurent dans l'ouvrage de Lyson sur les *Environs de Londres*. Une vue de Hampton-Court, dessinée par Holbein, a été gravée par les soins de la *Société des Antiquaires*, pour le vol. II de ses *Vetusta monumenta* ; il en faut encore citer une autre, prise du côté de la Tamise, d'après une peinture appartenant à sir Joseph Banks. Ces deux dernières font connaître que les bâtiments démolis par Guillaume III étaient extrêmement irréguliers, et que plusieurs d'entre eux ne remontaient pas aussi haut que ceux dont la construction appartient à Henry VIII. Les tourelles du *hall* et des portes, aujourd'hui simplement crénelées, étaient couronnées de coupoles et de bouquets. Une de ces coupoles couvertes de plomb existe encore ; elle est ornée de crochets. On en voyait de semblables, en assez grand nombre, au palais royal de Richmond, aujourd'hui démoli.

(1) Pour en finir avec la grande salle de Hampton-Court, nous croyons être agréable et même utile aux lecteurs, en insérant ici la description d'ensemble qu'en a donnée M. Alf. Michiels, dans ses *Souvenirs d'Angleterre* : « Les notes des dépenses qu'elle exigea, dit-il, subsistent

(*) Elles ont été replacées depuis. Voir la dernière note sous la planche 11.   (*Note du traducteur.*)

PLANCHE 12. — ÉLÉVATION DE L'ORIEL ET DE DEUX AUTRES FENÊTRES DU BOUDOIR (OU SALON DE RETRAITE).

On passe du haut du *hall* dans cet appartement adjacent, qui en est un appendice immédiat. C'est une sorte de boudoir ou de cabinet retiré, où les dames se réfugiaient loin du bruit et des solennités de la grande salle ; on y servait parfois des soupers ou des banquets du soir. Le plan est

---

encore à Westminster ; les gages des ouvriers, le prix et la quantité des matériaux depuis le soubassement jusqu'au faîte, y sont inscrits en détail : ces registres prouvent que la construction eut lieu après la mort du cardinal et sur les ordres de Henry VIII. Cette immense chambre a 100 pieds de long, 40 de large et 60 de haut ; il en existe peu d'aussi belles. Dès que l'on arrive, l'œil se porte naturellement vers les combles. Une charpente merveilleuse couronne l'enceinte. Elle forme une série d'arcades soutenues à droite et à gauche par des moitiés d'ogives, dont le bas pèse sur des consoles fixées aux murailles. D'autres arches réunissent entre elles ces voûtes et ces demi-voûtes dans le sens de la largeur. Une clef pendante magnifique orne chaque point d'intersection. Tout cela est à jour : des poutrelles sans nombre, associées avec un art prodigieux, composent un vaste labyrinthe, une sorte de forêt enchantée dont rien ne surpasse l'élégance : arabesques, volutes, ogives inscrites, rosaces, colonnettes, se joignent harmonieusement pour créer une sorte d'édifice aérien, plus léger que les flèches les plus transparentes, plus gracieux qu'un palais de fées, plus riche de lignes que les plus laborieuses ciselures. Au-dessus des voûtes diaphanes s'étend la voûte réelle, chargée de baguettes et de décorations du même style que le reste. Ce volumineux échafaudage est peint de blanc, de rouge, de gris, de vert et d'azur : il est, en outre, doré dans toutes ses parties. Çà et là brillent les armes d'Angleterre, revêtues également de couleurs splendides. La combinaison de ces divers moyens produit un effet magique : l'œil s'égare au milieu des arbalétriers, des vides, des ornements, des culs-de-lampes, des nuances mates et des effets métalliques ; la lumière tombe, rejaillit, glisse dans les ouvertures, se brise de mille façons et augmente le surprenant effet du tableau.

» Sept fenêtres spacieuses d'un côté, six de l'autre, et deux grandes verrières aux deux bouts de la salle y épanchent des flots de rayons. A l'une de ces extrémités brille le trône : la croisée qui s'ouvre au-dessus et deux petites baies ménagées plus haut, dans l'angle du pignon, contiennent des vitraux peints, de fabrique moderne. La valeur m'en a paru douteuse, soit dit sans offenser l'artiste, M. Willement. Comme dans la plupart des vitraux postérieurs au XIVe siècle, l'aspect général de ceux-ci ne contente point les yeux. On croirait voir les grandes toiles de nos maîtres, plutôt qu'une tapisserie diaphane ou une mosaïque de pierres précieuses. Or, ce dernier genre, le seul vraiment gothique, a une beauté bien supérieure : il divise le jour à l'infini, dans une multitude de compartiments égaux, avec une symétrie et une variété qui enchantent le regard. Quoi qu'il en soit, les deux petites baies contiennent les armoiries des chevaliers hospitaliers, du prieur qui vendit le manoir de Hampton-Court, celles du siége d'York et de son illustre archevêque. La principale croisée offre un portrait de Henry VIII, de grandeur naturelle, son écu, son chiffre et sa devise, ceux des reines qui ont partagé sa couche et de ses trois

analogue à celui de la grande salle : l'entrée est au bas ; il y a un oriel près de la table haute. La planche 12 représente une partie de la façade, dont l'oriel est le principal ornement. La longue fenêtre qu'on voit à côté est construite dans des proportions peu ordinaires. Trois ou quatre autres fenêtres, placées très-haut, sont rangées à partir de l'oriel jusqu'à l'extrémité de l'appartement. Les murs sont couverts d'anciennes tapisseries, dont la même planche offre un spécimen (1).

---

enfants, Édouard, Marie, Elisabeth. Si l'on doit croire aux traditions locales, ce fut sur les anciens panneaux de cette fenêtre que Henry Howard, comte de Surrey, dont la vaillance, la tendresse, la poésie élégante et la fin tragique ont immortalisé le nom, écrivit une strophe en l'honneur de la belle Géraldine avec la pointe d'un diamant. On rapporte aussi que le drame de *Henry VIII* fut joué dans cette vaste enceinte, et que Shakespeare était au nombre des acteurs.

» Entre les croisées flottent des bannières où étincellent la devise de Henry VIII, les armes du cardinal et les emblèmes de toutes ses dignités. Au-dessous de chaque étendard s'avance un bois de daim, fixé sur la tête d'un de ces animaux, sculptée en pierre et couronnée de fleurs. Plus bas règne un cordon d'ornements, parmi lesquels on distingue la rose et la herse, que porte dans son champ l'écusson de Tudor. Enfin, à partir des fenêtres jusqu'au sol, pendent de très-belles tapisseries ; l'or y brille près de la laine, et le dessin en est du meilleur goût. On ne sait pas authentiquement d'où elles sont venues. Selon les uns, François Ier les aurait offertes à Henry VIII pendant leurs célèbres joûtes en Picardie : les deux B qu'on y remarque désigneraient donc Babon de la Bourdaisière, qui dirigeait à Fontainebleau une manufacture soutenue par ce monarque. Selon les autres, les deux lettres se rapportaient à Bernard de Bruxelles, plus souvent nommé Bernard Van Orley : Charles-Quint, dans cette hypothèse, aurait fait don des tapisseries au cardinal-ministre, pour se concilier ses bonnes grâces. Elles représentent les sujets de la vie d'Abraham, entourées de figures allégoriques, telles que l'obéissance, la miséricorde, la simplicité, la débauche et la vieillesse. On doit maintenant se faire une idée de cette pompeuse salle où tant de rois ont promené, ceux-ci leur nonchalance, ceux-là leurs rêves ambitieux, et ce qui vous intéressera peut-être davantage, ainsi que moi, où la musique a fait frémir tant de pieds charmants, que l'on aurait voulu suivre dans les sentiers de la vie, surtout dans les plus mystérieux et les plus solitaires.

» Une porte située près du trône même de la grande pièce à une chambre moins étendue, nommée le salon de compagnie (70 pieds de long, 20 de large, 25 de haut) : elle date du temps de Wolsey. L'auteur des *Puritains* la trouvait, dit-on, si belle, qu'il en fit construire une du même genre dans son château d'Abbotsford. Une sombre et majestueuse expression la caractérise. Elle entraîne la fantaisie au sein du moyen-âge ; car l'époque gothique a duré plus longtemps qu'en France chez les nations éloignées de l'Italie, d'où est venu le goût moderne. Tandis que Wolsey et Henry VIII couronnaient leurs logements de toits aigus et de créneaux, François Ier, Georges d'Amboise, tous nos grands seigneurs adoptaient le style de la renaissance : la vieille manière ne se soutenait plus que dans les provinces. La décoration intérieure changea pourtant moins vite que l'architecture, et plusieurs espèces d'ornements furent conservés. »

(*Note du traducteur.*)

(1) Les sujets sont des scènes du siège de Troie, certaines allégories, etc. Le carré que nous avons dessiné représente les Parques montées sur un char, qui s'avance écrasant sous ses roues des multitudes où tous les rangs sociaux sont mêlés. Sur la cheminée, on remarque de petites pièces de tapisserie, aux armes de Wolsey et du siége archi-épiscopal d'York, écartelées.

PLANCHE 13. — PLAFOND DU SALON DE RETRAITE, PLAN ET COUPE.

Le plafond de cet appartement est en bois peint et doré. Des baguettes à moulures le divisent en compartiments; les principaux points d'intersection sont marqués par de petites clefs pendantes; les fonds sont parsemés d'ornements sculptés, tels que roses, etc., dans des guirlandes de feuillage. On y remarque les initiales H. J., ce qui démontre que le salon de retraite et le *hall* datent de la même époque. On peut se faire une idée, par la coupe, de la profondeur et des profils des culs-de-lampe et des nervures. Le plan montre la saillie de l'oriel, disposé en demi-cercle, ce qui est presque sans exemple (1). Vue de côté, cette fenêtre se présente très-bien. L'intérieur de l'appartement plaît tout d'abord et se distingue par un air de grandeur. Au bas est une issue latérale; on a percé une porte moderne dans le mur du fond de la grande salle. L'âtre de la cheminée a été modernisé; le reste est encore dans l'état primitif.

ÉGLISE DE STᴱ-MARIE, A OXFORD.

Sainte-Marie, ou l'église de l'université d'Oxford, remonte au règne de Henri VI. Le principal bienfaiteur de cette fondation fut John Carpenter, évêque de Worcester, précédemment président du collége d'Oriel (2). L'église

---

(1) La chambre du prieur, au monastère de Castle-Rising, avait une fenêtre d'un plan à peu près semblable.

(2) Le clocher, qu'il faut placer au premier rang parmi les magnifiques édifices d'Oxford, est accosté à la nef à peu près à égale distance des deux extrémités de l'église. « Sous le règne de Henry VII, l'église de l'université, dédiée à Ste-Marie, fut bâtie par John Carpenter, évêque de Worcester, ancien prévôt du collége d'Oriel. Le chœur, tout au moins, et le clocher, furent construits à ses frais (DALLAWAY, *Observations sur l'architecture anglaise*, p. 123). Il y a là évidemment une erreur, puisque l'évêque Carpenter mourut en 1477, longtemps avant l'avénement de Henry VII au trône; de plus, la tour et la flèche sont d'un style tout différent de celui de l'église, et paraissent remonter au siècle précédent. — Voir une élévation de tout le clocher dans les « Spécimens d'architecture gothique empruntés aux anciens édifices d'Oxford », dessinés par F. MACKENSIE et A. PUGIN, et publiés par J. Taylor, High Holborn (61 pl. in-4°). »

de Ste-Marie est d'une construction large, légère, élégante : c'est un beau spécimen des grandes églises paroissiales du XVe siècle. Le plan, une demi-coupe et une demi-élévation de la flèche se trouvent au vol. 1, pl. 36 (1), du présent ouvrage.

PLANCHE 14. — COUPE TRANSVERSALE DE LA NEF ET DE L'AILE MÉRIDIONALE.

Cette *coupe transversale* est prise de l'extrémité occidentale de la grande nef et de l'aile du Sud. La voûte, en bois de charpente, très-surbaissée, avec des tympans au-dessus de chaque colonne (2), est représentée sur notre planche, qui montre aussi l'épaisseur des murs latéraux et des arcades, avec les fenêtres de la façade occidentale, etc. (3).

PLANCHE 15. — TRAVÉE DE LA GRANDE NEF : COTÉ DU SUD.

On a ici sous les yeux l'élévation de la première travée de la nef, du côté du Sud, à partir de la façade occidentale. La nef et les bas-côtés comptent en longueur sept compartiments ou travées. Le chœur n'a point d'ailes. Tous les détails de main-d'œuvre sont d'un fini parfait, exécutés avec l'attention la plus scrupuleuse. Il en résulte un effet de netteté et de précision, contrastant avec le caractère de hardiesse et de force qui distingue les constructions d'un style plus ancien.

a. Plan d'une colonne, amplifié. *b.* Profil des moulures d'une des arcades principales : on remarquera en passant que ces arcades ne sont pas déprimées comme celle de la fenêtre latérale. *c.* Jambage d'une fenêtre, amplifié.

---

(1) V. les TYPES, t. I, p. 36 et pl. 30-33. — Selon Kugler, le chœur de Ste-Marie daterait de 1443-45, la nef de 1488 seulement. En tous cas, la flèche est postérieure à l'église, contrairement à ce qui est dit dans la note précédente. M. Wilson l'a reconnu plus tard. V. vol. 1, p. 60, *note*.

(2) *Spandrils*, terme qui désigne « les triangles inscrits de chaque côté d'un arc entre son extrados, la corniche ou bandeau qui passe au-dessus, et la colonne ou le pilier montant. » C'est à défaut d'équivalent français que les archéologues étendent ainsi la signification du mot *tympan*. V. SCHMIT, *Manuel de l'architecture des monuments religieux*, et ci-après, le GLOSSAIRE, au mot *Spandril*. (*Note du traducteur.*)

(3) V. dans BLOXAM, pl. 49, n° 2 de l'édition allemande, une représentation de la fenêtre de la petite nef, prise de l'extérieur. Le même ouvrage contient quelques autres détails de l'église de Ste-Marie. (*Id.*)

PORCHES ET PORTES D'ENTRÉE.

PLANCHE 16. — PORTE MÉRIDIONALE DE L'ÉGLISE D'IFFLEY,
COMTÉ D'OXFORD.

L'église d'Iffley, près d'Oxford, est un des monuments d'architecture les plus curieux et le mieux conservés du royaume. La nef, la tour et le chœur ont conservé leur forme primitive; seulement une construction a été ajoutée à l'extrémité Est du chœur, et une ou deux fenêtres ont été altérées. Le style de cet intéressant édifice est celui qu'on a souvent nommé *saxon ;* mais à en juger par les ornements, il serait difficile de lui attribuer une date antérieure au commencement du XIIe siècle (1). Les portes sont remarquables par leur profondeur, ainsi que par la richesse de décoration de leurs jambages et de leurs arcades. La seconde moulure de cette entrée (en partant de l'extérieur) se rapproche d'un type d'ornementation extrêmement commun dans les ouvrages du XIIIe siècle. — Cf. vol. 1, pl. 6 et p. 36.

PLANCHE 17. — PORTE OCCIDENTALE DE L'ÉGLISE DE St-SAUVEUR,
A SOUTHWARK.

Le style du présent portail indique qu'il fut construit dans la première partie du XVe siècle ; il serait difficile de trouver un plus beau spécimen. La suprême élégance de l'ogive à tiers-point s'y révèle, comme pour porter un défi aux nouveautés en faveur à cette époque, où l'on préférait généralement les ogives composées. La projection hardie de l'arcade, la profondeur et la précision de ses nombreuses moulures, sont dignes de l'attention de tous ceux qui, en matière de gothique, attachent de l'importance à l'exécution. Quand on néglige les menus détails, on ne peut guère s'attendre à produire que ces dessins pâles et maigres qui enlaidissent trop souvent les édifices modernes.

---

(1) V. dans les *Antiquités architecturales* de John BRITTON, F. S. A., le plan de cette église, et cinq autres planches y relatives.

Les ornements en bois, sur les vantaux, sont très-mutilés ; mais la saillie en a été calculée et déssinée avec soin. La pierre est quelque peu fruste et noircie par la fumée. Le *lambel* ou cadre extérieur a entièrement disparu ; on n'a pas cru devoir essayer de combler cette lacune, de peur de laisser planer le moindre doute sur la fidélité de nos *spécimens d'architecture ancienne*.

a. Plan des moulures et des piliers des jambages. *b*. Moulures de l'arcade. *c*. Chapiteaux des piliers ou colonnettes, avec leur plan amplifié.

PLANCHE 18. — PORTE DU COLLÉGE DE MERTON, A OXFORD. — PORTE DE L'ÉGLISE DU CHRIST.

Le premier de ces spécimens nous offre un modèle net et agréable à l'œil, sans beaucoup d'ornements. Il n'est probablement pas antérieur au XVe siècle ; mais aucune particularité ne permet de fixer sa date. Les moulures des jambages ne devaient pas se terminer brusquement : les plinthes primitives ont été probablement l'objet de quelques réparations.

a. Profil des moulures, sur une large échelle.

Le second spécimen est emprunté aux constructions commencées par le cardinal Wolsey en 1525. Cette porte paraît avoir été élargie par l'enlèvement partiel des moulures intérieures des jambages et de l'arcade, lesquelles se terminent maintenant par une coupure abrupte ; le lambel paraît trop large, proportionnellement aux jambages. Les clefs en sautoir, sculptées dans l'un des tympans *(spandrils)*, font probablement allusion au fondateur.

b. Profil du jambage, amplifié. A propos de ce profil et du précédent, il faut observer que la manière dont la largeur et la saillie en sont marquées par des hachures, les rend plus aisément intelligibles aux ouvriers, soit qu'ils emploient comme matériaux du bois ou de la pierre.

PLANCHE 19. — PORCHE DE L'ÉGLISE St-MICHEL, A OXFORD. — PORCHE DE L'ÉGLISE DE LA TRINITÉ, A CAMBRIDGE.

Le porche qui précède ordinairement la porte méridionale des églises paroissiales avait anciennement son utilité lors des célébrations de mariage, et servait directement à l'accomplissement d'autres rites de la liturgie. Cet appendice offrait un abri très-commode à la foule qui encombrait l'entrée, en même temps qu'il servait à l'ornement de l'édifice : il est à regretter qu'un si grand nombre de porches aient été démolis sous prétexte d'*embellissement*, par des fabriciens ignorants (1).

Notre premier spécimen ne paraît pas remonter plus haut que le règne de Henry VIII; le style de son *élévation* ne se distingue pas par cette franchise et cette liberté de contours qui caractérisent les œuvres des époques où régnait un meilleur goût. L'absence de contre-forts aux angles extérieurs, la position des petites colonnes de support, surmontées d'une étroite corniche, aux coins mêmes de la façade, les détails des niches et ceux de l'arcade principale, enfin les voussures à l'intérieur, tout porte l'empreinte d'un âge de décadence.

A. Élévation de la façade. B. Coupe longitudinale, prise du centre de la voûte. C. Plan. *a*. Dais de la niche en élévation et coupe.

Le second spécimen paraît être de date plus ancienne que le précédent, les proportions et le dessin général en sont plus gracieux. Les contre-forts, avec leurs pinacles, et les lignes brisées du gable, forment un ensemble harmonieux et agréable à l'œil. L'arcade déprimée de la porte intérieure est une ogive à quatre centres.

A. Élévation de la façade. B. Coupe de l'ensemble du porche. C. Plan par terre de la moitié de la construction.

---

(1) Le portique avancé ou *pronaos* des temples de l'antiquité païenne fut remplacé de bonne heure, dans les basiliques chrétiennes, par un vestibule fermé, *narthex* (de νάρθηξ, *ferula*), où se tenaient, pendant l'office, les cathécumènes, les énergumènes, les pénitents et les païens, en un mot, tous ceux qui, sans être admis dans l'église, pouvaient cependant assister aux instructions (à la lecture de l'épitre et de l'évangile). Le *porche* ou *narthex* était quelquefois précédé lui-même d'une cour extérieure ornée d'une fontaine, *atrium* ou *area* (v. Batissier, *Hist. de l'art monumental*, etc.). Jusqu'au VIe siècle, les fonds baptismaux furent placés sous le porche; plus tard, on les transporta dans le bas-côté gauche de l'église. V. sur les basiliques de Rome le bel ouvrage de MM. Guttensohn et Knapp; sur le *narthex* (matière à controverses), la dissertation du professeur Nibby *sur la forme des anciennes églises*; Martigny, *Dict. des antiquités chrétiennes*, etc. Le *narthex* se trouve assez fréquemment sur le continent, en Lombardie, sur les bords du Rhin, en Belgique, etc. (*Note du traducteur.*)

PLANCHE 20. — PORTES DU COLLÉGE DU ROI, A CAMBRIDGE.

Le plan primitif du Collége du Roi (*King's College*) à Cambridge, avait été dessiné sur une échelle en rapport avec la grandeur et la magnificence de la chapelle ; mais les troubles qui agitèrent le règne du royal fondateur, et qui lui coûtèrent finalement la couronne et la vie, retardèrent considérablement la construction de cet édifice. Le roi trouva le moyen, au milieu de ses infortunes, de consacrer des fonds à la future érection et à la dotation de son collége; mais cette munificence resta sans effet faute de protection légale, lorsque les rênes du pouvoir lui furent arrachés. Immédiatement après la déposition de Henry VI, on abandonna les travaux; la chapelle seule parvint à son achèvement, et il ne fallut guère moins d'un siècle pour l'y conduire (1).

Les deux spécimens figurés dans notre planche sont tirés d'une cour située au nord de la chapelle et entourée, de trois côtés, de bâtiments remontant à l'époque du fondateur. Selon le Dr Fuller, ce petit carré (*mean quadrant*) aurait été exclusivement réservé aux chantres (2).

L'épithète *petit* est exacte, par comparaison avec les grands carrés tracés sur le plan du collége. Le principal ornement des bâtiments dont il s'agit, la tour d'entrée, n'a pas même atteint la moitié de la hauteur qu'on se proposait de lui donner; tout imparfaite que soit cette partie de l'édifice, elle mérite cependant d'être signalée comme un échantillon intéressant du goût de l'époque (3).

Le premier spécimen (A) est emprunté à la façade intérieure. Les moulures de l'arcade principale ne prolongent point leurs creux dans les jambages; un simple chanfrein en tient lieu (4). Il y a quelque chose de

---

(1) La pose de la première pierre par Henry V remonte à 1441 ; en 1534, le chœur n'était pas encore terminé. — V. les *Antiquités architecturales* de Britton, vol. I; Dallaway, Dyer et Harraden (*Cantabrigia depicta*, in-4°, 1811).
(2) *Histoire de l'Université de Cambridge*, 1655, in-folio, p. 73 ; ouvrage annexé à l'*Histoire de l'église d'Angleterre* du même auteur (v. Brunet).
(3) V. l'ordonnance du roi Henry VI, dans le recueil de Nichols (*Collection of royal and noble Wills*), et celui de Henry VII.
(4) La curieuse porte de l'auberge e Fotheringay, bâtie sous le règne de Henry IV, présente également une arcade à moulures avec des jambages unis. — V. les *Notices historiques* sur cette localité, publiées par le rév. H. K. Bonney, archidiacre de Bedford.

raide et de forcé dans le contour de la partie supérieure de l'arcade, et dans la manière dont le panache est rejoint au piédestal de la niche qui le surmonte. Les fenêtres qui s'ouvrent de chaque côté de cette niche sont remarquables en ce qu'elles n'ont qu'un seul *jour* en largeur; les détails en sont élégants, notamment dans l'ébrasement, orné de nœuds de feuillage.

a. Coupe des moulures de l'archivolte. *b*. Coupe perpendiculaire de la porte.

Le second spécimen (B) représente la façade extérieure de l'entrée, beaucoup plus riche d'ornements que la façade intérieure. Il est vraiment regrettable qu'une si heureuse composition soit restée imparfaite. Un modèle tel que celui-ci est digne d'être mis en parallèle « avec les beaux portails Corinthiens » de l'antiquité classique. Il serait impossible de rien ajouter à sa décoration, et pourtant il ne paraît nulle part surchargé. Peut-être eût-il mieux valu laisser de côté les curieuses petites figures d'anges, qui s'alignent le long de la bande horizontale surmontant l'arcade (1); une simple moulure aurait indiqué assez nettement la séparation des deux étages. A cela près, la composition paraît irréprochable. Malheureusement l'étage supérieur qui, sans aucun doute, conjointement avec les pinacles et les créneaux du faîte, devait en compléter le dessin, fait entièrement défaut. On peut, au moyen des parties achevées à la façade intérieure, se figurer le couronnement des fenêtres et des niches; en tous cas ce simple fragment, tel qu'il est, est susceptible de fournir à l'artiste attentif plus d'un sujet d'inspiration; l'occasion se présente rarement d'étudier une œuvre aussi délicate (2).

a. Coupe des moulures de la grande arcade. *b*. Coupe perpendiculaire de la porte.

---

(1) On trouve de semblables figures, sur une plus large échelle, à la chapelle de Windsor, et à celle de Henry VII, à Westminster. Il arrive ainsi presque toujours que les innovations les plus hardies, en architecture, se rencontrent d'un côté ou de l'autre sous la forme de timides essais.

(2) La corporation de *King's College* a longuement médité de grandes améliorations à ses bâtiments; maintenant que l'architecture gothique commence à être comprise, on peut espérer que les nouvelles constructions seront dignes de la chapelle; mais le plan primitif sera-t-il jamais réalisé? Nous en doutons.

PLANCHE 21. — PORTE DU COLLÉGE DES AMES, A OXFORD. — PORTE DE L'HOTEL DE GUISE, A CALAIS.

Le Collége des Ames doit son érection à Henry Chichelé, archevêque de Canterbury (1). Les bâtiments furent commencés en 1437; mais le style en a été si altéré dans les temps modernes, qu'on peut dire qu'il reste peu de chose du monument primitif (2). La façade regardant *High Street* comptait environ 200 pieds de longueur; elle avait deux étages (deux suites de chambres); elle était surmontée de créneaux et ornée de plusieurs fenêtres d'oriel, ainsi que de deux tours d'entrée. Une seule de ces dernières, d'une fière et noble structure, est encore debout, mais un peu mutilée (3). Les autres parties de l'édifice ont perdu leur caractère vénérable, grâce à l'addition malencontreuse de châssis de fenêtres en bois, et à diverses altérations du toit et des cheminées. — La porte que nous publions n'a rien que de fort simple; son mérite est dans la pureté des lignes et dans la convenance du dessin.

a. Coupe du lambel. *b*. Coupe d'un jambage.

La porte de l'*hôtel de Guise*, mise en regard de celle du Collége des Ames, présente encore plus de simplicité dans l'arc et dans les tympans. Le profil des moulures de la base est même très-vulgaire. Calais ayant appartenu à l'Angleterre au temps où cette construction fut érigée, et plus tard, pendant de longues années encore, cet exemple ne paraît point déplacé dans un recueil de spécimens d'architecture anglaise.

a. Coupe des moulures du lambel. *b*. Moulures des piédroits.

PLANCHE 22. — GRANDES PORTES DE L'HOTEL DE GUISE, A CALAIS, ET DU COLLÉGE DES AMES, A OXFORD.

Ces entrées sont d'une ouverture plus large que celles de la planche précédente et le développement des moulures est en proportion; en revanche,

---

(1) V. la notice insérée au vol. I des Types, p. 20, et les pl. 10-13 *ibid*.   (*Note du traducteur*.)
(2) Il a été parlé, au tome I du présent ouvrage (p. 9), du mauvais goût qui a présidé à la construction de la nouvelle cour carrée du Collége des Ames.
(3) Elle a été gravée dans les *Specimens of Gothic Architecture at Oxford*, in-4° (et dans les Types, vol. I, pl. 10).

le style est le même dans son ensemble, et la même date doit leur être assignée.

La grande porte de l'*hôtel de Guise* est richement profilée ; les plinthes et les bases sont taillées avec un soin particulier. *a*. Tympan contenant un écusson blanc. *b*. Moulures des piédroits.

Les moulures qui surmontent la grande porte du *Collége des Ames* suivent le contour de l'arc, tout en s'inscrivant dans un cadre rectangulaire, dont les lignes doubles sont d'un effet peu agréable. On peut regarder cette disposition comme une nouveauté. Placées comme elles sont, les armoiries sont aussi une ornementation superflue (1) ; elles eussent figuré plus avantageusement dans les tympans.

a. Chapiteau et plan d'une colonnette des jambages. *b*. Plan d'un jambage. *c*. Moulures de l'arcade.

PLANCHE 23. — GRANDE PORTE DU NORD A L'ÉGLISE SAINTE-MARIE, A CAMBRIDGE.

La reconstruction de cette église fut commencée en 1478 et dura jusqu'en 1519 ; cependant la tour ne put être terminée qu'en 1608. Alcock, évêque d'Ely, prélat très-compétent en fait d'architecture, prêta un concours très-actif à l'entreprise, qui fut vraiment couronnée de succès. L'intérieur du monument est léger, clair, bien dessiné. La porte offre un bon modèle du dernier style gothique. L'arcade arrondie, les portes à panneaux sont à la mode du règne de Henry VIII. On y remarque les insignes de ce monarque et ceux de son père.

Les élévations de l'intérieur et de l'extérieur, ainsi que la coupe verticale de l'arcade, donneront une juste idée des ornements, des moulures, etc. Les moulures de l'intérieur sont d'une rare élégance.

a. Moitié du plan. *b*. Plan du côté opposé, avec la moitié de l'arcade. *c*. Moulures des jambages. *d*. Moulures de l'arcade. *e*, *f*. Base et chapiteau des colonnettes des jambages. *g*, *h*. Fleurons de l'encadrement.

---

(1) L'écu est aux armes de Chichelé, *parties* de celles du siége de Canterbury. L'archevêque mourut en 1443 ; l'édifice fut achevé environ une année plus tard.

PLANCHE 24. — PORTE DANS LES CLOITRES DU NOUVEAU COLLÉGE, A OXFORD. — PORTE DANS L'ÉCRAN DE LA CHAPELLE D'ÉDOUARD-LE-CONFESSEUR, A L'ABBAYE DE WESTMINSTER.

Le nouveau Collége d'Oxford doit sa fondation au célèbre Guillaume de Wykeham, évêque de Winchester (1380); la corporation prit possession du local en 1386. Le prélat susnommé avait été souvent employé par Édouard III à l'inspection des édifices royaux; son avancement avait été dû surtout à la réputation qu'il s'était acquise comme architecte. Le style dominant des œuvres auxquelles il présida se distingue au double point de vue de la solidité et de la hardiesse des proportions : c'est un terme moyen vraiment heureux entre la simplicité sévère du gothique primitif des cathédrales de Salisbury et de Lincoln, du *Minster* de Beverley, etc., et la richesse surabondante d'ornements minutieux qui se déploie dans les chapelles royales de Cambridge, de Windsor et de Westminster.

Le petit spécimen que présente notre planche est tout-à-fait dans le goût de Wykeham. En faisant attention aux correspondances des lettres, on rapportera aisément à l'élévation les détails d'ornementation de la porte. La partie supérieure de la base est percée à jours, et laisse passer la lumière entre des barreaux.

Le second spécimen appartient au dernier style gothique et offre une décoration plus riche que le précédent; on remarquera néanmoins une ressemblance générale avec la porte du nouveau collége. La porte dont il s'agit maintenant s'ouvre du côté Est de l'écran, derrière le grand autel, à l'abbaye de Westminster. Il y en a deux semblables de chaque côté de l'autel. La serrure, tout originale, et la plaque de la poignée sont d'un dessin assorti à un ouvrage en bois; on les a représentées à côté des autres détails : la connaissance de ces *minuties* est indispensable à qui veut imiter dans la perfection un style déterminé.

PLANCHE 25. — PORTE DE LA CHAPELLE St-ÉTIENNE (AUJOURD'HUI LA CHAMBRE DES COMMUNES), A WESTMINSTER (1).

La chapelle St-Étienne, de fondation collégiale, fut annexée au palais royal de Westminster, jadis résidence habituelle de la Cour britannique, lorsque les rois n'étaient point retenus dans leurs châteaux de campagne par le plaisir de la chasse. La chapelle fut rebâtie par Édouard III, dans un style splendide (2). Le squelette seul de l'édifice, pour ainsi dire, subsiste encore. Les altérations successives en ont dénaturé, effacé l'ornementation. La belle entrée dont le dessin sert de frontispice au présent volume est parfaitement conservée; elle appartient au vestibule ou porche *(lobby)* situé à l'Ouest de la chapelle. Elle rappelle assez le style de Guillaume de Wykeham. L'arcade et son couronnement présentent des courbes vraiment gracieuses; la série de quatre feuilles entourant l'archivolte constitue un mode d'ornementation peu commun. L'ensemble de la composition est riche; les détails sont pleins de convenance et d'harmonie. On les trouvera cependant simples, si on les compare à ceux des constructions du siècle suivant.

FENÊTRES.

PLANCHE 26. — FENÊTRES A OXFORD.

Ces cinq spécimens de fenêtres ogivales sont empruntés à différentes églises d'Oxford.

---

(1) Nous n'avons pas mission de décrire ici la magnifique reconstruction de *Westminster Palace* sur les dessins de M. Barry, ni la chapelle St-Etienne restaurée. Il suffira de rappeler que la publication des *Specimens* de Pugin est antérieure au grand incendie de 1834.
(Note du traducteur.)
(2) On y travailla dès 1330 ; mais les dorures et les peintures sont de trente années moins anciennes. V. les descriptions et les planches in-folio, publiées par la *Société des Antiquaires* Hawkins et Smith, *Antiquités de Westminster*, etc.

Les nos 1 et 4 appartiennent à l'église paroissiale de Ste-Marie-Madeleine; on y reconnaît le style en vogue au milieu de XIVe siècle. — Le no 2 est du XVe siècle : c'est un bon modèle à imiter dans la construction d'un chancel. Les meneaux sont d'une légèreté remarquable, proportionnellement à l'ouverture des jours; les piédroits sont hardis et profondément en retrait. Cette fenêtre est à St-Pierre à l'Est, église d'une vénérable antiquité, mais altérée à diverses époques dans plusieurs de ses parties. Le no 3, tiré du transsept de l'église du Collége de Merton (1), porte aussi les caractères du style de la première période du XVe siècle, et se distingue par son élégance. Le no 5 (du chœur de la même église) est de plus vieille date : le réseau intérieur et la forme de l'arcade sont d'un dessin peu ordinaire.

PLANCHE 27. — FENÊTRE CIRCULAIRE (ROSE) OU ROUE DE SAINTE CATHERINE (2), A L'ABBAYE DE WESTMINSTER.

A chacune des deux extrémités septentrionale et méridionale du transsept de l'abbaye de Westminster, à l'étage supérieur, est percée une large fenêtre du dessin que nous reproduisons ici. Le style en est moins ancien que celui de cette partie de l'édifice. On peut voir dans l'une et l'autre rose des additions du règne de Richard II, époque où un grand porche, démoli depuis, fut également ajouté à l'extrémité Nord du transsept. Nos deux roses contribuent puissamment à la décoration de l'église, surtout vues du dehors. La planche représente un quart de la fenêtre méridionale, avec

---

(1) L'église paroissiale de *St-Jean-Baptiste*, à Oxford, fut mise à la disposition du Collége de Merton peu de temps après sa fondation. Le chœur, réservé à la corporation, passe pour avoir été bâti par William Rede, évêque de Chichester, qui mourut en 1385. Le transsept et la tour sont plutôt de la période suivante. Il n'y a point de nef : cette partie de l'église n'a-t-elle jamais existé ou a-t-elle été démolie, c'est ce qu'on ignore. La façade occidentale de la tour surmonte une large arcade, ce qui ne laisse point de doute sur l'intention où l'on était de construire une nef. Il est remarquable que le plan imparfait de cette église a paru si convenable aux constructeurs du nouveau Collége et du Collége de la Madeleine, qu'ils l'ont imité dans les magnifiques chapelles de ces deux établissements, chacune possédant chœur et transsept. On retrouve aussi cette disposition au Collége de Wadlam (V. le tome I des TYPES, pages 19, 26, etc.).
(2) On donnait ce nom, au XIIIe siècle, aux fenêtres de cette forme, en mémoire de sainte Catherine d'Alexandrie, alors en grande vénération. On sait que la roue (instrument de martyre) est l'attribut de Ste Catherine.   *(Note du traducteur.)*

des détails, et les dimensions de chaque moulure. En réalité, l'une et l'autre fenêtre sont carrées, c'est-à-dire inscrites dans un carré; mais la figure principale de leur dessin étant une circonférence, et la disposition de tous les meneaux étant déterminée en raison de cette figure, on peut très-bien les classer parmi les roses ou fenêtres circulaires.

a. Coupe d'un côté de l'encadrement. *b.* Meneau.

PLANCHE 28. — FENÊTRE DU COLLÉGE DU ROI, A CAMBRIDGE. — FENÊTRE DU COLLÉGE DE BALIOL, A OXFORD.

Le premier de ces spécimens est emprunté à l'édifice mentionné à propos de la planche 20. Il y a trois rangées de fenêtres généralement semblables à celle-ci, du côté de la cour. Elles ont une apparence de sévérité et de solidité; leur élévation leur donne un caractère de grandeur digne d'un palais. Les arcades de celles qui s'ouvrent à l'étage supérieur sont moins écrasées; quelques-unes sont plus hautes que celle-ci.

Le second modèle, emprunté à la grande salle du Collége de Baliol, à Oxford, est de la même date, c'est-à-dire du règne de Henry VI. L'intérieur du *hall* a été modernisé; rien ne subsiste de l'architecture primitive, si ce n'est les fenêtres parmi lesquelles nous avons fait un choix. Le dessin de celle-ci est vraiment gracieux; par la légèreté des détails, elle contraste d'une manière frappante avec le spécimen précédent. Le croisement du meneau vertical avec la traverse a pourtant quelque chose de maigre, et l'absence d'un grillage en fer ajoute à cet effet de nudité.

PLANCHE 29. — FENÊTRE D'ORIEL DANS LA GRANDE SALLE DU COLLÉGE DE JÉSUS, A CAMBRIDGE.

Le style gothique et le style italien se disputèrent la faveur publique pendant tout un siècle, après la première apparition en Angleterre, sous Henry VIII, de travaux exécutés dans le goût étranger. Jusqu'au temps de Charles I, dans les régions universitaires, on resta fidèle en plus d'une occasion, et très-résolument, au type gothique. La cour extérieure du Collége de Jésus, à Cambridge, ne remonte pas au-delà de ce dernier règne; or, si l'on ne savait pertinemment le contraire, on lui assignerait pour date l'ère de Henry VIII. La fenêtre que nous publions est d'une grande beauté ; les ornements en sont très-délicats, bien dessinés, particulièrement dans l'intérieur de l'arcade, et dans les moulures supérieures. La planche donne l'élévation prise du dedans de la salle, une coupe verticale passant par le centre, et la moitié du soffite ou plafond ornementé (1).

PLANCHE 30. — PARTIE SUPÉRIEURE DE LA TOUR D'ENTRÉE DU COLLÉGE DE BRAZEN-NOZE, A OXFORD.

La construction des locaux occupés par ce Collége remonte à l'an 1510. Une grande cour carrée entourée de bâtiments, telle en est la disposition générale : du côté de l'Est s'élève une grande tour d'entrée. C'est la partie supérieure de cette tour que notre planche 30 représente, mais non dans toute sa largeur : il fallait laisser place à une coupe des membres formant saillie. L'arcade de la porte est ogivale, mais surbaissée ; au-dessus s'élève un écran à panneaux d'un riche travail, couvrant la façade à hauteur d'étage et se terminant par les créneaux qu'on voit sur la gravure. L'*oriel* ou fenêtre en encorbellement se dresse derrière ce crénelage, flanqué de deux tourelles à pinacles. Les deux niches adjacentes ont probablement contenu les statues de deux saints patrons, les évêques Hugues et Chad ; celle qui occupe le milieu, entre les fenêtres les plus élevées, a dû contenir une image de la Sainte-Vierge. La façade intérieure de la tour est distribuée à peu près de la même manière ; l'une et l'autre sont dans un assez bon état de conservation, si ce n'est qu'on a mutilé d'une façon barbare les riches panneaux sculptés immédiatement au-dessus des portes, et que chaque façade est défigurée par deux châssis de bois, tenant lieu des anciennes croisées. Néanmoins la richesse extrême de l'ornementation donne à cette tour une apparence distinguée, et sa hauteur doit avoir produit un effet

---

(1) Dans les *Specimens of ancient Carpentry*, dessinés par John Smith et publiés en 36 planches (1787), on remarque l'élévation d'une ferme *(principal)* des combles du Collége de Jésus, à Cambridge. Elle est charpentée dans la manière des *halls* d'Eltham et de Westminster, mais avec une moindre perfection de style ; on y remarque nombre de petits arcs en plein-cintre et de piliers bouffis, tout-à-fait dans le goût architectural qui domina sous la reine Elisabeth.

beaucoup plus frappant avant l'époque où l'on crut devoir élever, de chaque côté, tout l'édifice d'un étage, un siècle après son érection (1).

MONUMENTS SÉPULCRAUX DE L'ABBAYE DE WESTMINSTER.

PLANCHE 31. — MONUMENTS DU PRINCE JOHN D'ELTHAM, COMTE DE CORNOUAILLES (2).

Ce jeune prince, second fils du roi Edouard III, mourut à Perth, en 1334. Son corps fut transporté à Westminster, pour y recevoir une pompeuse sépulture. Le tombeau que nous décrivons était autrefois couvert d'un dais très-élevé, formé de trois légères arcades inscrites dans des gables aigus, percés à jour et richement ornés de crochets et de pinacles; les sommets servaient de piédestaux à de petites figures d'anges (3). Le bon goût et la science architectonique du XIV° siècle se sont rarement révélés avec autant d'éclat que dans ce beau monument lorsqu'il était intact; mais le dais fut supprimé il y a soixante ans; aujourd'hui le sarcophage massif est seul debout, et encore porte-t-il plus d'une trace des injures du temps (4). — La planche 31 donne l'élévation de la face septentrionale du tombeau

---

(1) La tour d'entrée du Collége de la Madeleine est une imitation partielle de celle de *Brazen-Noze* (V. le tome I des Types: texte, page 33, et planches 23, 24 et 27). La première est plus belle, plus heureusement située; elle n'est point noircie par la fumée, et la conservation en est parfaite; puisse-t-elle ne jamais être mutilée à plaisir, comme le vénérable cloître qui l'avoisine l'a été dernièrement.

(2) Dans la chapelle St-Edmond. *(Note du traducteur.)*

(3) Une vue du monument *entier* a été publiée par Sandford, dans son *Histoire généalogique des rois d'Angleterre*, 1677, in-folio, p. 154.

(4) Selon M. Gough, tous les ornements en auraient été enlevés « par l'ordre de l'évêque Pearce » (*Sepulchral Monuments*, I, 94). Le Dr Zacharie Pearce, évêque de Rochester, était à cette époque doyen de Westminster : les sentiments qui l'animaient à l'égard des anciens monuments ont été sévèrement appréciés dans une lettre de l'honorable Horace Walpole (1761), adressée à l'évêque à propos de l'enlèvement d'un autre tombeau magnifique, celui d'Aymer de Valence, comte de Pembroke, qui dut faire place, du consentement du doyen et du chapitre, au monument du général Wolfe. — V. Nichols, *Literary Anecdotes*, vol. III, p. 745. — Il est très-vraisemblable que le dais du monument de John Eltham avait perdu quelque chose de sa solidité, et qu'il eût été dangereux de le conserver. Il était d'une légèreté extrême, et l'on voulut économiser les frais de réparation. Aux funérailles de lady Elisabeth Percy, ce monument s'écroula; sa chute coûta la vie à un homme.

avec la statue couchée. On a reproduit, d'une part, les riches ornements de l'un des trois panneaux qui y sont tracés; pour les autres, on a simplement indiqué les contours du dessin et noté les dimensions. La coupe de l'un des angles marque les parties saillantes; le plan d'une extrémité du rectangle, accompagné de divers détails agrandis, donne une idée complète de la construction du tombeau. Les lettres indiquent la place occupée par chacun de ces détails; une description plus explicite serait superflue.

PLANCHE 32. — MONUMENT DU ROI ÉDOUARD III.

Ce monument fait partie d'une série de sépulcres royaux, qui entourent la châsse d'Edouard-le-Confesseur. Notre dessin le représente du côté méridional, où il est porté sur une base ou sur un sarcophage inférieur, qui atteint le niveau du pavé de la chapelle, plus élevé que celui des bas-côtés de l'église. Le tombeau est en marbre gris, richement chargé d'ornements en cuivre, jadis dorés et émaillés. Ces ornements ont beaucoup souffert des outrages du temps, et non moins des pillages de mains barbares, si bien que le côté Nord est entièrement dépouillé de ses curieuses petites statues en métal, représentant les enfants du roi, chacun avec ses armoiries émaillées. Le dais, comme celui de plusieurs autres tombes royales, consiste en un plafond lambrissé, suspendu entre deux piliers de l'église. Ce monument correspond exactement, style et matériaux, à celui que l'infortuné Richard II fit construire pour lui-même et pour la reine Anne, sa première femme (1). — La planche donne l'élévation du côté Sud du tombeau d'Edouard III : on a laissé de côté les détails de quelques ornements d'architecture, pour en rendre plus sensibles le dessin général et les proportions. On a représenté de face la statue principale, qui est en bronze, et repose dans un riche tabernacle du même métal, fixé à la tablette de marbre qui recouvre le sarcophage (2).

---

(1) Les contrats passés pour l'érection de ce tombeau ont été publiés dans les *Fœdera* de Rymer. V. le *Glossaire*, au mot Dais (*Hovel*).

(2) Édouard III mourut au manoir de Shene ou à Richmond, en juin 1377, dans sa 64me année. La statue semble représenter un personnage plus âgé; mais Édouard, vers la fin de sa vie, était si usé de corps et d'esprit, qu'il n'est pas douteux que nous n'ayons sous les yeux un portrait fidèle.

PLANCHES 33 et 34. — MONUMENT DU ROI HENRY V.

Relégué dans une situation défavorable, ce monument n'attire pas les regards autant qu'il le mériterait; cependant, à part la chapelle et le tombeau de Henry VII, on doit certainement le considérer comme l'ouvrage le plus accompli et le plus curieux de toute l'église. Son érection, ou du moins son agrandissement dans des proportions beaucoup plus larges, appartient, selon quelques auteurs (1), à l'initiative de Henri VII; mais feu M. Gough a prouvé à l'évidence qu'il fut exécuté dix ans après la mort de Henry V, pendant la minorité de son fils et successeur Henry VI (2). Le tombeau de l'héroïque prince occupe l'arcade orientale de la chapelle d'Édouard-le-Confesseur, et complète la série de sépultures royales rangées là en hémicycle (3). Il est placé plus bas que le sol de la chapelle, dont le prolongement vers l'Est le surmonte d'une sorte de tribune, portée sur des voûtes richement frettées et empiétant sur l'aile ou galerie qui entoure l'église de ce côté. Deux grilles de fer, curieusement travaillées à jour, servent de clôture au sarcophage royal, sur lequel est couchée une figure mutilée, sculptée en chêne (4). A la façade occidentale, on remarque deux tourelles ou cages

---

(1) Sandford, Dart, Pennant, etc.
(2) *Sepulchral Monuments*, vol. II, p. 63, etc.
(3) Le roi lui-même désigna l'emplacement de son tombeau et en détermina la construction particulière. Il manifesta sa volonté par un acte de 1413 (troisième année de son règne), qui a été inséré dans les *Fœdera* de Rymer, vol. IX, p. 289. Voici quelques passages de ce document, traduits de l'original latin :
« *Item* nous léguons notre corps à l'église de St-Pierre, prince des Apôtres, à Westminster, pour y être inhumé parmi les sépulcres des rois, à l'endroit qui contient maintenant de saintes reliques. Nous voulons que là une tribune (*loft*, LOCUM EXCELSUM) s'élève au-dessus de nos restes mortels, avec un escalier pour y monter d'un côté et un escalier pour en descendre, à l'autre extrémité; et c'est en cet endroit que, selon notre volonté, les dites reliques seront placées.
» Et nous voulons qu'un autel soit fondé là, en l'honneur de l'Annonciation de la Sainte Vierge et de tous les saints, etc.
» Et nous voulons que le dit autel, élevé sur notre tombe, soit construit de telle manière que les prêtres célébrants puissent être vus par le peuple, afin que la dévotion soit plus fervente et que les créatures aient plus d'occasions de glorifier Dieu. »
Le roi Henri V mourut en 1422 au château du Bois de Vincennes, en France. Ses funérailles furent très-pompeuses : entre autres cérémonies « trois coursiers de bataille avec leurs cavaliers, excellemment armés, aux armes d'Angleterre et de France, furent conduits, selon la coutume, au grand autel de Westminster. » — V. Gough, *Sepulchral monuments*, II, 59, etc.
(4) Le *warrant* pour la confection de ces grilles a été inséré dans le recueil de Rymer (X, 490) et copié par Gough; il est adressé à Roger Johnson de Londres, forgeron *(Smyth)*, et daté de 1431.

d'escalier, du style le plus riche, entièrement couvertes de niches à statues, ou d'un réseau de ciselures percées à jour (1). Les côtés de la tribune ou chapelle supérieure sont aussi couverts d'*imageries* ; les parois intérieures étaient autrefois très-pompeusement chargées d'enluminures et de dorures (2).

PLANCHE 33. — Élévation d'une des tourelles de la façade, avec plan et coupe horizontale en A; détails développés en B, au-dessus de la porte; coupe d'un piédestal en C; plan agrandi en D.

PLANCHE 34. — Coupe et plans de la même tourelle, avec mesures et renvois aux parties correspondantes.

PLANCHE 35. — MONUMENT DE L'ÉVÊQUE DUDLEY (3).

Ce spécimen est emprunté à un tombeau placé dans la chapelle de St-Nicolas, au Sud-Est de l'abbaye de Westminster. On a dessiné ici le compartiment central de la façade. Il y en a cinq en tout : trois au-dessus de la cavité qui renferme le sarcophage ; les deux autres au-dessus de deux niches, à la tête et au pied du monument. Un portrait gravé sur une plaque de cuivre a été enlevé de la table du tombeau, dont la face antérieure portait en outre des écussons de même métal, aux armes de l'évêque; on lit encore sur le bord, également gravé sur cuivre, une partie de l'épitaphe. William Dudley, fils d'un des barons de ce nom, mourut évêque de Durham, en 1483. Les membres d'architecture de son monument sont d'un bon dessin ; les détails ont de la hardiesse, des proportions convenables ; la complication des moulures n'est pas excessive (4).

---

(1) Ces cages d'escalier ont été décrites par Pennant, avec une étrange distraction, comme des ouvrages en fer à jours *(Some account of London)*. La description publiée dans « The Beauties of England, » vol. X, 3me partie, est aussi très-imparfaite et incorrecte.
(2) Toutes les statues qui existent encore dans la chapelle (environ 60) ont été dessinées par feu John Carter, et publiées dans le tome II des « Specimens of ancient Sculpture and Painting, » in-folio (complété en 1794).
(3) La statue d'une dame de l'époque de Jacques Ier ayant été déposée sur ce tombeau, on a cru pendant quelque temps, par erreur, qu'il avait été construit pour lady St-John.
(4) Le style de ce monument est plus ancien que sa date réelle : sa grande ressemblance avec celui de sir Bernard Brocas, chevalier (exécuté en 1400 du chef de conspiration en faveur du rétablissement de Richard II), dans la chapelle voisine, fait penser qu'il n'est qu'une copie de ce dernier. La tombe du poëte Gower, à l'église de St-Mary-Overy ou du St-Sauveur, porte aussi les mêmes caractères. Gower mourut en 1402.

A. Élévation d'un des compartiments de la partie supérieure du tombeau. B. Coupe indiquant la profondeur de la niche sépulcrale, et son système ogival de voûtage. *a.* Moulure du gâble, sur une plus large échelle. *b.* Plan d'un pinacle, avec les moulures du panneau auquel il est adossé. *c.* Plan partiel du soffite du dais. *d.* Cul-de-lampe sous les pendentifs des ogives de la façade : rose entourée de rayons, allusion à Édouard IV, qui mourut la même année que notre prélat.

PLANCHE 36. — MONUMENT DE L'ABBÉ FASCET (1).

Ce monument fait partie de l'écran qui sert de façade à une chapelle située au Nord du chœur. C'est un spécimen du dernier style gothique : au lieu d'être surmontée de niches, ou de gâbles et de pinacles, comme dans l'exemple précédent, la partie supérieure du dais ne présente plus que les lignes droites d'une corniche horizontale. Les ornements du tombeau sont nettement tracés : les armes sont celles qu'on attribue à Édouard-le-Confesseur, celles de l'abbaye, etc. En haut est le chiffre de l'abbé. L'inscription est en partie détruite.

A. Élévation d'une moitié de la façade extérieure. B. Coupe de l'ensemble. C. Plan de la moitié du soffite, montrant le dessin des moulures à l'intérieur de l'arcade. *a.* Plan agrandi d'un angle de la façade extérieure. *b.* Plan agrandi d'un angle de la façade intérieure.

Au bas de la planche, on a dessiné un petit plan de l'ensemble.

PLANCHE 37. — PORTE ET ÉCRAN DANS LA CHAPELLE DE L'ABBÉ ISLIP.

John Islip, prieur de l'abbaye de Westminster, fut élu abbé en 1500, après la mort de Fascet. Il jouit d'une grande faveur auprès du roi Henry VII. Il posa la première pierre de la chapelle rebâtie par ce souverain, et dirigea les travaux de cette reconstruction jusqu'à son achèvement sous

---

(1) George Fascet, quelquefois appelé (par erreur) Flaccet, fut élu abbé en 1498, et mourut en 1500, vers la St-Michel.

Henry VIII. L'abbé Islip se dévoua à la réparation et à l'ornementation de l'église de Westminster, qui n'avait jamais été complétée; il s'occupait des travaux de la façade occidentale, lorsque la mort le surprit (1). Il fit construire dans la chapelle St-Erasme, adjacente à l'aile septentrionale du chœur, une belle petite chapelle particulière, pour son propre tombeau; de plus, ainsi que nous l'apprend Dart, il releva le logement abbatial, devenu depuis celui du doyen de Westminster.

La planche représente à peu près la moitié de la façade de la chantrerie de l'abbé, jusqu'au niveau du pavé de l'étage supérieur, où était une autre chapelle. Cet intéressant petit monument a été traité avec une barbarie proportionnée à son mérite architectural, et au caractère vénérable du défunt. C'est une œuvre vraiment curieuse. La porte figurée sur notre planche s'ouvre au pied d'un escalier qui conduit à la chapelle supérieure; la chapelle d'en bas était autrefois accessible par une porte intérieure, qui a été depuis murée, et remplacée par une entrée pratiquée dans la façade. L'intérieur a été défiguré et rempli d'objets hors d'usage; le tombeau de l'abbé, une tablette de marbre posée sur quatre piliers de bronze, a été poussé hors de sa place, et des planches raboteuses ont servi à fermer les jours des sculptures de la façade (2).

---

(1) Il mourut en 1532. C'est vraisemblablement à cette date que furent arrêtés les travaux de la façade occidentale, qui demeurèrent interrompus et imparfaits (vers les combles) jusqu'au commencement du siècle dernier.

(2) Voir le *Gentleman's Magazine* d'avril 1808, p. 300.

La Société des Antiquaires a publié, en 1809, cinq planches reproduisant quelques dessins remarquables, relatifs aux funérailles de l'abbé Islip. On y a représenté les sujets suivants :

D'abord le portrait de l'abbé, debout, en habit monastique, dans un cadre très-riche d'ornements.

Ensuite, son lit de mort, entouré des moines de l'abbaye et du clergé ordinaire; des figures de saints et d'anges indiquent une vision.

Sur la troisième planche, un grand catafalque, couronné de torches nombreuses, est dressé devant le grand autel de l'abbaye, dont on reconnaît l'antique écran, le dais, les statues, etc. Le corps est couvert d'un drap mortuaire; les assistants font cercle autour du défunt, les uns en prières, les autres tenant des flambeaux.

La quatrième planche représente la chapelle de l'abbé dans son état primitif, avec le tombeau, les différentes parties de deux chapelles (supérieure et inférieure) intactes, et maintes autres particularités curieuses.

Enfin, la cinquième planche est consacrée à une vue de l'église abbatiale, prise à distance. L'une des murailles latérales est partiellement enlevée pour laisser voir la cérémonie du couronnement du roi Henry VIII, célébrée dans l'intérieur. La façade occidentale est surmontée d'une grue à élever les pierres à bâtir; au centre de l'église, on remarque une lanterne octogonale.

Ces planches ont été minutieusement décrites par feu M. John Carter, dans le *Gentleman's Magazine*

Le dessin de cette chapelle est vraiment excellent, si l'on considère combien est récente l'époque où elle fut construite. La balustrade primitive de la chapelle supérieure, à la façade, était travaillée avec beaucoup plus de soin que celle qui s'y voit actuellement; les combles et l'intérieur tout entier de la chapelle de l'abbé, étaient richement, élégamment ouvragés. Nous donnons l'élévation de l'entrée et de l'une des deux principales divisions de la façade. La coupe est prise au milieu de la porte.

NICHES POUR STATUES; STALLES.

PLANCHE 38. — NICHE DANS LA CHAPELLE DE HENRY VII (ABBAYE DE WESTMINSTER).

Les cinq enfoncements qu'on remarque dans la partie orientale de la chapelle de Henry VII, étaient destinés à recevoir autant d'autels; deux autres devaient occuper les extrémités supérieures des collatéraux. Leurs places sont restées vides : au-dessus de chacune s'élèvent trois niches ou tabernacles, avec des statues de saints. La planche 37 est consacrée à la niche centrale de l'une de ces petites chapelles. La statue représente Sainte Agathe, vierge et martyre (1). La niche est du même fini précieux que tout l'ensemble de la chapelle; le dais est percé à jours et entièrement

---

de 1809, p. 1121, et de 1810, p. 30. Dans le même recueil (1808, p. 297), M. Carter avait déjà donné le dessin d'un charmant petit écran placé à l'extrémité occidentale de l'église abbatiale, et portant la devise de l'abbé Islip. Le zèle enthousiaste de cet artiste et antiquaire éminent a certainement contribué à prévenir la mutilation de nos anciens monuments; les personnalités de sa critique le faisaient craindre. Le fait est qu'il était incessamment engagé dans des polémiques : nous ne verrons jamais son pareil ! — Notons en passant que le frontispice du tome V des *Antiquités architecturales* de Britton représente un dais de la chapelle d'Islip, d'un fort beau travail.

(1) Torturée et mise à mort en 251, pendant la persécution de Decius. Son double caractère de vierge et de martyre est indiqué sur sa longue chevelure flottante, et par l'instrument de torture qu'elle tient de la main gauche. Le lion assis sur le dais fait allusion aux armes d'Angleterre; d'autres niches supportent un lévrier, etc. V. le *Glossaire*, au mot TYMBRE.

évidé; ses dentelles sont trop délicates pour être vraiment belles. Le piédestal est de meilleur goût.

A. Élévation de toute la niche, vue de face. B. Coupe générale, prise de profil. — Piédestal. — *a*. Frette supérieure. — *b*. Ornements de la partie inférieure du chapiteau. — *c*, *d*. Moulures du tailloir et de l'abaque. — *e*, *f*. Saillie des contreforts latéraux. — *g*. Profil de leur base. — *h*. Plan d'une moitié de la niche. — *i*. Même plan, laissant voir les nervures de la voûte, à l'intérieur du couvre-chef. — *k*. Base des sveltes contreforts qui soutiennent la niche de chaque côté.

Ce dessin est particulièrement utile, en ce qu'il fait voir comment ces contreforts secondaires s'adossent au contrefort central. Dans ces menus détails, les anciens artistes mettaient le plus grand soin à conserver à chaque élément architectonique son véritable caractère, sa fonction propre. Si un grand nombre d'imitations modernes manquent de consistance et n'appartiennent pas à l'art sérieux, c'est que leurs auteurs se sont trop souvent négligés sous ce rapport.

PLANCHE 39. — NICHES A OXFORD.

La niche (ou tabernacle) constitue un embellissement si caractéristique et si remarquable de l'architecture gothique, que l'artiste ne saurait trop s'efforcer d'en bien comprendre l'ordonnance (1). La planche 39 nous offre trois spécimens de niches, dans le genre des stalles qui figurent au chœur des grandes églises.

La première de ces niches surmonte la porte qui s'ouvre à la façade septentrionale du Collége de Merton. La statue représente le roi Henry III, qui occupait le trône à l'époque de la fondation du Collége. L'image du fondateur, en costume épiscopal, est placée dans une niche correspondante. Les armoiries qu'on voit sur la console, portées par un ange, sont celles de Henry V, sous le règne duquel cette partie du Collége fut bâtie par le *gardien* Thomas de Rodeburne, plus tard évêque de St-David, en 1416.

---

(1) Nous renvoyons le lecteur à l'ouvrage cité de HOFFSTADT, édition française, p. 400 à 409. Il y trouvera les renseignements les plus instructifs. *(Note du traducteur.)*

Nous donnons cet exemple comme excellent à imiter ; il se distingue par la grâce des proportions et par l'élégance des détails, d'ailleurs exécutés avec beaucoup de soin.

2. Vient ensuite une des trois niches qui décorent la porte d'entrée du Collége de *Corpus Christi*. La construction en remonte environ à l'année 1516. Elle n'est point d'un dessin aussi pur que celle du Collége de Merton. Le dais est lourd, malgré la multiplicité des ornements ; le corbeau du centre, séparé des bases latérales, fait paraître inachevée la partie inférieure de la niche. La statue est absente, aussi bien que celles des autres niches de la même façade.

3. Le troisième spécimen provient de la belle tour d'entrée du Collége des Ames. La statue nous donne un portrait caractéristique du doux et faible Henry VI, jeune à l'époque de l'érection de ce monument, vers 1440 (1). L'effigie du fondateur, l'archevêque Chicheley, occupe une niche semblable, faisant pendant à celle-ci. Le caractère architectural de ce tabernacle est analogue à celui du n° 1, à cette différence près, qu'ici la statue est posée sur un piédestal. De plus, la partie inférieure de la niche n° 3 est plate, et son peu de profondeur nuit considérablement à l'effet. Ordinairement le plan est hexagonal, moitié en retrait, moitié en saillie.

PLANCHE 40. — SIÉGE OU STALLE DANS LA CHAPELLE DE HENRY VII, A WESTMINSTER.

Les stalles de la chapelle de Henry VII ont été l'objet de critiques sévères, dans certaines descriptions modernes de ce splendide édifice. Le fait est qu'elles ne sont pas dignes, en tout point, de figurer au milieu des magnificences qui les entourent ; cependant (2) on ne saurait méconnaître la beauté réelle de quelques-unes de leurs parties (3).

---

(1) Types, planche 10, n° 1 (Élévation de l'ensemble de la tour). *(Note du traducteur.)*
(2) M. Alf. Michiels n'hésite pas à leur décerner à elles-mêmes l'épithète de *magnifiques*.
(Note du traducteur.)
(3) Les bannières et les heaumes des chevaliers du Bain surmontent les dais des stalles et en dissimulent plus ou moins l'architecture à la partie supérieure. L'aspect général de l'intérieur y gagnerait beaucoup, si le regard pouvait pénétrer dans la chapelle par les bas-côtés, ou si du

A. Élévation d'une des stalles basses, vue de face ; au-dessus, pupitre d'une stalle haute. B. Élévation de la même stalle, vue de profil. *a. Miséricorde* ou console sculptée, sous le siége. Elle représente le jugement de Salomon. Le roi est assis entre les deux femmes : un soldat est sur le point de couper en deux l'enfant vivant. *b.* Un des deux bas-reliefs sculptés de chaque côté de la console. On y reconnaît l'origine de la contestation, la substitution d'un enfant mort à l'enfant vivant : cette représentation, d'une naïveté plaisante, est exactement répétée sur l'autre bas-relief. *c.* Compartiment de la façade, sous le pupitre. *d.* Partie inférieure du même compartiment. *e.* Figure de Henry VII, sur une POUPPE (1) du pupitre. *f.* Coupe agrandie des moulures des appuis de la stalle.

PLANCHE 41. — DAIS SURMONTANT L'UNE DES STALLES DE LA CHAPELLE DE HENRY VII.

Ce dais appartient à l'une des stalles hautes ou principales. L'intention du dessinateur paraît avoir été d'imiter un tabernacle ou une tourelle percée de fenêtres, et soutenue par des arcs-boutants et des contreforts avec pinacles.

Détails de l'élévation :

a. Partie du réseau de l'ogive centrale du tabernacle. *b.* Crochet d'un arc-boutant. *c.* Crochet d'un pinacle. *d.* Moulures à l'intérieur des deux crochets de chaque face du monument. *e.* Colonnette supportant le dais.

---

moins les divisions ne consistaient qu'en écrans ouverts, comme il s'en trouve quelques-uns plus loin, vers l'est; mais il est certain que les stalles sont ce que le fondateur a voulu qu'elles fussent : un acte authentique en fait foi. Les ailes de la chapelle de Henry VII sont d'une beauté achevée : la délicatesse de l'ornementation, qui dégénère en minutie et en faiblesse aux yeux de celui qui contemple les larges surfaces du centre de l'église ou son extérieur majestueux, cette délicatesse est appropriée aux dimensions étroites d'une simple chapelle : seulement l'effet de perspective est manqué, grâce à la présence de monuments sans goût et d'une grandeur démesurée. Quoi de plus détestable que le sépulcre de l'illustre Elisabeth et celui d'une autre reine non moins célèbre, sa victime, Marie d'Écosse? Il est étrange de voir feu M. Pennant écrire de sang-froid, à propos de ces héroïnes : « Leurs tombeaux se ressemblent; ils datent l'un et l'autre de la *renaissance des arts*. » *(Some account of London).* Impossible de concevoir une phrase d'une ironie plus amère; mais l'honnête gentleman n'y entendait point malice. Les statues des deux reines, hâtons-nous de le dire, sont d'un grand mérite; mais l'architecture de leurs tombeaux fait honteusement tache dans la chapelle de Henry VII.

(1) V. le *Glossaire*, au mot POUPPE.

f. Place du dais, pris à différentes hauteurs, indiquées par des renvois aux lettres inscrites sur l'*élévation*. *g.* Plan agrandi de la moitié du dais, montrant les nervures de la voûte. *hh.* Coupes de la colonnette *e*, sur deux échelles différentes.

SUJETS DIVERS.

PLANCHE 42. — TRIBUNE EN PIERRE A LA CATHÉDRALE DE WORCESTER.

Dans les temps anciens, les sermons se débitaient fréquemment dans les cloîtres des cathédrales, ou même en plein air, dans les cours des maisons religieuses, etc. (1). La très-curieuse chaire que nous publions fut d'abord placée dans la nef de la cathédrale de Worcester, près de l'extrémité occidentale; vers le milieu du siècle dernier, on la transporta au côté nord du chœur, où elle est adossée à un pilier.

La pureté du dessin en a été altérée par un mélange d'ornements modernes, d'emblèmes, etc. (2). Une malencontreuse corniche est venue en exhausser le pupitre; un ciel plat en bois, taillé d'une étrange manière, est suspendu sur la tête du prédicateur. Le dossier représente la nouvelle Jérusalem, telle qu'elle est décrite dans l'Apocalypse (3); il est en chêne, et probablement du même âge que le pupitre. Le tabernacle qui le surmonte est incomplet.

---

(1) Les *ambons*, sorte de chaires placées aux deux côtés du chœur, servaient seulement, dans l'origine, à la lecture de l'épître, de l'évangile ou des autres écritures. Lorsque l'évêque voulait parler au peuple, il faisait apporter son fauteuil devant l'autel. Il est à croire que plus tard, quand le clergé quitta l'abside ou *presbyterium*, où il se tenait d'abord exclusivement, l'orateur s'avança jusqu'à la barrière du transsept, et se servit des ambons comme de tribunes toutes préparées. C'est un fait digne de remarque, qu'avant le XIVe siècle, on ne trouve pas de chaires à prêcher distinctes des ambons. Leur apparition coïncide avec l'apparition des hauts *jubés*. (Voir Schmidt, *Architecture des Monuments religieux*, v° CHAIRE, etc., etc. (*Note du traducteur*.)

(2) Green les a pompeusement décrites dans son *Histoire de Worcester*; sa notice a été copiée dans les descriptions les plus récentes.

(3) Cette représentation se trouve dans un assez grand nombre d'églises de la première période du style gothique; par exemple à la Cathédrale de Reims. (*Note du traducteur*.)

L'élévation de l'ensemble, prise de face; la coupe de l'ensemble, prise de profil; un plan de pupitre; enfin un plan agrandi d'une partie des côtés, tels sont les sujets dessinés sur notre planche.

PLANCHE 43. — TRIBUNE EN PIERRE AU COLLÉGE DE LA MADELEINE, A OXFORD.

Cette tribune est placée dans un coin de la cour intérieure du Collége de la Madeleine, devant la chapelle (1). Les moulures en sont nettes; mais le soffite du dais porte seul quelques ornements : une rose entourée de rayons, par allusion à Henry VI, et deux branches de lis, insignes favoris du fondateur, l'évêque William de Waynflete.

AA. Plan de la chaire et de la porte qui s'ouvre dans le dossier. B. Coupe des moulures de la console (de C à D). E. Plan du dais, avec les ornements du soffite.

PLANCHE 44. — COFFRE SCULPTÉ.

Ce coffre est un bel échantillon du mobilier riche et durable qui garnissait jadis les principaux appartements des maisons de campagne et des châteaux. Des objets tels que celui-ci étaient mentionnés dans les testaments et se transmettaient de génération en génération, tandis que les produits plus légers des manufactures modernes ne font, pour ainsi dire, dans nos salons, qu'une apparition éphémère. Les anciens meubles sont très-rarement enrichis d'ornements d'architecture aussi délicats; la décoration des vieux bois de lit et des coffres qui ont échappé aux ravages du temps, appartient le plus souvent à ce style mixte qui fut à la mode sous les règnes d'Elisabeth et de Jacques Ier (2).

---

(1) L'Université avait jadis coutume de s'assembler ici une fois l'an, le jour de St-Jean; la cour était décorée de branches vertes, et un orateur montait dans la vieille chaire. Depuis quelque temps, le sermon est prêché dans la chapelle. Les bâtiments du Collége de la Madeleine furent principalement construits entre les années 1470 et 1490. (Voir les TYPES, t. I, p. 25.)

(2) Les *Specimens of ancient Sculpture and Painting*, de Carter, contiennent plusieurs dessins d'anciens meubles; on en trouve d'autres dans l'ouvrage inachevé du même auteur sur l'architecture ancienne. Une collection de modèles de ce genre serait d'une grande utilité pratique, et contribuerait à corriger le mauvais goût des fabricants de meubles gothiques modernes. — St-Georges Holmes, Esq., à East Retford, Nottinghamshire, possède la devanture d'un coffre du même style que celui que nous décrivons; seulement elle est couverte de petites figures de saints.

M. Ormerod, dans son intéressante et importante histoire du Cheshire, vol. III, p. 450, décrit dans les termes suivants, à propos de l'hôpital de Nantwich, le coffre dont nous publions le dessin :

« Ce coffre a servi probablement à conserver des livres, des calices, etc. Sa largeur est d'environ deux pieds, sur cinq de longueur, et deux pieds neuf pouces de hauteur. Chacune des deux faces latérales se divise en deux compartiments; celle de devant comprend cinq panneaux. Tous ces panneaux, excepté celui du milieu, sont richement travaillés à l'imitation des fenêtres gothiques du dessin le plus somptueux; dais, crochets, bouquets, contreforts à pinacles, rien n'y manque : c'est une véritable châsse. Au *centre* est représenté le couronnement de Henry VI *en Angleterre*; la *simple* rose figure parmi les ornements surmontant la fleur de lis.

» Cette circonstance, aussi bien que le caractère du style architectural, ne permet pas de rapporter notre coffre au temps de Henry VII; et l'on ne peut admettre qu'il ait été sculpté pendant la période de la domination des Yorkistes, qui s'étend depuis la mort de Henry VI, en 1461, jusqu'à l'avènement de Henry VII. Le couronnement *anglais* de Henry VI remonte au 6 novembre 1429 : la date que nous cherchons doit être probablement fixée, à cause de l'insertion de la *rose*, entre la rupture de la guerre civile en 1455, et l'année 1461 susmentionnée.

» Parmi les détails d'architecture, le dessin des quatre pilastres mérite une mention toute particulière. Il semble que des figures ont été primitivement placées sous les dais; les fûts sont couverts d'écailles, en forme de bandes ou d'anneaux festonnés. On remarque des pilastres du même dessin, en chêne, dans l'écran du chœur de l'église collégiale de Manchester, qui passe pour avoir été érigée par John Huntingdon, *gardien* de 1422 à 1458. »

N° 1. Élévation latérale. N° 2. Élévation de toute la devanture, avec une coupe horizontale ou plan. *a.* Compartiment central, sous la serrure, dessiné sur une plus grande échelle. Les figures représentent la Ste-Trinité et la Ste-Vierge. *b.* Partie d'un compartiment de la devanture. Les crochets sont d'une courbure élégante; le réseau sculptural, semblable à celui d'une fenêtre, est riche et beau. *c.* Partie du réseau de la partie principale d'un panneau, donnant une idée exacte de la manière dont il a été dessiné, avec une coupe des moulures. *d.* Coupe des moulures de la charpente des panneaux. *e.* Coupes du compartiment central. *f.* Moulure des gâbles, agrandie. *g.* Un pinacle de la devanture.

PLANCHE 45. — TRIFORIUM DE LA NEF DE L'ABBAYE DE WESTMINSTER.

Cette planche représente une division du *triforium* ou étage moyen de la grande nef de l'église de Westminster : deux arcades semblables remplissent la largeur de chaque baie, laissant pénétrer la lumière dans les parties supérieures des bas-côtés (1). Le chaste style d'architecture de ce noble édifice est digne de toute notre admiration. Malheureusement les détails de l'extérieur sont frustes pour la plupart, et l'effet de l'intérieur est gâté par les marbres entassés confusément sur le sol et maintenant si nombreux, que presque aucun d'eux n'attire particulièrement l'attention. Mais partout où une portion de la construction primitive est restée visible, on remarque des traces de bon goût et d'heureuse invention. Le plan et la coupe montrent la double construction du réseau des arcades. Les colonnettes postérieures sont portées sur un socle, dont la hauteur est calculée de manière à produire l'effet voulu, pour le spectateur placé dans la grande nef.

a. Coupe agrandie des moulures de face. *b*. Quelques moulures du fond. *c*. Face et profil de deux des carrés ornés de feuillages, qui tapissent les tympans (2). *d*. Tête couronnée de feuillages, placée au point de rencontre des moulures extérieures des arcades.

PLANCHE 46. — TOURELLE ET GABLE DE LA CHAPELLE DU COLLÉGE DU ROI, A CAMBRIDGE.

La chapelle du Collége du Roi, à Cambridge, est aussi célèbre qu'aucun autre édifice gothique en Europe, si bien qu'il serait superflu de rien dire

---

(1) Dans quelques cathédrales, les architectes *progressistes* ont jugé à propos de murer les ouvertures du *triforium*, au grand détriment de l'effet intérieur. Les galeries dominant les bas côtés sont assez ordinaires dans les grandes églises : on s'y rassemblait pour assister d'en haut à des processions solennelles ou à d'autres cérémonies. V. le *Glossaire*, au mot TRIFORIUM.

(2) Cette manière de décorer les surfaces planes était ordinaire à l'époque d'Edouard I, considérée comme une époque de bon goût. On en trouve un exemple dans les *Croix* érigées en l'honneur de la reine Éléonore. L'écran placé à l'entrée du chœur de la cathédrale de Lincoln est entièrement couvert d'ornements du même genre, entre les moulures; il date du règne d'Edouard II. Le style qui suit immédiatement celui-ci est moins riche en feuillages; mais les sculptures en sont plus compliquées.

ici du caractère général de son architecture (1). Notre planche représente la partie supérieure de l'une des quatre fières tourelles dont ses angles sont ornés ; on y a joint une portion du gâble ou du pignon adjacent. Ces tourelles s'élèvent sans aucun ornement jusqu'à la hauteur des créneaux du toit ; à partir de là, elles sont élégamment décorées, ainsi qu'on peut s'en assurer. Le caractère de cette ornementation mérite un examen particulier : les saillies et les retraits sont hardis et tranchés, de manière à produire un effet clair et distinct, même à cette hauteur. Les compartiments frettés des huit faces sont pleinement percés à jour, à travers les murs ; ce qui sert d'une part à éclairer l'intérieur, et de l'autre à donner aux tourelles, vues du dehors, un aspect de grande richesse. Les insignes héraldiques et les couronnes se rapportent à Henry VII, qui contribua très-largement à l'achèvement de cette construction, laquelle, du reste, ne fut point terminée de son temps.

A. Plan, pris à l'étage inférieur de l'élévation. B. Un angle du même plan, sur une échelle plus large. C. Meneau. — Élévation de la croix qui surmonte le gâble.

PLANCHE 47. — VOUTE D'ARÈTE A L'ÉGLISE SAINT-SAUVEUR, A SOUTHWARK.

Nous voyons ici la voûte d'arête dans sa forme la plus simple ; mais tout unie qu'elle est, elle intéresse le praticien, que nous mettons à même d'étudier les principes des constructions de ce genre, en indiquant exactement la courbe des nervures, l'inclinaison des assises intermédiaires par rapport au centre des arêtes, etc. Ce spécimen est emprunté aux ailes basses construites à l'orient du chœur de l'église Ste-Mary-Overy ou St-Sauveur, édifice du XIIIe siècle. Une partie de cette église est actuellement en reconstruction, sous la direction de l'architecte G. Gwilt, Esq., qui s'est fait une loi de respecter fidèlement le style primitif.

---

(1) V. les dessins, les contrats pour la construction, les descriptions, etc., de ce magnifique édifice, dans les *Antiquités architecturales* de Britton, vol. I, in-4°, dans la *Magna Britannia* de Lyson, et dans la *Cantabrigia depicta* de Harraden.

PLANCHE 48. — CHAPITEAUX ET BASES.

Tous ces modèles sont d'un style simple, les chapiteaux n'étant ornés que de moulures sans feuillages. Le n° 2 fait partie de la construction qui a fait l'objet de la planche précédente. Les trois autres sont de date plus récente. On a eu soin d'indiquer la manière dont les arcades des voûtes descendent sur les colonnes, ainsi que le calibre et la forme du fût de chaque pilier (1).

PLANCHE 49. — CHAPITEAUX FEUILLAGÉS.

Voici quatre spécimens de chapiteaux feuillagés, avec leurs bases respectives. Il est utile d'observer, quand on veut dessiner un chapiteau de cette sorte, que le *corps*, ou la partie solide, doit être *proportionné* indépendamment des ornements de feuillages, de fleurs, etc., qu'on y veut appliquer : une mince baguette est nécessaire pour marquer la séparation du fût et du chapiteau; il faut également, au-dessus des ornements, une espèce de tailloir ou de tablette supérieure, comme celle qui est désignée au n° 2 sous la lettre *e*. Une description de la planche 49 serait superflue : il suffit de comparer les coupes aux élévations, au moyen des lettres correspondantes. Les n°s 1 et 2 datent de la fin du XIVe siècle; le n° 3 de la première partie du même siècle ou de la fin du XIIIe ; enfin le n° 4 remonte au commencement du XIIIe siècle.

---

(1) Les *colonnes*, ou, pour faire usage d'un vieux terme anglais, les *piliers* (*pillars*) des édifices du moyen âge, n'affectent point une forme conique ou renflée, comme ceux de l'architecture grecque. Les architectes chrétiens ont fait preuve d'un jugement sain, en préférant la forme perpendiculaire : il ne faut pas oublier que, dans nos églises, les piliers doivent porter des arcades, tandis que les colonnes grecques n'avaient à soutenir qu'un entablement horizontal. Les monuments romains de la décadence offrent quelques échantillons d'arcades posées sur des colonnes bombées ; on citerait également plusieurs exemples modernes de cette pratique, mais remontant surtout à une époque où l'architecture romaine n'était pas bien comprise : les plus récents sont peut-être la cour intérieure de la Bourse de Londres, et le portique placé sous la bibliothèque de la cathédrale de Lincoln, deux ouvrages de sir Christophe Wren. L'effet est très-mauvais : le sommet aminci des colonnes semble toujours sur le point de céder sous le poids des arcades.

PLANCHE 50. — CONSOLES ET ORNEMENTS SCULPTÉS, A OXFORD.

Les n°ˢ 1 et 4 sont deux bouquets de pinacles. Le n° 2 représente un masque grotesque, dissimulant l'intersection de deux nervures. Les n°ˢ 3, 6, 9, 10, 11 et 12 sont des ornements de corniches. Les n°ˢ 5, 7 et 8 nous offrent des *patères* ou plaques feuillagées, susceptibles de diverses applications. Deux riches consoles ou corbeaux sont figurés sous les n°ˢ 13 et 14 : d'une part, on voit une figure d'ange portant un écu armorié (1); de l'autre, un cul-de-lampe orné de feuillages et affectant la forme d'un chapiteau de colonne.

PLANCHE 51. — ORNEMENTS SCULPTÉS, A L'ABBAYE DE WESTMINSTER.

A A. Spécimen de corniche, dont la scotie (*casement*) est couverte d'une bordure courante (*pattern*) de feuillages, de fruits, etc. La coupe indique la saillie des moulures B et C. Deux autres bordures du même genre. D. E. F. G. Spécimens de *nœuds*, aux intersections des nervures des voûtes, vus de face et de profil. Dans le nœud E, on remarque les lettres I H S, abréviation du Saint Nom de Jésus, au milieu des feuillages.

PLANCHE 52. — CORNICHES DE L'ÉGLISE DE WESTMINSTER ET DE LA CHAPELLE DE HENRY VII.

Le profil de ces corniches présente de l'analogie avec les dessins de la planche précédente. La principale moulure est une *scotie* surmontant une astragale ou quelque autre saillie étroite, et dominée par une autre saillie plus forte. Généralement, cette moulure concave est une *doucine*; mais la

---

(1) Il est remarquable qu'à cette époque pieuse l'idée d'un ange chargé de cette fonction ne paraissait point choquante. Il y avait convenance à représenter ces êtres célestes, dans les églises, avec des instruments de musique ou des banderolles portant quelque texte sacré; mais on reconnaîtra que les attributs de la chevalerie ne leur convenaient guère.

— 67 —

courbe en est variable. Les coupes de ces spécimens ont été tracées sur une échelle plus large que les vues de face, afin de faire mieux saisir le mouvement des moulures.

Les n°s 1, 2 et 4 présentent des corniches couronnées d'une dentelure à créneaux; les scoties sont garnies, de distance en distance, de petits ornements sculptés, en guise de clous. Les n°s 3 et 5 ont des crêtes de feuillages d'un dessin très-élégant et qui se rencontre souvent dans les monuments du XVe siècle. Le couronnement du n° 6 paraît avoir été brisé; ce dernier spécimen appartient à un ouvrage en bois : la bordure sculptée est mince et a été appliquée après coup sur la *scotie*.

PLANCHE 53. — CHEMINÉE DANS LA GALERIE DE LA REINE ÉLISABETH, AU CHATEAU DE WINDSOR.

Un architecte pouvant être appelé à composer un dessin dans le style mixte qui prévalut en Angleterre sous les règnes d'Élisabeth et de Jacques Ier, nous avons jugé utile d'insérer dans ce recueil un emprunt fait à un édifice de cette époque. Il est impossible de nier le grand effet d'un morceau si riche et si soigné; néanmoins, on reconnaîtra que rien n'est moins à sa place que les triglyphes doriques et les colonnes ioniques, qui n'en sont pas les éléments les moins saillants. Mais la faute capitale de l'artiste est d'avoir fait reposer cette lourde masse d'ornements sur deux chétifs piliers maigres comme des fuseaux. Nous reconnaissons volontiers qu'en fait ces piliers n'ont rien à supporter; mais il faut que l'œil soit satisfait : or, ils ont l'air d'être chargés de tout ce fardeau (1).

A. Élévation de face. B. C. Coupes verticales montrant les saillies des colonnes, des pilastres, etc. *a*. Plan de la moitié de l'étage supérieur, sous les impostes. *b*. Même plan, au-dessus de ces moulures.

---

(1) V. les *Antiquités architecturales* de Britton, vol. II.

PLANCHE 54. — DÉTAILS DE LA CHEMINÉE DE LA GALERIE DE LA REINE ÉLISABETH.

A. Un des pilastres de l'âtre. Un architecte d'Athènes ou de l'ancienne Rome ne reviendrait pas de sa surprise, s'il pouvait voir une telle pièce d'architecture, ainsi couverte d'un salmigondis de draperies, de volutes, avec une tête de lion, etc., tout cela garrotté ensemble au moyen de liens de carottes et de navets. Sans aucun doute, cependant, le *bon goût* de cette composition trouva des admirateurs, quand elle était neuve. B. Profil du même pilastre. C. Saillie du piédestal de l'étage supérieur, avec la corniche sur laquelle il repose, etc. D. La même pièce vue de face. La colombe couronnée fait peut-être allusion à la *reine vierge*, ou à la paix régnant sous son règne. E. Arcade de la niche centrale, avec le chapiteau, etc., dont elle est surmontée. F. Colonne de l'étage supérieur, avec son entablement et son plan. G. Compartiment central du manteau, orné de volutes, de fruits, du royal chiffre d'Élisabeth, etc. H, H, H, H. Quatre timbres d'armoiries, insérés dans les métopes de la frise dorique.

FIN DU SECOND VOLUME.

REMARQUES SUPPLÉMENTAIRES.

Le traducteur a jugé utile d'annexer au second *Mémoire* de M. Willson quelques notes extraites des meilleurs auteurs modernes, sur les caractères distinctifs de l'architecture anglaise, aux différentes époques étudiées par Pugin. La publication du présent ouvrage sur le continent n'a pas pour but d'offrir aux constructeurs des modèles à reproduire servilement, mais avant tout des motifs propres à leur inspirer des idées heureuses, et destinées à être l'objet d'appréciations raisonnées. Il importe par conséquent de leur rappeler, ne fût-ce que par une récapitulation très-sommaire, comment les mêmes principes qui ont guidé les architectes français du moyen-âge ont reçu Outre-Manche des applications toutes spéciales, sous l'influence du génie britannique et à raison de circonstances toutes locales. Une telle étude, pour porter tous ses fruits, devrait sans doute prendre d'autres proportions; mais il suffit d'en indiquer les éléments pour provoquer des comparaisons vraiment fructueuses, et pour faire comprendre en quel sens on peut tirer bon parti de l'importation de types étrangers.

I. Période anglo-saxonne. Les édifices antérieurs à la conquête ne sont pas faciles à reconnaître, et c'est une tâche plus ardue encore, que d'entreprendre de leur assigner une date exacte. Voici cependant quelques traits généraux : Maçonnerie rude et grossière ; murailles massives, très-épaisses, rappelant les constructions romaines et pourtant d'une apparence barbare ; appareil en *blocage* ou en *arêtes de poisson* (V. Parker, *Glossaire*, t. II, pl. 108); quelquefois, si pas toujours, la surface extérieure recouverte d'un plâtrage; pas de contreforts (1); sur les parements, par exemple, à East-Barton, des cordons de pierres courant en tout sens, s'entrecroisant comme les poutrelles des constructions en charpente, avec des nœuds ou attaches aux points d'intersection; plus souvent des rangées de courts pilastres, séparées l'une de l'autre par des cordons en saillie ; aux angles, même disposition, c'est-à-dire alternativement une pierre longue, verticale, et une, deux ou trois pierres plates (2); les jambages des portes, etc., construits dans le même système; les

---

(1) Ce trait, à lui seul, ne serait pas suffisamment caractéristique ; on trouve à toutes les époques des édifices sans contreforts (Parker).
(2) Ce qu'on appelle en anglais « *long and short*, litt. *long et court*.

imposies (1) tenant lieu de chapiteaux démesurément larges (quelquefois de véritables chapiteaux empruntés au style romain); le sommet des portes et des autres ouvertures souvent triangulaire; quelques arcades géminées ou même trigéminées, séparées par des espèces de *balustres* (2) à moulures. Tout ce qui concerne cette période est très-obscur, d'autant plus qu'un assez bon nombre d'édifices, dont certaines parties sont manifestement saxonnes, ont été achevés, agrandis ou réparés par les Normands: il n'est pas toujours aisé de rendre à chacun ce qui lui revient. On peut dire en somme que le style saxon se rattache à l'art romain expirant, tombé au dernier degré de la décadence, plutôt qu'il n'annonce l'apparition d'un art nouveau (3). Le plan des églises, d'ailleurs de dimensions étroites, était resté purement et simplement celui de la basilique romaine; elles avaient une seule tour, au portail occidental.

II. Période anglo-normande. Guillaume de Normandie introduisit en Angleterre l'art déjà florissant dans sa patrie, l'art auquel nous devons St-Étienne de Caen (4). Il protégea efficacement le culte; bientôt chaque village eut son église, bâtie *dans le nouveau style*, selon l'expression de Guillaume de Malmesbury. Ce nouveau style rappelle encore le type romain, d'où son nom de *roman*; cependant on s'y éloigne de plus en plus du plan de la basilique; les églises s'agrandissent et finissent par prendre décidément la forme de la croix. Cependant il s'en trouve qui n'ont point de transsepts; d'autres ont deux chœurs, quelquefois plusieurs chapelles du côté de l'est. Un espace est parfois ménagé derrière le maître-autel, placé entre deux piliers; une procession peut ainsi faire le tour complet de l'église, en passant par cette sorte d'arrière-chœur *(retro-choir)*. Les fenêtres en plein cintre sont longues, étroites, ébrasées sensiblement à l'extérieur, comme pour laisser pénétrer le moins possible dans le temple le reflet des vanités du dehors. Le plus souvent le chœur est éclairé par trois fenêtres égales, percées dans l'abside. Les Normands donnaient un soin particulier aux portails, dont la richesse et la profondeur augmentèrent graduellement. Les archivoltes se couvrirent de dessins géométriques de plus en plus variés (zigzags, billettes, losanges, nébules, étoiles, bâtons rompus, frettes crénelées rectangulaires, etc.). Au commencement, ces ornements sont ménagés; ils se multiplient et envahissent enfin tous les membres susceptibles de les porter, y compris l'intrados des voûtes. Sous le portail s'ouvrent des deux côtés des niches, le plus souvent sans ornements; en revanche, les arcades de l'entrée, de plus en plus rétrécies vers l'intérieur, sont d'un effet très-riche. Dans beaucoup de monuments reconstruits sous la période gothique, les architectes ont tenu à conserver les vieux portails normands. Plusieurs ont un tympan occupant tout le sommet de l'arcade et orné de sculptures. L'*imagerie* fut du reste simplement décorative jusqu'au XIIe siècle; alors apparaissent les figures sacrées (5), David jouant

---

(1) V. Bloxam, planche XI.
(2) Souvenir des constructions en bois. — V. Kugler, *Handb. der Kunstgeschichte*, etc., t. II, p. 18. — D. Ramée, t. II, p. 399.
(3) Il est hors de doute cependant qu'une révolution architecturale s'opéra vers la fin de la domination saxonne. G. de Malmesbury dit positivement qu'Édouard-le-Confesseur fit construire l'église de Westminster dans un nouveau style; Mathieu Pâris n'est pas moins précis. (D. Ramée, *l. c.* p. 402). Ce nouveau style était déjà d'origine normande. Cf. Bloxam, p. 67.
(4) V. les *Observations* de M. Britton, au commencement des *Antiquités architecturales de la Normandie*.
(5) Il en est qui rappellent d'une manière frappante les personnages de la tapisserie de Bayeux.

de la harpe, St-Georges terrassant le dragon, etc., quelquefois des scènes entières; on rencontre aussi des médaillons, chargés d'animaux symboliques ou fantastiques. L'arc de triomphe *(chancel-arch)*, entre le chœur et la nef, est souvent très-orné. Les cathédrales ont ordinairement trois étages; chaque arcade du rez-de-chaussée est surmontée de deux arcades plus petites, celles-ci de trois autres comprises dans la même travée. Les piliers inférieurs sont massifs, quelquefois carrés, avec des pilastres sémi-cylindriques engagés ou formant des faisceaux de colonnettes. Il en est qui sont couverts de zigzags; on voit beaucoup de pilastres annelés, mais seulement vers la fin de cette période. Nous remarquons ici, pour la première fois, des pilastres pris dans la pierre même du mur auquel ils sont adossés. Les chapiteaux et les bases font penser, dans beaucoup d'endroits, au style toscan; mais le plus communément, le chapiteau est un dé placé immédiatement sous le tailloir, et arrondi dans sa partie inférieure de manière à se rallier au fût; tantôt ce demi-cône renversé reste uni, tantôt il est *godroné*, c'est-à-dire partagé en sections longitudinales, offrant l'aspect d'une série de tuyaux d'orgue. Plus tard il se chargea d'ornements. — Les murs sont encore très-épais, d'une solidité extraordinaire; là, les moëllons extérieurement taillés, laissent entre eux des interstices; ici on les a rejointoyés avec soin. — Les voûtes d'arête (en pierre) sont carrées ou rectangulaires, souvent sans nervures, çà et là avec des nervures rondes. — Les contreforts sont plats, divisés seulement en deux parties ou étages. — On remarque beaucoup de tours cylindriques dans les comtés de Norfolk et de Suffolk; ailleurs elles affectent principalement d'autres formes. Quelques grandes églises ont deux tours à la façade occidentale; les églises ordinaires n'en possèdent qu'une seule, à la même place que dans les églises saxonnes. Généralement les tours sont plus massives et moins hautes que dans l'âge suivant. Elles sont percées de petites fenêtres à l'étage inférieur; plus haut s'ouvrent des fenêtres doubles; au sommet des tours des grands cloîtres règne une arcature aveugle; enfin quelques tours sont couronnées d'un parapet. — Les flèches sont coniques, assez rarement polygonales. — En général, dans la première partie de la période normande, l'ornementation est secondaire, même dans les portails; les dernières années, au contraire, sont caractérisées par sa prépondérance et par l'apparition des nervures. — L'arc anglo-normand est généralement le plein cintre, quelquefois le fer à cheval. On cite quelques exemples d'arcs trilobés.

III. Transition. La transition s'annonce par l'apparition de l'ogive, qu'on peut regarder, en Angleterre aussi bien que sur le continent, comme le prélude de la sécularisation de l'art. L'adoption de l'ogive a-t-elle été, ainsi que le prétend M. Wiegemann, inséparable du nouveau système de construction des voûtes? Quoi qu'il en soit, et sans entrer dans la discussion ardue des origines de cet arc, une transformation profonde se fait remarquer dans les grands édifices construits après 1130. L'ogive se montre jusque dans la crypte de la cathédrale de Canterbury; elle apparaît de plus en plus mêlée au plein cintre, qui, du reste, règne encore sans partage, pendant assez longtemps, dans les petites églises des campagnes. Il n'y a pas à constater ici, non plus qu'à l'époque normande proprement dite, une différence notable entre l'architecture française et l'architecture anglaise : celle-ci ne prendra vraiment son essor et sa direction propre que dans la période gothique; il faut signaler cependant, comme un premier trait caractéristique, la forme carrée du chœur de la plupart des églises de transition. Canterbury fait exception; mais le plan de cette cathédrale fut tracé par un artiste français, Guillaume de Sens (1175). — L'ogive de l'âge de transition, dit M. D. Ramée, est pesante et sans légèreté; le système horizontal domine toujours ; on ne voit plus de ces fines colonnettes qui partent du sol pour aller rejoindre la naissance des nervures de la voûte principale. Les colonnes sont encore grosses et courtes, les chapiteaux aplatis. — On commence à percer des fenêtres circulaires ou *roses*; la période précédente en offre déjà, du reste, quelques exemples.

IV. Période gothique : ancien style anglais. L'influence directe de la France se fit de moins en moins sentir en Angleterre, à partir du moment où Guillaume l'Anglais (*Anglus*) fut chargé d'achever, à Canterbury, l'église commencée par Guillaume de Sens. De part et d'autre la transformation de l'art fut complète ; un système radicalement nouveau signala l'apparition des artistes laïques (1). L'ogive détrôna tout-à-fait le plein cintre ; l'architecture s'appuya uniquement sur la géométrie et proclama dans ses œuvres le triomphe de la forme sur la matière, le règne de l'idéal chrétien. Dans les pays germaniques, mais surtout en France, il fallut à peine un siècle pour porter le style gothique à son apogée. Ce n'est point ici le lieu de décrire les merveilleuses cathédrales de cette époque : qu'il nous suffise de dire que l'architecture anglaise du XIIIe siècle, malgré des mérites incontestables, n'atteignit pas le même degré de perfection. Sur le continent, le symbolisme qui se révèle jusque dans le nombre des colonnettes d'un pilier ne porte aucune atteinte à l'élégance, à la solidité de la construction (2) ; il ne semble pas que les architectes anglais aient conçu des pensées aussi profondes ou qu'ils aient su les traduire en pierre avec autant d'habileté et de hardiesse. C'est à peine s'ils osent dépasser les dimensions moyennes, et leur art se distingue par le fini de l'exécution plus que par la poésie. La façade de Salisbury (le monument type de l'ancien style *anglais*) est brillante et délicatement ornée, sauf les portes qui sont pauvres et sentent le village. L'intérieur de l'édifice est d'une merveilleuse régularité ; mais il est en même temps d'une froideur inexprimable. Cette froideur provient de l'absence complète de toute espèce de sculpture ; il n'y a pas dans l'église entière la trace d'un seul coup de ciseau, rien qui sente la main de l'homme, rien de vivant, rien d'animé ; les chapiteaux sont tous pareils et se composent de deux ou trois petites moulures qui semblent avoir été faites mécaniquement, on pourrait presque dire par un tourneur de chaises (3).

Nous donnons, d'après Parker, Bloxam, Kugler et quelques autres, les caractères principaux du style anglais, correspondant à l'*architecture ogivale primitive* de M. de Caumont. La tendance au vertical, le mode de construction qui sépare nettement le *gothique* de tous les autres styles, se montrent nettement dès la fin du XIIe siècle ; à part quelques exceptions, le plein cintre disparaît entièrement pour faire place à l'ogive. A Salisbury (1220-1260), l'ogive est à tiers-point ; à Westminster (commencé en 1245), elle s'allonge en forme de lancette. Dans les petites églises de campagne, au contraire, elle est plutôt obtuse. Çà et là, on remarque des arcs aplatis, segmentaires, des arcs à trois, à cinq lobes. Au commencement, l'art s'est à peine dégagé de la lourdeur normande ; mais bientôt il s'émancipe et révèle sa beauté particulière. Les portails, largement évasés, surmontés de pignons aigus, sont couronnés de riches moulures, qui descendent parfois des deux côtés

---

(1) Voir Kugler, Lübke et surtout D. Ramée, t. II.
(2) V. la traduction allemande de Bloxam, annotée par M. Hensslmann.
(3) D. Ramée, t. II, p. 411 (V. L. Vitet, *De l'Architecture du moyen âge en Angleterre*; Revue française, juillet 1833).

jusqu'au pied des jambages, et forment ainsi des bandeaux alternant avec de minces colonnettes *détachées* du mur. Dans beaucoup de cas, la porte qui donne entrée dans l'église est double, divisée par un simple pilier étroit, surmonté (dans le tympan) d'un quatrefeuille ou d'autres ornements; quelquefois il y deux arcades surmontées d'une plus grande. Cette disposition peut s'expliquer par une raison esthétique et par cette considération, que la lourdeur des vantaux est ainsi diminuée. — Les petits portails ont en général une seule colonne de chaque côté; quelquefois l'architrave, si l'on peut employer ce mot, est portée sur des corbeaux (têtes, feuillages, etc.). — Les grandes églises ont trois nefs longues, étroites, s'arrêtant à la *croisée*; il y a des bas-côtés correspondant au nord et au sud du chœur. Celui-ci est carré; au fond s'ouvre la chapelle de la Ste-Vierge, en forme de parallélogramme : trait caractéristique. — Les piliers se composent de minces colonnettes quelquefois détachées, entourant un gros cylindre ou réunies sous un même chapiteau et formant un seul ensemble, dont les parties concaves sont profondément fouillées. Ici, d'ailleurs, les formes sont très-variées; dans les campagnes, la plupart des piliers consistent en une seule colonne, cylindrique ou octogonale. Les chapiteaux se composent de moulures unies ou, plus souvent, sont en forme de calice et couverts de sculptures d'un type particulier ou de feuillages dits feuillages droits *(stiff leaf)*, c'est-à-dire de tiges verticales s'épanouissant en feuilles diversement enroulées et entrecroisées. Dans l'âge suivant, on remarque une imitation plus attentive et plus directe des formes naturelles. — Les bases rappellent la forme attique des anciens; seulement le tore inférieur a des proportions beaucoup plus fortes. — En général, les fenêtres longues et étroites rappellent le style normand : elles ont ou une seule baie, ou deux, trois, cinq ou même sept baies, dont les séparations sont à peine plus larges que les meneaux des époques postérieures. Parfois tout le groupe est embrassé par une large arcade, dont les piédroits sont le prolongement de la moulure extérieure de chacun des compartiments extrêmes, et dont le tympan est percé de trèfles, de quatrefeuilles ou simplement de trous circulaires (origine du *réseau*). — Les roses sont assez nombreuses, mais les *grandes* roses sont relativement rares. La fenêtre orientale, derrière le chœur, est composée de trois baies; celle du centre est plus haute que les autres; quelquefois le chœur a en outre deux fenêtres latérales, au nord et au sud. — Les murs sont beaucoup plus minces qu'autrefois; au contraire, les contreforts sont devenus hardis et très saillants; ils diminuent un peu vers le sommet, mais sont surmontés de petits frontons aigus, faisant en quelque sorte l'effet de pinacles. On remarque pour la première fois des arcs-boutants. Les voûtes, parfois en briques ou en menu blocage, sont à nervures croisées selon les diagonales des arêtes; on en trouve qui ont en outre une nervure longitudinale suivant la ligne du sommet et une nervure transversale : aux intersections sont des bosses ou touffes de feuillages. L'inclinaison *(pitch)* des deux parties de la voûte est plus forte qu'aux époques suivantes; cependant l'angle atteint rarement la hauteur de l'ogive dite *équilatérale*. Les toits sont en pyramide, à gouttières saillantes; sur des tours carrées (souvent normandes) on a élevé des flèches coniques d'abord, ensuite polygonales (octogonales, contrebutées aux quatre angles par de petits toits à deux pans), assez disgracieusement rattachées à cette base. — Quant aux détails, on remarquera le cordon courant sous les fenêtres et le creux profond de la partie inférieure de la plupart des moulures en saillie; le choix des ornements, moins varié que dans le style normand : on ne trouve guère ici que des roses, quelques feuillages délicats, mais surtout les *dents*, employées à profusion; les *crochets*, apparaissant vers la fin de la période; enfin la complication des profils, habilement calculés de manière à produire certains effets de lumière et d'ombre. — La sculpture commence à se produire comme art distinct : les chroniques citent avec éloge une remarquable statue de la Vierge, due au ciseau de Walter de Corchester, sacristain de St-Albans, au commencement du XIIIe siècle. — En somme, l'ancien style anglais est plus léger que le roman et plus simple que le style décoré, dans lequel il alla se perdre au bout d'un siècle; par la sécheresse et la monotonie de ses plans (1), par le soin excessif qu'il a mis dans l'exécution des détails au détriment de l'ensemble, il est resté au-dessous du gothique français; la seule province française où l'on retrouve quelques-uns de ses caractères (2), la Normandie, a donné à ses monuments un aspect plus grandiose, sous l'influence de l'art florissant dans les centres voisins. — L'ancien style anglais est essentiellement savant et correct, sévère, chaste, pour ainsi dire, et c'est à ces titres surtout qu'il peut être un utile sujet d'études.

V. Style décoré (*decorated*). L'architecture anglaise revêt, au XIVe siècle, ou pour mieux dire, sous les règnes des trois Édouard, un caractère décidément national. C'est alors seulement qu'elle parvient à sa plus grande perfection, c'est-à-dire à une hauteur atteinte sur le continent dès la période précédente. Le goût s'épure, les formes ont plus d'ampleur, les lignes plus de grâce; les ornements sont plus riches et pourtant encore d'une beauté sévère; tandis qu'au XVe siècle, on apercevra dans leur surabondance et dans leur dessin tourmenté les premiers symptômes de la décadence. Les meneaux des grandes fenêtres se ploient en courbes ondulées, s'entrelacent en élégants réseaux; le temps est loin encore où leur raideur perpendiculaire les fera paraître semblables à des barreaux de prison. Pour les détails, comme pour l'ensemble, on peut dire que l'art anglais fut réellement florissant au XIVe siècle, au double point de vue de l'architecture et de la sculpture. Westminster appartient à cette époque par ses grandes fenêtres; il faut citer surtout le transsept de la cathédrale de Norwich, la cathédrale d'Exeter presque tout entière, une grande partie de celle de Lichfield, la maison chapitrale et la chapelle de Sainte-Marie de Wells, etc., ainsi qu'un grand nombre de petites églises paroissiales, notamment dans le Lincolnshire. Dans tous ces édifices, l'ogive à tiers-point est dominante; elle ne s'écarte de cette forme que pour élargir son angle (3). L'intrados des arcades à double front est souvent orné de deux moulures creuses (scoties); mais alors même que cet ornement fait défaut (c'est le cas dans beaucoup de petites églises), les chapiteaux accusent suffisamment la date de la construction. Ils se composent simplement de boudins à demi ou à trois quarts cylindriques, alternant avec des évidements, ou bien ils sont ornés de figurines ou de riches feuillages d'une exécution très soignée, attestant une imitation sérieuse de la nature. On y reconnaît très distinctement des feuilles de chêne, de lierre, de vigne, de coudrier; les artistes semblent avoir eu pour le chêne une prédilection toute particulière. Notons en passant qu'il y a quelques exemples d'arcades soutenues par des

---

(1) Westminster offre l'exemple unique d'une église gothique construite en Angleterre absolument dans le goût français; nulle part ailleurs on ne retrouve le chœur arrondi, avec un promenoir faisant le tour de l'autel et des chapelles rangées en hémicycle.

(2) Pas tous : ainsi en Normandie les chapiteaux plus développés ont quelque chose de corinthien, et le tailloir est carré, ce qui ne se rencontre pas en Angleterre.

(3) Il y a des exemples d'arcs segmentaires avec ou sans pointe; l'arc dit *ogee* (V. t. I, p. 29) se rencontre assez fréquemment dans le Northamptonshire; enfin il y a des arcs tout-à-fait plats (V. PARKER).

piliers sans chapiteaux, c'est-à-dire consistant simplement en un faisceau de nervures divergeant à une certaine hauteur; cette disposition, du reste, trouva peu d'imitateurs avant le XV⁰ siècle. Les chapiteaux sont tantôt octogones, tantôt polylobés; quelquefois l'abaque est carré. — Les fûts sont simples (octogones, cylindriques) ou plus souvent composés, soit de quatre minces colonnettes entourant un gros pilier, sans évidement pratiqué entre elles, et quelquefois ornées elles-mêmes soit de minces baguettes verticales, soit de colonnettes assemblées à peu peu près égales, ou de moulures en forte saillie séparées par des creux très-profonds, et présentant en plan des losanges, etc. — Les bases sont parfois ornementées dans les creux, ce qui ne se voyait pas au XIII⁰ siècle. On y remarque l'emploi de la doucine. L'église de Nasaby nous offre l'unique exemple d'un piédestal complet à l'antique, haut de 4 pieds, avec plinthe et corniche. — Les portails rappellent le style anglais primitif; ils se composent d'une ou de plusieurs paires de pilastres ou de colonnettes supportant l'arcade supérieure largement ébrasée, ou simplement résultant du profil des murs. L'ornementation des portails est très riche et d'un goût excellent; il faut citer les beaux feuillages suspendus aux moulures. On remarque çà et là des rangées de niches sur les côtés, et d'autres au-dessus de l'ouverture même du portail : ce sont autant de panneaux en retrait encadrés dans des pilastres et des arcades en saillie, avec sommets triangulaires à crochets, ou en accolade, avec fleuron ou bouquet terminal. On signale aussi un grand nombre de très-belles niches isolées placées sur les contreforts, etc. — Les grands portails sont divisés comme dans la période précédente. Au-dessus de l'ouverture extérieure s'élève une haute guimberge (1), dont le tympan est souvent percé d'une flèche ou de quelqu'autre ornement. Les portes proprement dites sont relativement de petites dimensions; les vantaux sont en bois, à reliefs sculptés, représentant des nervures qui s'entrecroisent au haut des panneaux, dans une moulure d'encadrement : le dessin de ces portes est presque le même partout. Des lambels (larmiers) couronnent les portes, les fenêtres, les niches, etc. Les extrémités en sont supportées par des corbeaux (des têtes, feuillages, etc.) ou font retour. — Les contreforts étagés se divisent ordinairement en deux parties : ils s'élèvent jusqu'au parapet pour se terminer par un fronton avec fleuron. Les pinacles à crochets, quelquefois placés en diagonale, dépassent les légères balustrades et se détachent heureusement sur le ciel, tandis que les *gargouilles*, projetées horizontalement, grimacent en menaçant les passants d'un déluge. Rentrés dans l'intérieur, nous admirerons la délicatesse des nervures des voûtes, plus nombreuses qu'au XIII⁰ siècle, et moins qu'au XV⁰ : constatons que l'incendie et diverses autres causes ont détruit la plupart de ces couvertures en bois. Beaucoup d'églises ont conservé, en revanche, leur charpente apparente, système qui reprit faveur au XIV⁰ siècle, bien qu'on puisse citer aussi, de ce temps, des voûtes en pierre d'une grande élévation. — Mais le caractère le plus saillant du style décoré, c'est la grandeur et la beauté singulière de ses nobles fenêtres, dont le sommet présente aux regards les combinaisons de formes géométriques les plus harmonieuses et les plus variées. (V. ci-dessus, page 12.) On constate, vers la fin du XIV⁰ siècle, une transition insensible des meneaux ondulés aux meneaux perpendiculaires; le goût commençait à s'altérer. Au commencement, au contraire, le trèfle, etc., sont encore en usage; puis viennent les formes spéciales, les cercles divisés en 6 compartiments, les triangles curvilignes, etc. — Les

---

(1) Plus souvent triangulaire au XIV⁰ siècle qu'aux autres époques.

roses sont de toute beauté : citons seulement celle de Lincoln (au transsept). Notons que le style *flamboyant*, si commun en France (dans l'âge suivant, à vrai dire) ne se rencontre, pour ainsi dire, pas en Angleterre. Il y a d'autres différences à signaler; par exemple, on ne voit guère ici, comme en Allemagne, les longues fenêtres (des tours, par exemple) divisées par des barres horizontales. — Les cathédrales ont souvent deux tours occidentales et non une tour centrale, avec ou sans flèche. — Un seul mot sur les détails d'ornementation. Les moulures, alternativement saillantes et creuses, avec de petits filets de distance en distance, présentent des profils simples et nobles en général, et donnent lieu aux plus heureux effets d'ombre; le quart de rond commence à jouer un grand rôle; le tore entoure les fenêtres; la partie inférieure des moulures horizontales est presque toujours profondément fouillée. Dans les membres en vue, les creux sont fréquemment ornés, à intervalles, de boutons (*ball flower*) ou de fleurs épanouies à quatre feuilles, en très-haut relief, remplaçant les *dents* du style anglais primitif. Les feuillages des culs-de-lampe, des bouquets, etc., les dessins empruntés à la flore et dont on se mit alors à couvrir la surface plate des murailles (on remarque notamment une fleur à six cépales, donnant lieu à des combinaisons charmantes), attestent un bon goût et une habileté d'exécution qui doivent faire placer très haut les artistes anglais du XIVe siècle (1). Nous allons voir la grâce faire place à la symétrie, la beauté plastique à l'ostentation de la richesse.

VI. Style perpendiculaire. M. Parker donne ce nom, d'abord proposé par Rickman, à l'architecture des deux dernières périodes distinguées par M. Willson. En étendant la première un peu plus loin que ce dernier, jusque vers la fin du XVe siècle, nous croyons cependant que la seconde doit être mentionnée à part, comme une transition au style de la renaissance. C'est pour la même raison que nous avons parlé séparément de l'époque intermédiaire entre le roman et le gothique.

Les observations de M. Willson (V. ci dessus, p. 12 et 13) nous dispensent de nous étendre sur quelques-uns des traits les plus caractéristiques du style perpendiculaire. Quant aux ogives, on remarquera seulement que les arcs à deux centres dominent au commencement, les arcs à quatre centres à la fin de cette période. Il y a une tendance générale à la dépression, à l'aplatissement des arcades et des voûtes, jusqu'à ce qu'on retourne, au XVIe siècle, à la prédominance de la ligne horizontale. L'arc en accolade (*ogee*) se montre fréquemment dans tout le cours du XVe siècle et même plus tard (V. vol. I, p. 30); on le remarque entre autres au-dessus des baies étroites, quelquefois aussi surmontées d'arcs elliptiques. Quant aux fenêtres, il y a lieu de noter l'emploi des meneaux transversaux, croisant à angle droit les meneaux perpendiculaires et donnant un aspect de raideur aux larges vitrières, surtout dans la partie inférieure, quand il y avait plusieurs de ces *traverses*. Notons encore des fenêtres à encadrement carré, à sommet segmentaire. — Les autres particularités dignes d'être signalées, sont, d'après MM. Bloxam et Parker, d'abord l'habitude de surmonter les portails de *lambels* ou moulures de couronnement carrées, de manière à laisser des deux côtés de l'archivolte, entre les moulures de l'arcade et celles de l'encadrement,

---

(1) On peut regarder les croix élevées en mémoire de la reine Éléonore († 1290) comme les plus anciens monuments où le style décoré se trouve bien nettement caractérisé. (V. *ci-dessus*, p. 63).

des *spandrils* ou reins de voûte (V. le GLOSSAIRE) triangulaires, qu'on décorait de feuillages ou d'écussons. Quelquefois l'arcade surbaissée portait, sous le lambel, une arcature ou une rangée de niches. Le lambel servait lui-même, çà et là, de support à une balustrade ou à un crénelage. Ensuite, il faut remarquer l'ornementation surchargée des portails, dans les jambages desquels on pratiquait quelquefois des niches; les portails comprenaient d'ailleurs une ou plusieurs couples de colonnettes ou de moulures, avec bases mais parfois sans chapiteaux. — Les fûts des piliers ont un plan carré ou parallélogrammatique; parfois ils sont placés diagonalement et accostés, sous l'arcade, de demi-colonnes avec chapiteaux, tandis qu'un mince pilastre également sémi-cylindrique s'élance, du côté de la nef, jusqu'à la naissance des combles. — Les contreforts étagés redeviennent simples, se terminent par un talus au pied du parapet, ou le dépassent pour porter de riches pinacles à fleurons; on doit signaler aussi des tourelles octogonales ou des espèces de coupoles, destinées à faire l'effet de pinacles. Les arcs-boutants sont plus ou moins souvent suspendus entre deux murs, pour en garantir la solidité. — Les toits sont quelquefois aigus, plus fréquemment aplatis; les charpentes apparentes sont nombreuses et très-riches; il en est de vraiment remarquables, telles que celle de Westminster-Hall, et d'autres plus petites, comme à la maison chapitrale d'Exeter. On ne peut s'empêcher d'admirer leur magnificence, les habiles combinaisons de leurs pièces courbes ou droites, ornées de moulures et de décorations de toute sorte. Les longues clefs pendantes, les figures d'anges, sont ici des motifs ordinaires. Le symbolisme est prodigué dans tous ses détails; il est des toits qui semblent supportés par des anges. En général, du reste, à mesure qu'on avance dans le XVe siècle, les courbes élégantes et hardies du style décoré disparaissent; les moulures, d'abord bien tracées et soigneusement fouillées, sont d'une exécution de plus en plus négligée et mauvaise; les arêtes vives remplacent les tores, les moulures creuses prennent une forme carrée, pour recevoir une profusion d'ornements. Partout des détails minutieux, à ce point que les réseaux deviennent confus dans leurs traits secondaires, tant les nervures s'amincissent et se compliquent. Les voûtes se découpent en dentelles et se divisent en compartiments. Partout des panneaux divisés et subdivisés, à l'intérieur, à l'extérieur : la chapelle de Henry VII tout entière n'est qu'une broderie. Un élément nouveau est le réseau en éventail *(Fan tracery)* ; toutes les nervures partent de la naissance de la voûte et s'élancent en divergeant également, comme les bouquets d'un éventail, jusqu'à la hauteur où commencent les entrecroisements (nombreux exemples dans les chapelles funéraires, etc.; dans la chapelle de Henry VII à Westminster, dans celle du Collége du Roi à Cambridge, etc.). Les panneaux reproduisent souvent le dessin du réseau des fenêtres; il faut noter aussi l'ornementation analogue des portes en bois, dont le réseau est souvent couronné d'un arc en accolade. Les décorations se multiplient sans fin; elles se suspendent à l'intrados des arcades, elles descendent en bandes verticales des soffites jusqu'à terre : ici, plus nombreuses qu'autrefois, des bandes de quatrefeuilles; là, dans les tympans, partout, la *rose*, symbole d'York aussi bien que de Lancastre; les crêtes des parapets, formées de fleurs *Tudor* (un petit trèfle entre deux grands); et que de riches galeries à panneaux et à dentelles, entre chœur et nef! Au fond des transsepts, les murs sont divisés en compartiments par des arcades d'une faible saillie et d'un faible effet; mais il ne faut pas qu'une seule surface reste nue. Le luxe a remplacé la majesté, l'inspiration religieuse a disparu, les principes mêmes de l'art sont compromis : voici la décadence.

Le style *flamboyant (ogival tertiaire* de M. de Caumont) se rapproche plus du *décoré* que du *perpendiculaire*, bien qu'il embrasse, en France, à peu près la même période que ce dernier. Cependant s'il est quelquefois simple, comme à St-Jean de Caen, il est le plus souvent riche à l'excès comme à Caudebec et à Louviers, où il faut signaler à l'aile sud, par parenthèse, des fenêtres surmontées de baldaquins. Les formes du style flamboyant se retrouvent dans le nord de l'Angleterre, appliquées principalement à des ouvrages en bois, tels que siéges, écrans, etc.

La sculpture occupe un rang assez important, à l'époque que nous venons de traverser; mais elle est moins hardie qu'attentive aux détails. Les statues de la Vierge portant l'enfant Jésus sont relativement nombreuses au XVe siècle.

VII. Décadence. Nous dirons peu de chose de la décadence : les monuments de cette époque, construits à grands frais, intéressent moins l'artiste que l'historien intéressé à constater l'influence du revirement des idées sur les marques extérieures de la civilisation d'un peuple. Il est inutile de décrire des portes ou des fenêtres semi-classiques, des pignons qui n'ont plus rien de gothique que leur forme générale, des moulures dont la valeur a cessé d'être comprise, des écrans ou paravents chargés d'écussons, et dont les ornements seuls portent le caractère des anciens styles. Les architectes d'alors ne crurent probablement pas que leurs œuvres porteraient, dans leur dessin même, le signe distinctif de l'époque; ils eurent soin, en effet, d'en inscrire la date sur des pierres encastrées dans les murs. La réforme porta un coup mortel à l'art gothique, qui jeta son dernier éclat dans l'architecture civile (Colléges de Brazen-nose, de Wadham, d'Oriel à Oxford, etc.). Les églises avaient insensiblement cessé d'être construites en forme de croix; les puritains allèrent plus loin : pour rompre complètement avec la tradition de l'église romaine, ils affectèrent de ne plus les orienter. Cependant le gothique, dans ses formes générales, persista en Angleterre, mêlé d'éléments étrangers, jusqu'au milieu du XVIIe siècle; négligé, incompris après cette époque, il céda entièrement la place à l'*italien*, qui régna sans partage pendant tout le XVIIIe siècle. C'est au commencement de l'âge présent qu'après quelques essais assez médiocres, on se reprit d'une belle passion pour cette forme de l'art et que les Pugin, entre autres, lui ménagèrent de nouveaux triomphes.

Jadis les Normands avaient porté leur architecture en Angleterre; en revanche les Anglais ont beaucoup contribué à éveiller en France, au commencement de la Restauration, le goût du style gothique. Les magnifiques gravures des frères Le Keux, des Blore, des Coke, des Greig (1) firent admirer les monuments du moyen-âge répandus sur le sol de la Grande-Bretagne; on s'engagea même dans les imitations frivoles; mais il fallait quelques années avant qu'on s'aperçût qu'on possédait, dans la plupart des départements, des monuments plus grandioses, plus parfaits et plus intéressants encore. L'élan fut donné, d'abord par des publications pittoresques, coïncidant avec l'essor de la littérature romantique, en suite plus sérieusement par les consciencieuses études de M. de Caumont, qui propagea le premier un système régulier de classification des anciens styles français. Le savant archéologue normand fonda des associations archéologiques sur tous les points du pays, les mit en rapport entre elles par l'institution de Congrès provinciaux et du Congrès central des Sociétés savantes et, par son expérience personnelle, comme par ses ouvrages, décida la réaction contre le style classique dégénéré et prépara la restauration intelligente d'un grand nombre d'édifices religieux. On finit par reconnaître que le caractère propre de l'architecture gothique ne réside

---

(1) SCHMIT, *ouvrage cité*, p. 36.

point dans l'emploi accidentel de certaines formes ornementales, mais que cette architecture dérive rigoureusement d'une conception toute particulière; qu'en un mot elle est l'expression d'un système dont toutes les parties concordent entre elles et dépendent l'une de l'autre, pour ainsi dire comme les organes d'un corps vivant. Les hommes pratiques comprirent qu'il y avait à créer une *science*, dans toute la force du terme, et tous les efforts s'unirent pour apporter des matériaux à l'édifice que M. Viollet-Leduc élève aujourd'hui dans des proportions grandioses, avec la hardiesse d'un maître sûr de lui-même (1). Les événemens ont amené dans le cours des dernières années, il est vrai, un retour aux traditions de la Renaissance, principalement dans l'architecture civile; peut-être doit-on s'en féliciter, car le type gothique ne répond guère aux exigences d'une société organisée comme la nôtre, et l'on peut espérer que les égards dus à de nouveaux besoins et à de nouvelles mœurs donneront tôt ou tard naissance à un art original et vraiment moderne. Quoi qu'il en soit et quel que soit le style *à la mode*, il est indispensable que l'architecte connaisse à fond l'histoire et les principes de chacun des *systèmes* auxquels il peut avoir à demander des inspirations. A cette condition seulement il cessera d'associer des éléments disparates, il résistera aux séductions dangereuses d'un trop facile éclectisme. Mais ces vérités sont devenues trop banales pour que nous ne renoncions pas à les démontrer amplement, comme nous manifestions l'intention de le faire, il y a quelques années, dans la préface du premier volume de cet ouvrage.

Quant aux détails qu'il nous a paru indispensable d'ajouter aux observations et aux descriptions de M. Willson, nous renvoyons les lecteurs au Glossaire.

A. L.

---

(1) *Dictionnaire raisonné de l'Architecture française du XIe au XVIe siècle*. Paris, in-8° (Le VIIIe volume est en cours de publication).

TABLE DES MATIÈRES DU SECOND VOLUME.

LES Nos SE RAPPORTENT AUX PLANCHES.

	Nos	Pages
Abbaye de Fonthill, défauts de son architecture		23
— de Westminster (Église de l'). Triforium de la grande nef	45	63
— Pureté de son architecture		63
— Ornements sculptés	51	66
— Corniches et ornements. V. Chapelle de Henry VII.		
— Porte dans l'écran de la chapelle d'Édouard-le-Confesseur	24	45
— Monuments sépulcraux : du prince John d'Eltham	31	50
— du roi Édouard III	32	51
— du roi Henry V	33, 34	52
— de l'évêque Dudley	35	53
— de l'abbé Fascet	36	54
— Porte et écran de la chapelle de l'abbé Islip	37	54
Ames (Collège des), à Oxford (Porte du)	21, 22	43
Anges portant des écussons (Remarques sur les)		66
Anglaise (Architecture) ; remarques sur ce terme		7
Anglo normand (style) ; à quelle époque il appartient	9	70
Anglo-saxon (style) ; ses caractères distinctifs ; à quelle époque il appartient	9	69
Bases (Spécimens de)	48	65
Brazen-Nose (Collège de), à Oxford : partie de la tour	30	49

	Nos	Pages
Catherine (Roue de Ste-). V. Rose.		
Chaire à prêcher. V. Tribune.		
Chapelle du Collège du Roi, à Cambridge : Tourelle et gâble	46	63
— de St-Étienne (Porte dans le vestibule de la)	25	46
— de Henry VII: dais et stalle	41	59
— Miséricorde		59
— Niche	38	56
— Ornements	52	66
— (Remarques sur la)		58
— Siége ou stalle	40	58
Chapiteaux (Spécimens de)	48, 49	65
Cheminée dans la galerie de la reine Élisabeth	53	67
— Détails	54	68
— (Tuyaux de), à Hampton-Court.	3, 4	28
Christ (Porte de l'église du), à Oxford.	18	39
Coffre sculpté	44	61
Collège des Ames (Porte du), à Oxford.	21, 22	43
— de Baliol, ibid. : fenêtre	28	48
— de Jésus, à Cambridge : oriel	29	48
— de la Madeleine, à Oxford : tribune en pierre	43	61
— de Merton, ibid. : porte	18	39
— (Nouveau), ibid. : porte dans les cloîtres	24	45
— du roi, à Cambridge : fenêtre	28	48
— Portes	20	41
Colonnes et piliers (Remarques sur les)		65

	Nos	Pages
Combles de la grande salle de Hampton-Court	8, 9	30
Console sous un siége. V. Miséricorde.		
Consoles à Oxford	50	66
Corbeaux, *ibid*	50	66
Corniches de la chapelle de Henry VII et de l'abbaye de Westminster	42	66
Cotman (Observations sur les *Antiquités architecturales de la Normandie*, de)		14
Crêtes de feuillage	52	67
Dais d'une stalle de la chapelle de Henry VII	41	59
Décoré (Style), à quelle époque il fleurit	12	74
Églises allemandes; leurs dimensions comparées à celles des monuments religieux d'autres contrées		15
Église du Christ (Porte de l'), à Oxford.	18	39
— de Gelnhausen; son style et sa date.		15
— d'Iffley (Observations sur l')		38
— Porte méridionale, *ibid.*	16	38
— de St-Jean-Baptiste (Notice sur l'), à Oxford (*Note*)		47
— Cathédrale de Lincoln, le plus riche spécimen de gothique pur		11
— de Ste-Marie, à Cambridge; porte du Nord	23	44
— de Ste-Marie, à Oxford		36
— son clocher, *ibid.* (*Note*)		36
— coupe transversale de la nef et de l'aile méridionale	14	37
— compartiments de la nef (côté du Sud)	15	37
— de St-Michel, à Oxford: porche	19	39
— d'Oppenheim (Ste-Catherine): notice		15
— de St-Sauveur, à Southwark: porte occidentale	17	38
— Voûte	47	64
— de la Trinité, à Cambridge: porche	19	40
— Cathédrale d'Ulm		15
— de l'abbaye de Westminster. V. Abbaye		
— Cathédrale de Worcester: tribune en pierre	42	60
Églises V. Fenêtres.		
Fenêtre circulaire. V. Rose.		
— en encorbellement. V. Oriel		
Fenêtres de différentes églises d'Oxford.	26	46
— du Collége du Roi et du Collége de Baliol	28	48
Fonthill. V. Abbaye		
Fothcringay (Porte curieuse à). (*Note*)		41

	Nos	Pages
Gables à Hampton-Court	2	27
— à la chapelle du Collége du Roi. V. Chapelle.		
Gelnhausen. V. Église.		
Gothique (Style) primitif: exemples	10	71
— (Pur): exemples	12	72
— (Ornementé): exemples	13	74
— (fleuri): exemples	13	76
— (Difficulté d'imiter le style)		20
— (Combinaisons complexes du style).		20
— moderne (Remarques sur le)		21
Hampton-Court (Palais de): notice		25
— Parapet et tourelles au-dessus de l'entrée du côté de l'Ouest	1	27
— Gâbles de la grande salle et façade occidentale	2	27
— Tuyaux de cheminée dans la première cour	34	28
— Partie de la cour intérieure	5	29
— Fenêtre d'oriel	6	29
— Remarques sur une porte modernisée. (*Note*)		29
— Arcade et voûte en arête de la seconde porte cochère	7	30
— Grande salle *(hall)*		30
— Coupe transversale des combles	8	30
— Coupe longitudinale	9	31
— Galerie des musiciens dans la grande salle		32
— Elévation de la dite galerie	10	32
— Porte dans la grande salle	11	33
— Altérations modernes de la grande salle (*Note*)		32
— Elévation de l'oriel et de deux autres fenêtres du salon de retraite	12	34
— Plafond du même salon, plan et coupe	13	36
— Tapisserie, *ibid.* (*Note*)		35
— (Vues gravées du palais de). *Ibid.*		33
Hôtel de Guise, à Calais: portes.	21, 22	43
Iffley. V. Église.		
Islip (l'abbé); ses travaux à l'Abbaye de Westminster; anciens dessins qui le concernent. (*Note*)		55
King's Collége, ou Collége du Roi. V. Collége.		
Lincoln. V. Église.		
Maçons (Les Francs-) ne peuvent contribuer à l'élucidation du style gothique.		21

	Nos	Pages
Merton. V. Collége.		
Moller : observations sur ses *Denkmäler der deutschen Baukunst*		14
NICHES (Plan ordinaire des).		58
— à Oxford	39	57
Nouveau Collége, à Oxford		45
OGIVAL (Style) : ses différents noms		7
— ses transformations au XIIIᵉ et au XIVᵉ siècles		11
Ogive composée		12
— A quelle époque elle prévalut		12
— Remarques sur l'origine (de l')		7
Oriel. V. Collége; Hampton-Court		
PARAPET. V. Hampton-Court.		
Pavillon, à Brighton		49
Pearce (l'évêque) critiqué. (*Note*).		50
Perpendiculaire (Style anglais) : remarques sur ce terme		
— ne se rencontre pas en France, est rare en Allemagne		
Portes. V. Chapelle, Collége, Église, Fatheringay, Hampton-Court, Hôtel de Guise, etc,		
Pupitre. V. Tribune.		

	Nos	Pages
ROMANESQUE : remarques sur ce terme.		10
SALISBURY (Style de) : terme proposé.		11
Scotie	51, 52	66
Sculpture (Spécimens de)	51	66
Siége ou stalle dans la chapelle de Henry VII	40	58
— Dais d'une stalle (de la même chapelle)	41	59
Statue du roi Henry VI		58
TABERNACLE. V. Niche.		
Tourelle de la chapelle du Collége du Roi, à Cambridge	46	63
— à Hampton-Court	1	27
Tribune en pierre au Collége de la Madeleine, à Oxford	43	61
— dans la Cathédrale de Worcester	42	60
ULM. V. Église.		
Voûte en arête, à Hampton-Court	7	30
— à l'église St-Sauveur, à Southwark	47	64
WESTMINSTER. V. Abbaye.		
Worcester. V. Église, Tribune.		
Wyatt (James) : ses innovations		18

GLOSSAIRE

DE TERMES TECHNIQUES

D'ARCHITECTURE GOTHIQUE

COMPOSÉ

D'APRÈS DES DOCUMENTS OFFICIELS ET DES TEXTES D'ÉCRIVAINS

(POËTES, HISTORIENS, ETC.)

DE L'ÉPOQUE OÙ CE STYLE ÉTAIT EN VIGUEUR

ET VÉRIFIÉ

PAR LES EXPLICATIONS ET LES REMARQUES DE DIVERS COMMENTATEURS

LEXICOGRAPHES OU ÉDITEURS MODERNES

POUR SERVIR D'APPENDICE A L'OUVRAGE DE A. PUGIN

INTITULÉ :

MOTIFS ET DÉTAILS CHOISIS D'ARCHITECTURE GOTHIQUE

PAR

ÉDOUARD-JAMES WILLSON

TRADUIT INTÉGRALEMENT, REMANIÉ SOUS LA FORME D'UN GLOSSAIRE FRANÇAIS-ANGLAIS, A L'USAGE DES LECTEURS
DE LA VERSION FRANÇAISE DES ŒUVRES DE PUGIN, REVU ET AUGMENTÉ D'APRÈS LES MEILLEURS AUTEURS

PAR

Alphonse LE ROY

Professeur à l'Université de Liége

PARIS ET LIÉGE

BAUDRY, EDITEUR

A Paris, rue des St-Pères

—

1867

PRÉFACE DU GLOSSAIRE ANGLAIS.

On a jugé indispensable de faire précéder le présent Glossaire de quelques observations destinées, tant à en faire ressortir l'utilité, qu'à justifier la méthode dont on s'est servi pour en rassembler les éléments. Les termes techniques employés par les représentants originaux de l'art gothique, pour désigner les différentes parties de leurs constructions architecturales, sont généralement oubliés de nos jours, au grand regret des admirateurs de ce beau style. La connaissance des principes qui ont guidé les anciens maîtres ne pourrait que devenir plus complète et plus exacte par la découverte de ces termes; il y a donc lieu de s'étonner, en présence du zèle qu'on met de toutes parts à poursuivre des recherches théoriques, que personne n'ait encore songé à recueillir les expressions dont l'interprétation précise viendrait si efficacement en aide à ceux qui entreprennent de telles études. Comment cependant toute une langue artistique a-t-elle pu tomber en désuétude? Il n'est pas difficile de répondre à cette question; il suffit de se rappeler la vogue croissante du style italien de la Renaissance, et sa domination incontestée pendant une très-longue période. Les *traités* de Palladio et de ses compatriotes désignèrent les moulures et les divers membres architectoniques par des noms particulièrement applicables aux cinq ordres classiques, — noms inventés par ces auteurs eux-mêmes ou puisés dans Vitruve : en même temps que l'on regarda comme *barbares* les constructions du *moyen-âge*, leurs détails et leurs ornements caractéristiques, on abandonna peu à peu, on finit par perdre de vue les appellations qui avaient eu cours chez leurs contemporains.

« Nous ne savons pas au juste, dit M. Kerrich (1), quels noms les architectes gothiques donnaient aux ornements dont ils faisaient usage : les noms qu'on leur applique aujourd'hui sont, sans exception, de fabrication récente. Peut-être découvrirait-on dans quelque bibliothèque de monastère, à l'étranger, l'un ou l'autre traité d'architecture; mais si un monument de ce genre a existé en Angleterre, on peut croire qu'il a péri au temps de la Réformation (2). » L'auteur de l'excellent

---

(1) *Observations sur les édifices gothiques des pays étrangers (notamment sur ceux de l'Italie) et sur l'architecture gothique en général*; par T. Kerrich, M. A. F. S. A., etc., dans le vol. XVI de l'*Archæologia*.

(2) L'art de construire, basé sur la géométrie, était le principal *secret* des Sociétés laïques connues dès le moyen-âge sous le nom de *francs-maçons* (V. Kranse, *Die drei ältesten Kunsturkunden der Freimaurer Brüderschaft*) ou *frères-maçons* (V. Dallaway, *Historical account of Master and Freemasons*). Les principes de l'art se transmettaient par tradition orale et sous forme symbolique; il était défendu de les formuler par écrit. Telle est sans doute la principale cause de notre ignorance des termes techniques usités à l'époque ogivale; de là, d'autre part, le peu de chance que nous avons de voir se réaliser l'espérance de M. Kerrich (Cf. Hope, *Hist. de l'archit.*, trad. par A. Baron, Ch. 21 et 39; D. Ramée, t. II, p. 264-297; Stieglitz, *Beiträge*, etc., 2ᵉ partie, p. 87, etc.). — La langue archéologique a été plus ou moins fixée, en France, à la suite des judicieuses études de MM. de Caumont et Didron; le *Comité des arts et monuments*, fondé par M. de Salvandy, ministre de l'instruction publique, en 1837, a publié deux cahiers d'*instructions* renfermant une nomenclature complète. On peut consulter aussi le Manuel-Roret intitulé : *Architecte des monuments religieux*, par J. P. Schmit; le *Vocabulaire archéologique* de M. Berty, Paris, 1845, in-8º, et surtout le précieux *Dictionnaire* de M. Viollet-Leduc. Citons enfin le *Glossaire* comparé de M. H. Otte (Leipzig, 1857, in-8º). La plus riche collection que nous possédions de vieux termes anglais d'architecture justifiés par des textes authentiques, se trouve dans l'ouvrage de M. Parker : *A Glossary of term used in Grecian, Roman, Italian and* GOTHIC ARCHITECTURE, Oxford, 1850, 5ᵉ édition, un vol. de texte (illustré) et 2 vol. de planches. Ce livre remarquable contient toute la substance du présent *Glossaire*; mais d'une part il n'est pas dans les mains de tous nos lecteurs, et de l'autre, le vocabulaire dont ceux-ci ont besoin doit être nécessairement un vocabulaire *français-anglais*. (*Note du traducteur*).

ouvrage intitulé : *Observations sur l'architecture anglaise*, s'exprime dans le même sens. « La convention passée entre les délégués de Richard, duc d'York, d'une part, et W. Horwood, de l'autre, pour la construction de la chapelle du Collége de Fotheringay (1), détaille avec un soin minutieux le plan et les éléments architecturaux de ce bel édifice; mais beaucoup de termes qui s'y trouvent ne peuvent plus recevoir, de nos jours, que des interprétations conjecturales. Dans l'*Itinéraire* de Guillaume de Worcester, publié par Nasmith, deux des plus belles églises de Bristol, celle de Ste-Marie de Radcliffe et celle de St-Étienne, sont également décrites et pour ainsi dire analysées dans toutes leurs parties ; mais pour désigner les particularités de l'ornementation, l'auteur a employé des mots si vieillis, — des locutions provinciales peut-être, — qu'aucun glossaire connu ne saurait servir à les déchiffrer. Leland, qui rédigea son itinéraire au XVIe siècle (2), n'est pas toujours intelligible quand il parle architecture. J'ai consulté sans fruit Du Cange, à propos de termes d'origine française, qui se rencontrent dans le document prémentionné concernant le Collége de Fotheringay » (3). — La plus grande partie du présent *Glossaire* a été recueillie longtemps avant qu'il ne fût question de publier l'ouvrage auquel il sert maintenant d'appendice. L'acte de Fotheringay et l'*Itinéraire* de Guillaume de Worcester ont été d'abord étudiés en détail, à raison des indications fournies par M. Dallaway dans le passage cité : j'ai pris note de la plupart des termes d'art dont ces écrits sont remplis, et j'en ai dissipé l'obscurité d'une manière plus ou moins satisfaisante. En dépouillant l'*Itinéraire* de Worcester, toutefois, je ne saurais assez regretter de n'avoir pu illustrer par des gravures les détails de Ste-Marie de Radcliffe et ceux de St-Étienne de Bristol, si curieusement, si minutieusement décrits dans cet ouvrage à l'époque même de l'érection de ces églises, et dans les termes mêmes dont se servait *Benet le franc-maçon* (4) : l'éloignement des lieux d'une part, le défaut d'occasions de l'autre, ont été pour moi des obstacles sérieux à la réalisation complète de mes désirs. — Malheureusement les documents officiels du genre de celui de Fotheringay sont très-rares (5). A la page 794 du tome VII (in-folio, 1709) du *Recueil*

---

(1) Ce document a été publié par Dugdale, *Monast.* t. III, p. 162.

(2) Leland, chapelain et antiquaire de Henry VIII, mourut en 1552; son *Itinéraire* a vu le jour à Oxford en 1710, 9 vol. in 8. *(Note du traducteur.)*.

(3) *Observations ou Englisch architecture*, par le Rév. James Dallaway, M. B. F. S. A., in-8°, 1806, p. 37. Les divers traités qui ont paru depuis la publication de ce volume ne lui ont pas fait perdre toute sa valeur. Il mériterait les honneurs d'une nouvelle édition : j'en possède un exemplaire annoté qui allégerait considérablement la tâche de la personne disposée à entreprendre ce travail *(Note de M. E. J. Wilson.)* — Dans la *Bibliographie archéologique* imprimée à la suite des *Éléments d'archéologie nationale*, M. Batissier cite une édition de l'ouvrage de Dallaway imprimée en 1834, et inconnue de M. Brunet : nous n'avons pu nous la procurer.

(Note du traducteur.)

(4) *Itinerarium. sive liber memorabilium, Wilhelmi Botoner, dicti de Worcester*, pp. 220, 268, etc. Ce volume in-8° a été publié à Cambridge, en 1778, par les soins de James Nasmith, A. M. F. S. A., d'après le MS. de l'auteur, déposé dans la bibliothèque du Collége de *Corpus Christi*, même ville. Cet *Itinéraire* ou plutôt ce recueil de notes diverses *(Memoranda)*, est rédigé pour la plus grande partie en latin, mais parsemé de locutions et de citations ou de sentences françaises et anglaises. L'auteur était de Bristol ; il s'attacha à la famille de sir John Fastolf, de Norfolk, et servit en qualité d'écuyer ce noble et opulent chevalier. La date de 1480 se rencontre dans plusieurs parties de son ouvrage, qui contient une foule de particularités curieuses, mais hétérogènes. L'éditeur se plaint de la mauvaise écriture du MS. original; l'exactitude de la transcription de certains termes, dans la copie imprimée, me paraît suspecte.

(5) On doit espérer que les savants éditeurs qui ont entrepris de donner au *Monasticon* une nouvelle publicité, enrichiront ce grand recueil de quelques précis analogues, tirés des vastes dépôts littéraires confiés à leur garde. Cependant, bien qu'ils aient fait de nombreuses additions au travail de Dugdale, nous ne saurions rien citer de particulièrement intéressant, sur le sujet qui nous occupe, dans ce qui a paru jusqu'à présent.

de traités, conventions, etc. (1), publié par Thomas Rymer, historiographe de la reine Anne, se trouve une ordonnance de 1395, décrétant les changements *(reforming)* à opérer à Westminster-Hall ; c'est alors que les murs furent élevés de deux pieds, et que la charpente du toit, les fenêtres, etc., furent reconstruites telles qu'on les voit encore aujourd'hui. Aux pages 795 et 797 figurent deux autres ordonnances, relatives au tombeau de la reine Anne de Bohême, femme de Richard II ; ce même monument devait également porter, plus tard, la statue du roi, qui avait l'intention de reposer auprès de sa compagne (2). — On a publié partiellement le compte des frais d'érection de la chapelle de St.-Étienne, dans l'ancien palais royal de Westminster (3) — L'appendice des *Anecdotes of painting*, d'Horace Walpole, contient plusieurs *Contrats* relatifs à la chapelle du *King's College*, à Cambridge, un chef-d'œuvre d'architecture (4). — Dugdale a rendu publiques (5) les conventions arrêtées avec les artistes qui exécutèrent le somptueux tombeau de Richard, comte de Warwick ; elles ont été, dans la suite, encore plus complètement élucidées dans le 4e volume des *Antiquités architecturales* de Britton. — Le décret de Henry VI instituant des Collèges à Eton et à Cambridge, détaille avec une grande exactitude les plans et les dimensions des édifices à construire (6). — Les savants glossaires de Ducange, de Spelman, et l'ouvrage de Skinner, « toujours instructif » (7), sont très-pauvres en vieux termes d'architecture. Cowel (8) rapporte plusieurs termes légaux employés dans les anciens actes. Le *Dictionnaire* de Cotgrave en explique d'autres qui dérivent du français (9) ; Kelham le complète quelquefois sous

---

(1) Cette précieuse collection est intitulée : *Thomæ Rymeri fœdera, conventiones, litteræ cujusque generis, acta publica, inter reges Angliæ et alios quosvis Imperatores, Reges, etc., habita aut tractata* (depuis 1101 jusqu'à 1654). Elle a eu trois éditions. La première, très-rare, a paru en 20 volumes in-folio (Londres, 1704-1735). La seconde ne comprend que les 17 premiers tomes (par Georges Holmes, Londres, 1727, in-folio). La troisième édition, un peu augmentée, est datée de La Haye, 1739, et ne se compose que de dix volumes, contenant les vingt de la première édition. — Les 17 premiers tomes seuls sont de Th. Rymer ; on doit les autres à Robert Saunderson. Le recueil de Rymer a été résumé en un vol. in-folio, s. d. *(Note du traducteur)*.

(2) Gough (*Sepulchral monuments*, vol. I, 2e partie, p. 164, etc.) rapporte ces deux pièces au cénotaphe de Richard II et d'Anne de Bohême, qu'on voit à l'abbaye de Westminster, dans la chapelle d'Édouard-le-Confesseur. Il est cependant difficile d'en faire concorder le texte avec l'ornementation de quelques parties de ce tombeau. Les ordonnances dont il s'agit, ainsi que celle qui regarde Westminster-Hall, sont rédigées en français ; elles sont très-obscures dans plusieurs passages. — V. le *Glossaire*, aux mots *Orbe*, *Souse*, etc.

(3) *Antiquities of Westminster*, by J. P. Smith, 1807, in-4o. J. S. Hawkins, esq., le principal auteur du texte, donne quelques extraits des rôles dont il s'agit, avec des notes ; mais il a mal compris certains mots, et il en a laissé d'autres sans explication.

(4) T. IV de l'édition in-4o des *Œuvres d'Horace*, lord *Orford*, 5 vol. 1798. — V. aussi le t. I des *Antiquités architecturales de la Grande-Bretagne*, in-4o, 1806.

(5) *Antiquités du Warwickshire*, in-folio, 1656.

(6) *A collection of all the Wills, now know to be extant, of the Kings and Queens of England*, etc., depuis Guillaume-le-Conquérant jusqu'à Henry VII exclusivement ; 1780, in-4o.

(7) *Etymologicon linguæ Anglicanæ, Authore Stephano Skinnero, M. D.* in-fol., 1671. C'est Whitaker, dans son *History of the ancient Cathedral of Cornwall*, 2 vol. in-4o, 1804, qui a appliqué à cet écrivain érudit l'épithète rapportée dans le texte. La langue latine est un instrument embarrassant, pour celui qui veut se livrer à des recherches sur l'origine des vieux mots anglais. On rendrait à la philologie anglaise un grand service, en donnant une nouvelle édition de Skinner, traduite, abrégée et améliorée, en un mot au courant de la science.

(8) *The Interpretor of hard words and terms, used either in the common or statute laws*, par John Cowel, D. C. L. 1607. — 2e éd., par T. Manley, esq. 1684. 3e édit., 1701.

(9) *Dictionnaire anglais-français*, par M. Randle Cotgrave. Londres, 1650, in-fol. On y a joint un Dictionnaire *français-anglais*, rédigé par Robert Sherwood, de Londres. Ces recueils ont conservé beaucoup de mots tombés en désuétude.

ce rapport (1). — Indépendamment de ces ouvrages et de quelques autres d'un caractère aussi général, j'ai utilisé des glossaires spéciaux, annexés à certaines publications. Ainsi j'ai consulté l'édition de Mathieu Paris publiée à Londres, en 1640, par G. Wats, 2 vol. in-fol.; la *Collection of royal and noble wills*, par Nichols; les chroniques de Robert de Glocester et de Peter Langtoft, mises au jour par Hearne, et surtout les *Parochial antiquities of Ambrosden*, *Bicester*, etc. (2), qui ont eu l'honneur d'être citées par le grand Ducange. — Les notes prodiguées par Warton au haut et au bas des pages de son *Histoire de la poésie anglaise*, si justement estimée au double point de vue de l'érudition et de la saine critique, m'ont aidé à comprendre plus d'un terme employé à propos de Chaucer et d'autres vieux poètes; j'ai aussi mis à contribution divers commentateurs plus récents de l'ancienne poésie anglaise : Percy, Tyrwhitt Ellis, Ritson, Godwin, Weber, etc. — On peut ajouter à ces autorités l'*Itinéraire* de Leland, ainsi que les œuvres de plusieurs autres écrivains anglais d'un âge plus ou moins reculé. — En un mot, j'ai puisé partout où j'ai pu les éléments des pages suivantes, et je n'ai composé néanmoins, je l'avoue volontiers, qu'une collection fort imparfaite et fort peu digne d'une si longue préface. — Malgré tout j'ai la confiance qu'on la trouvera utile : elle aura du moins le mérite d'arracher à l'oubli quelques termes originaux dont l'usage s'est perdu, et elle assignera leur valeur précise et leur signification primitive à plusieurs autres, que les modernes ont entendus dans tel ou tel sens. — En offrant au public ce premier essai d'un **Glossaire de termes techniques exclusivement propres à l'architecture gothique**, je me réjouis d'avance à la pensée que ces « humbles commencements » seront éclipsés plus tard par les travaux justement applaudis de quelque nouveau Skinner, dont l'érudition égalera celle du premier, mais dont le sort sera plus heureux (3).

NEWPORT, Lincoln, le 14 mai 1822.

ÉDOUARD JAMES WILLSON.

AVERTISSEMENT DE LA NOUVELLE ÉDITION.

Le **Glossaire de termes techniques exclusivement propres à l'architecture gothique** a été réimprimé d'après une copie d'où l'on a soigneusement fait disparaître diverses erreurs qui s'étaient glissées dans la première édition. On y a fait en outre, des additions considérables. Le manuscrit M, cité çà et là dans les nouveaux paragraphes, appartient au soussigné : c'est un *Dictionnaire de vieux mots anglais*, avec des interprétations latines, écrit en 1483. Beaucoup d'expressions curieuses sont mentionnées dans ce volume; mais un petit nombre seulement se rapportent à l'architecture.

NEWPORT, Lincoln, le 13 janvier 1823.

E. J. W.

---

(1) *Dictionnaire du langage normand ou du vieux français*, par Robert Kelham, de Lincoln's Inn, esq., 1779, in-8°.

(2) In-4°, 1795. — Le *Glossaire* qui accompagne ce volume a été réimprimé à la suite de l'ouvrage intitulé : *The History and Antiquities of Bicester and Atchester*, in-8°, 1816; depuis lors, une nouvelle édition des *Antiquités paroissiales* a été donnée par le Rév. B. Bandinell.

(3) Skinner fut enlevé par une fièvre, en 1677, en voyageant dans le Lincolnshire. Il n'était âgé que de 45 ans.

— VII —

LISTE DES TERMES ANGLAIS,

AVEC RENVOIS AUX ARTICLES DU GLOSSAIRE.

Aile, ile.	Voyez Aile.	Crest.	Voyez Crête.
Alley, alure.	» Allée.	Crest-tilet.	» Tuiles faîtières.
Almery.	» Armoire.	Crocket, crotchet.	» Crochet.
Ambulatory.	» Ambulatorium.	Croude.	» Crypte.
Apse.	» Abside.	Croupe, crop.	» Amortissement.
Arch-buttress.	» Arc-boutant.	Cullis, coulisse.	» Chéneau.
Ashler, aslure.	« Moëllons piqués.	Cusp.	» Pointes.
Barbican.	» Barbacane.	Cyling, ceiling.	» Lambris.
Bartizan.	» Bretèche, échauguette.	Dais, days, des.	» Dais.
Base-court.	» Basse-cour.	Dancette.	» Zigzag.
Bastile	» Bastille.	Day.	» Baie, jour.
Battlement.	» Crénelage.	Deambulatory.	» Deambulatorium.
Bay.	» Baie, jour, travée. Cf. Cyborium.	Dearn, dern.	» Seuil.
		Depressed arch.	» Arc déprimé.
Bay-window.	» Encorbellement.	Diaper.	» Diapré.
Belfry.	» Beffroi.	Dormant-tree.	» Poutre.
Bench, bench-table.	» Banc.	Dormant ou dormer window.	» Lucarne.
Beryl.	» Béryl.	Dorter.	» Dortoir.
Billet.	» Billette.	Dosel, doser.	» Dorsal.
Body.	» Nef.	Dos d'ane.	» Dos d'âne.
Boltel.	» Tore.	Drip.	» Larmier.
Boss	» Bosse.	Dungeon, dongeon.	» Donjon.
Bouquet.	» Bouquet.	Earth-table.	» Plinthe, table.
Bower.	» Chambre.	Embrasure.	» Embrasure.
Bracket.	» Console.	Entail.	» Sculpture, souse.
Branches	» Branches.	Enterclop.	» Couloir.
Branched-work.	» Feuillages.	Entre sole.	» Entresol.
Brattishing.	» Crête. Cf. Bretèche.	False roof.	» Faux-comble.
Bretasyng.	» Bretèche.	Fan-tracery.	» Eventail.
Bretise.	» Bretèche.	Fane, phane, vane.	» Girouette.
Brest-summer, bressumer.	» Poitrail.	Feretory.	» Férétoire.
Broach.	» Flèche.	Fesse, face, fascia.	» Face.
Buttress, boterass, etc.	» Contrefort.	Fillet, fylet.	» Listel.
Canopy.	» Dais.	Finial, fynial.	» Fleuron.
Canted.	» Biseau, chanfrein.	Foot pace.	» Estrade.
Cape-house.	» Voûte.	Foot stall.	» Piédestal.
Carol, carrel.	» Carolle.	Formerets.	» Formerets.
Casement.	» Baie, cavet.	Free mason.	» Maçon.
Castle.	» Château	Free-stone.	» Pierre de taille.
Chamber.	» Chambre, maison.	Fret-work, fretted.	» Frette, réseau.
Chamfer.	» Chanfrein.	Fumerell.	» Louvre.
Champ.	» Champ.	Gable, gabel.	» Gable.
Chapiter, chapitrel.	» Chapiteau.	Gable-roof.	» Comble à pignon.
Char, chare.	» Tailler.	Gablet.	» Guimberge.
Cheveron.	» Chevron, ferme, frette, [zigzag.	Gable-window.	» Gable.
Chevet.	» Chevet.	Gallery.	» Galerie, jubé, loge.
Cinque foil.	» Quintefeuille (quatrefeuille.)	Gargle, gargyle.	» Gargouille.
		Garland.	» Guirlande.
Clere-story.	» Claire-voie.	Gavell of a house.	» Gable.
Clerestorial windows.	» Claire-voie.	Gentese	» Pointes.
Closet.	» Cabinet.	Grees.	» Degrés.
Coin, quoin.	» Coin.	Groin.	» Arête (de voûte).
Collar.	» Tirant.	Groined-roof.	» Voûte d'arête.
Column.	» Colonne, pilier.	Habenries.	» Image.
Compass-roof.	» Charpente apparente.	Half-timbered.	» Charpente.
Compass-window.	»* Encorbellement.	Heil.	» Couvrir.
Cope, coping.	» Chaperon.	Herse, herce, hearce.	» Catafalque, herse, porte-[coulisse.
Corbel, corbetell, etc.	» Corbeau.	Hood-mould.	» Lambel.
Corbel-table.	» Corbeau, table.	Houses, housings.	» Niche, pleureurs.
Corbie-steps.	» Crénelage ressautant.	House.	» Maison. Cf. Chambre.
Cornish, cornice.	» Corniche.	Hovel.	» Dais.
Couple-close.	» Cour.	Hyling.	» Aile.
Cover.	» Louvre, mitre de cheminée.	Image, imagery.	» Image.
Court	» Cour. [née.	Jesse.	» Jessé.
Crenelle.	» Créneau, crénelage.	Jube.	» Jubé.
Crenellated.	» Crénelé.	Keep.	» Donjon.

— VIII —

Kernel.	Voyez Créneau.	Rose-window.	Voyez Rose. Cf. OEil.
Killesed.	» Chéneau.	Rough setter.	» Maçons.
King-post.	» Poinçon.	Rough-stone.	» Moëllons piqués.
Knob, knoppe, knot.	» Nœud.	Round.	» Rond.
Label.	» Lambel.	Svonce.	» Bras, trompe.
Lantern.	» Lanterne.	Screen.	» Ecran.
Lardose.	» Retable.	Scripture.	» Inscription.
Latin, latten, laten.	» Laiton.	Scutables.	» Ecusson.
Laver, lavatory.	» Lavabo.	Scutcheon, escocheon.	» Ecusson. Cf. Lanterne, OEil.
Lectern, lettern.	» Lutrin.		
Ledger, lidger.	» Pierre tombale, poutre	Seeling.	» Lambris.
Ledyment, liggements.	» Cordon.	Sencreste, sincreste.	» Crête.
Light.	» Jour.	Severey.	» Cyborium.
Loft.	» Loge.	Shaft.	» Fût.
Loop, loop-hole.	» Meurtrière.	Shingle.	» Bardeaux.
Lover, loover, louvre.	» Louvre.	Shrine.	» Châsse.
Lucarne.	» Lucarne.	Sill.	» Seuil.
Machecoulis, masche-coulis.	» Machicoulis.	Styp.	» Couloir.
Maëremium, maërennum.	» Marisme.	Sole	» Seuil.
Mantle-tree.	» Manteau de cheminée.	Soler, soller.	» Galetas.
Mantle-piece.	» Chambranle.	Source.	» Souse.
Miserere, misericorde.	» Miséricorde.	Soursadel.	» Retable.
Mold, mould.	» Moule.	Souse.	» Souse.
Moulding.	» Moulure.	Spandril.	» Spandril.
Mullion, munnion (moynel, moyniels).	» Meneau.	Spence.	» Dépense.
		Spere.	» Ecran, paravent.
Neck-mould.	» Astragale.	Sperver, sperware, sparver.	» Ciel.
Needle-work.	» Broderie.	Spire.	» Flèche.
Nigged-ashler.	» Moëllons piqués.	Squillery.	» Ecuellerie.
Nosing.	» Larmier.	Squinch.	» Trompe.
Nunnery.	» Triforium.	Stage.	» Etage.
OEillet.	» OEil.	Stall.	» Stalle.
Ogee, ogyve.	» Ogive.	Stanchel, stancheon.	» Etançon.
Orb.	» Orbe.	Standart.	» Type.
Oryel, oriel.	» Encorbellement, oriel.	Steeple.	» Clocher.
Over-story.	» Clairevoie.	Story.	» Etage.
Pane.	» Panneau.	Story-posts.	» Etage.
Paned.	» Pannelé.	Stoup.	» Bénitier.
Panel	» Panneau.	Strike.	» Etançon.
Paradise.	» Paradis.	Stump.	» Chicot.
Parapet.	» Balustrade.	Surbast-arch.	» Arc surbaissé.
Parlor.	» Parloir.	Summer-tree.	» Poitrail.
Parvis.	» Paradis, parvis.	Tabernacle.	» Niche, tabernacle.
Patand.	» Patin.	Table.	» Table.
Pend.	» Voûte.	Tester, teston.	» Ciel.
Pendant, pendent.	» Pendentif.	Thakke.	» Couvreurs.
Porch, perk, pearch.	» Console, perche.	Through.	» Parpaing, sarcophage.
Perclose, par-close.	» Cloison, parclose.	Timber-work.	» Charpente.
Perpin, perpender, perpent-Stone		Touch stone.	» Pierre de touche.
Perpeyn-walls.	» Parpaing.	Tower-windows, tower-lights.	
Picture.	» Peinture.	Turret-windows, turret-lights.	» Fenêtres à tours, à tourelles.
Pillar.	» Colonne, pilier.		
Pinnacle.	» Pinacle.	Tracery.	» Réseau.
Pinnakyll.	» Pinacle.	Transept.	» Transsept.
Pomel.	» Pomme.	Transom.	» Traverse.
Poop.	» Pouppe.	Traverse.	» Traverse, transsept. Cf.
Portcullis.	» Porte-coulisse, Cf Herse.	Trefoil.	» Trèfle. [Loge.
Portraiture.	» Portrait.	Trellice.	» Treillis.
Post.	» Poteau.	Triforium.	» Triforium. Cf. Claire-voie.
Presbytery.	» Presbyterium.		
Prynt, print.	» Plâtre.	Trough.	» Sarcophage.
Purfled.	» Crochet.	Turn-pike.	» Escalier à vis.
Quadrant.	» Quadrangle. Cf. Yard.	Tylle-thakkers.	» Couvreurs, couvrir.
Quarrel, quarry.	» Carrière, filotière.	Tylicium.	» Tylicium.
Quarta.	» Panneau.	Tymber.	» Tymbre.
Quatrefoil.	» Quatrefeuille. Cl. Orbe.	Vawte, voute, vault.	» Voûte.
Queen-post.	» Faux-poinçon.	Vethym, vathym.	» Brasse.
Reredos.	» Retable	Vice.	» Escalier à vis.
Respond, responder, res- Responde. [pound.	» Dosseret.	Vidimus.	» Vidimus.
	» Dosseret.	Vignette, vinette.	» Vigne.
Ressault.	» Ressaut.	Vyce.	» Escalier à vis.
Ressaunt, ressaut.	» Doucine	Wall-plate.	» Plate-formes de comble.
Retable.	» Retable.	Weepers.	» Pleureurs (statuettes de).
Ribs.	» Nervures.	Wind-beam.	» Tirant.
Rood-coft.	» Jubé. [cher.	Yard	» Yard.
Rood tower, rood steeple.	» Tour centrale. Cf. Clo-	Zigzag.	» Bâtons rompus ; chevron, zigzag.

GLOSSAIRE.

ABSIDE, *apside* (**Apse**), du grec ἀψίς (ἀψὶς οὐράνιος, la *voûte céleste*. Plat., *Phæd.*). L'extrémité du chœur d'une église, soit en hémicycle, soit à pans coupés, ou même fermée par un mur plat. Par extension de sens, on appelle encore *abside*, aujourd'hui, les chapelles sémi-circulaires ou polygonales des transsepts ou du rond-point ; mais l'*abside* est proprement la tribune ou cul-de-four qui clot la basilique antique. V. Chevet. On l'appelait quelquefois *conque*, parce qu'elle était recouverte d'une demi-coupole, ou *bêma* (le sol en étant plus élevé que celui du reste de l'édifice). Au sommet de l'hémicycle était le trône ou la chaire (*cathedra*) de l'évêque ou de l'abbé, dominant un peu les sièges des prêtres, qui consistaient en un banc continu de pierre, ou en niches pourvues chacune d'une banquette. L'ensemble de ces sièges s'appelait en grec σύνθρονος, en latin *confessus* ; on désignait encore le tout par le nom de *tribunal* ou de *presbyterium* (v. ce mot). Les absides, d'abord aveugles (sans fenêtres), furent ouvertes lorsque la coutume s'introduisit d'orienter les églises ; plus tard on établit de chaque côté, au bout des *ailes* (v. ce mot), des absides secondaires, fermées par un voile ou portières, celle de gauche (διακονικὸν, *secretarium*) était la sacristie ou le trésor du *presbyterium* ; celle de droite (πρόθεσις, *offertorium*) servait à la consécration des offrandes. On voit des églises à une seule nef ayant leurs trois absides rangées de front. Plus tard, quand les collatéraux se rejoignirent derrière le chœur, le *presbyterium* devint une chapelle ordinairement consacrée à la Ste-Vierge, et les absides secondaires furent parfois transportés dans les bras des transsepts. Les absides se multiplièrent autour du chœur ; on construisit aussi des églises ayant deux absides opposées, chacune occupée par un autel (églises à contre-abside), etc. V. Schmit, v° Abside ; cf. Viollet-Leduc. *Ibid.*

AILE (**Aile**), L. *Ala ecclesiæ*. — En Grèce et à Rome, on donnait le nom d'*ailes* (πτερώματα, *alae*) aux galeries extérieures des temples, formées par des colonnades. Dans l'architecture du moyen-âge, on désigne au contraire par ce terme les portiques intérieurs ou galeries latérales (*wings*) des églises, et en général de toute grande salle divisée longitudinalement, par des rangées de piliers, en plusieurs *nefs* ou compartiments. — La nef du milieu (*middle-aile*, expression impropre, mais usitée en Angleterre) s'appelle *maîtresse-nef, nef principale, grande nef* ou simplement *nef* (de *navis*, vaisseau). — Les ailes sont souvent nommées *collatéraux*, d'après la position qu'elles occupent, ou *bas-côtés* parce qu'elles sont ordinairement moins élevées que la nef centrale (V. Hoffstadt, p. 368 et suiv.). — « Dans quelques belles églises à cinq nefs, le premier collatéral, celui qui se joint immédiatement à la grande nef, est plus élevé que le second, et porte un rang de verrières au-dessus de ses arcades » (Schmit, p. 398). — On appelle aussi quelquefois *ailes* les bras de la croix, surtout lorsqu'ils sont en saillie sur le plan (Id., p. 267). — Les vieux auteurs écrivent tour à tour *Aisle, Isle, Yle, Aile* : cette dernière orthographe a seule prévalu. — Dans Whitaker (*History of Whalley*), on trouve (B. iv. C. iii) un contrat, daté de la 24e année du règne de Henry VIII, et ayant pour objet la reconstruction des *hylings* N. et S. de l'église de Barnley, avec ses contreforts, etc. Ce mot *hylings* désigne les *ailes* de l'église. Est-il bien nécessaire de faire dériver **hyling** (*heiling*) du verbe *hiel*, couvrir (v. Couvrir), comme le veut M. Willson ? N'est-ce pas tout simplement un mot corrompu ?

ALLÉE (**Alley**), aile : toute partie d'une église ouverte à la circulation, servant de passage. On trouve mentionnées, dans quelques anciennes descriptions de cathédrales « l'allée du doyen » (*the dean's alley*) « l'allée du chantre » (*the chanter's alley*) « l'allée transversale ou transsept » (*the cross-alley*) etc. (V. Transsept). — De nos jours, on appelle *allées*, dans les maisons ordinaires, les passages de communication (*corridors*) servant à dégager les chambres : Ce sont les *fauces* de Vitruve (Daviler, v° *Allée*). Les autres sens du mot *allée* sont énumérés dans tous les *Dictionnaires d'architecture*. — Robert de Gloucester se sert du vieux mot **Alur** (**Alure, Alura**) litt. *allée*, pour désigner une bretèche, un balcon, une galerie extérieure avec balustrade.

Upte the alurs of the castle the laydës thunne stode,
And by huide thys noble game, and wyche knyghts were god.
Robert of Gloucester's Chronicle, I, 193.

« Du haut des balcons du château, les dames contemplaient ce noble divertissement » etc.

ALLÉGE. V. SEUIL.

AMBULATORIUM ou *DEAMBULATORIUM* (**Ambulatory, Deambulatory**), galerie, allée, corridor d'un cloître; pourtour du chœur où l'on peut circuler. On disait aussi *Ambulacrum*. — Dans les descriptions des vieilles basiliques latines, le mot *ambulaculum* est employé (le plus souvent) pour désigner l'*atrium* ou vestibule à portiques, qui n'a d'ailleurs de commun que le nom avec l'*atrium* des maisons romaines.

AMORTISSEMENT. Couronnement d'un édifice, ouvrage d'architecture qui termine une façade, une toiture, un pignon, un contrefort (Cf. VIOLLET-LEDUC, Schmit, etc., pour les différentes acceptions de ce mot). Le vieux terme anglais **Croup** ou **Crop** (du saxon *cropp*) désigne de même le sommet, la partie supérieure d'une construction quelconque. William de Worcester mesura la tour de l'église de St-Étienne, à Bristol, depuis le niveau du sol (*erth-table*) jusqu'à l'amortissement (*crope*) qui termine la bâtisse en pierre. *Crope* signifie ici la tête des pinacles. V. FLEURON. — Dans l'architecture française, *croupe* signifie l'extrémité d'un comble qui ne s'appuie pas sur un pignon de maçonnerie. Les absides circulaires ou à pans des églises sont terminées par des croupes (VIOLLET-LEDUC).

ARC-BOUTANT (**Arch-buttress**): arc prenant naissance au-dessus du toit d'une nef latérale, et contrebutant la muraille d'une claire-voie. On trouve des arcs-boutants adossés aux flèches des tours, aux lanternes, etc. « *A cors wyth an arch-buttant*, » dit Guillaume de Worcester dans son *Itinéraire*, 269; c'est-à-dire « un contrefort (litt. une assise de pierres, *a course of stone*) avec arc-boutant. » On dit souvent, en langage poétique, *flying-buttress*, arc volant (WILLSON). — « Les arcs-boutants sont les arcs extérieurs qui, par leur position, sont destinés à contre-buter la poussée des voûtes en arcs d'ogives. Leur naissance repose sur les contreforts; leur sommet arrive au point de la poussée réunie des arcs-doubleaux et des arcs ogives » (VIOLLET-LEDUC). — L'arc-boutant remplit la mission de l'*erisma* de Vitruve. (V. le *Dict. latin* de FORCELLINI, v° *anterides*.)

ARC DÉPRIMÉ (**Depressed-arch**). L'arc déprimé du style flamboyant est une ellipse aplatie, ou une plate-bande à coussinets arrondis (PARKER). M. Schmit en cite un autre dont on n'a signalé jusqu'ici l'existence qu'en Angleterre; mais il n'est pas impossible, ajoute-t-il, qu'on en trouve aussi des exemples en France dans quelques monuments romains contemporains de l'invasion anglaise, surtout dans des cryptes. « Un archéologue anglais dit qu'il représente la figure que tracerait un homme ayant la poitrine appuyée contre une muraille, les bras étendus, et promenant sans les fléchir, de chaque main, un morceau de craie sur cette muraille jusqu'à ce qu'elles se rencontrent au-dessus de sa tête. Disons plus simplement que c'est l'image d'un arc plein-cintre, dont le sommet aurait fléchi sous une forte pression, qui lui aurait fait contracter une légère courbure inférieure. » — Sur les différentes espèces d'arcs, v. le vol. I des *Motifs et détails*, de Pugin, et ci-après l'art. OGIVE.

ARC DROIT A ENCORBELLEMENT. Arc trilobé dont le sommet est aplati, présentant l'aspect d'un trèfle dont la partie supérieure aurait été tronquée. Les édifices de l'ancien style anglais, dans les comtés du Sud, en offrent plusieurs exemples; ceux qu'on trouve dans le Nord appartiennent à une période plus récente (PARKER).

ARC SURBAISSÉ (**Surbast-arch**). Ce terme est appliqué à la courbure de l'arcade qui surmonte un tombeau de la cathédrale de Salisbury, désigné communément, mais à tort, sous le nom de monument de l'évêque Bridport (GOUGH, *Sepulchral monuments*, I, 53, pl. XVII). N. B. L'arc dont il s'agit est composé à sommet obtus. Il est dit surbaissé (*surbast*, en quelque sorte *sur-based*), parce que ses principaux centres sont pris au-dessus de sa base. — « Ce terme est peu usité, et à juste titre, » dit M. Willson. Quoi qu'il en soit, il a été admis sans observation par beaucoup d'archéologues modernes, en France comme en Angleterre; on oppose l'*arc surbaissé* à l'*arc surhaussé* (v. *Motifs*, t. I, p. 24, 27, 29; Cf. PARKER, t. I, p. 40; BERTY, p. 25). M. Berty appelle *surbaissés*: 1° les arcs en *anse de panier*, formés d'une demi ellipse coupée suivant son grand axe; 2° tous ceux qui, formés d'une courbe composée, ont pour hauteur moins de la moitié de leur largeur.

ARÊTE, angle vif ou tranchant, formé par la rencontre de deux surfaces. ARÊTE DE VOUTE (**Groin**): v. VOUTE D'ARÊTE.

ARMOIRE, *Almoire* (**Almery**), L. *Almonarium*, *armarium*, *almeriola*. Buffet, cabinet ou réduit clos, ménagé dans la muraille. Le nom d'*armoire* se rattache à une ancienne coutume hospitalière, qui consistait à déposer, dans un endroit particulier de l'église, des aliments froids ou des reliefs, destinés à être distribués en aumônes. Dans le nord de l'Angleterre, on dit communément *Ambrey*, *Aumbry*, *Aumery*. — V. dans le *Dict.* de M. VIOLLET-LEDUC, t. I, p. 470, le dessin d'une *armoire* de la grosse tour carrée de Montbard. — L'*armarium* ou *armariolus*, dans les plus anciennes abbayes, était une simple niche pratiquée à côté du cloître, et où les moines renfermaient leurs livres usuels pendant leur travail aux champs. — A côté des autels étaient des armoires (*niches*, *crédences*), où l'on conservait les objets nécessaires au service de la messe, les reliques, les trésors, etc. (*Ibid.*, art. *Armoire*.)

ASTRAGALE (**Neck-mould**). Moulure ronde, de faible saillie, entourant le fût d'une colonne à la naissance du chapiteau, ou le sommet d'un pinacle à la naissance du fleuron. « Dans l'architecture gothique, dit M. Schmit, l'astragale est généralement beaucoup plus important que dans l'architecture antique; quelquefois son profil diffère essentiellement. Il devient conique, ou s'amincit par un cavet. »

BAIE (**Bay**). 1. Ouverture. 2. Mesure arbitraire de la dimension d'un édifice, communément usitée dans les anciennes descriptions, où la longueur d'un toit est désignée par le nombre des formes principales de sa charpente, et la largeur d'une façade en bois par le nombre des piliers ou larges poteaux qui séparent les *baies* l'une de l'autre. V. TRAVÉE. 3. Les différentes ouvertures d'une fenêtre, entre les meneaux, souvent appelées *jours* (*days*), par suite d'une erreur attribuable aux éditeurs de certaines notices anciennes sur des monuments (?). V. *Motifs*, vol I, p. 57. — Les baies ou compartiments d'une fenêtre portent aussi, dans les vieux auteurs anglais, le nom de **Casement**. (V. CAVET.)

BALUSTRADE (**Parapet**), ital. *para-petto* (litt. garde-poitrine). En français, un *parapet* est un mur bas, servant d'appui ou de garde-fou à un quai, à un pont, à une terrasse, etc. (Cf. ANTONY RICH, v° *Lorica*, n° 10). Le terme anglais s'applique plus spécialement au garde-corps d'un toit, souvent crénelé (*battlement*). V. CRÉNELAGE. Le nom de *balustrade* est seul employé aujourd'hui, dans notre langue, pour désigner les galeries qui couronnent les chéneaux. Les balustrades sont presque toujours à claire-voie, et parfois d'un dessin très-riche. (V. VIOLLET-LEDUC, SCHMIT, etc.) La balustrade s'appelle aussi *accoudoir*; celle qui est à l'entrée du chœur d'une église (la *table de communion*) porte le nom de *chancel* ou *cancel*.

BANC. On appelait **Bench-table** (ou simplement **Bench**), en Angleterre, un siège bas ou banc de pierre formant soubassement intérieur, dans un grand nombre d'églises; quelquefois les piliers sont entourés d'un banc. Contrat pour l'église de Fotheringhay, etc. G. VIOLLET-LEDUC, v° *Banc*.

BARBACANE, *barbequenne* (**Barbican, Barbacan, Barbycan**, *antemurale*. Ms. M.) On désignait par ce terme, dans les anciennes fortifications, un ouvrage avancé quelquefois placé au-dessus d'une porte, pour protéger le pont-levis, d'autres fois à une courte distance des ouvrages principaux, pour épier les approches de l'ennemi. Les portes (*Bars*) de la ville d'York offrent encore aujourd'hui de beaux exemples de barbacanes de la première espèce. Une partie de la cité de Londres a conservé le nom de *Barbican*, en souvenir de la barbacane voisine de *Cripple-gate*. — « Les barbacanes étaient construites simplement en bois, comme les *antemuralia*, *procastria* des camps romains, ou en terre avec fossé, en pierre ou moellon avec pont-volant, large fossé et palissades antérieures (VIOLLET-LEDUC). — Aujourd'hui *barbacane* signifie la petite ouverture verticale par laquelle les assiégés passent le canon des armes à feu, pour tirer à couvert sur les ennemis, du haut des murs, et de là, par extension, l'ouverture ménagée dans le mur d'une terrasse pour l'écoulement des eaux pluviales. — Dans le patois du pays de Liége, une lucarne s'appelle *bâbècine*.

BARDEAUX (**Shingle, Shindle**; all. *schindel*, lat. *scandulæ*). Planchettes qu'on emploie en guise de tuiles, pour couvrir un toit, un auvent, ou même les pans de bois d'une construction élevée avec économie. Les bardeaux sont surtout en usage dans les pays de forêts; on n'en voit plus guère en Angleterre, où ils étaient autrefois très-communs. Le chaperon en pierre de plusieurs grands contreforts de la cathédrale de Lincoln est taillé en imitation de bardeaux dont le *pureau* (la partie visible) se termine en pointe. Beaucoup de flèches de pierre, en France, sont couvertes de la même manière. (G. VIOLLET-LEDUC, v° *Bardeau*.)

BASSE-COUR (**Base-Court**). Cour dépendant d'un château ou d'une grande maison, et autour de laquelle s'élèvent les écuries, les cuisines, etc. (*Définition de* DAVILER: « Cour séparée de la principale, et qui sert pour les écuries, les carrosses et les gens de livrée. ») N. B. Leland et d'autres anciens écrivains, lorsqu'ils décrivent de grandes *résidences*, distinguent communément la *basse-cour* de la *Court-of-Lodgings* (litt. *cour des logements*). Cette dernière était entourée des principaux corps d'habitations, et assez souvent séparée de la *basse-cour* par la grande salle (*hall*).

BASTILLE (**Bastile**), du bas-latin *Bastia*, tour ou bastion, dans les fortifications d'une ville. Itm. W. *Worcester*, 266. Cf. VIOLLET-LEDUC, v° *Bastide*, et le *Glossaire* de DUCANGE.

BATONS ROMPUS (**Zigzags**). Boudin ou baguette brisée, moulure très-commune dans l'architecture normande, qui l'employait à la décoration des arcs, archivoltes, bandeaux, etc. V. ZIGZAG, CHEVRON. (Cf. VIOLLET-LEDUC, V. *Bâtons-rompus*.

BEFFROI, BAFFRAIZ (**Belfry**). 1 Clocher. — « On désigne par ce mot (*sc.* Beffroi) un ouvrage de charpente destiné à contenir et à faire mouvoir les cloches; prenant le contenant pour le contenu, on a donné le nom de beffroi aux tours renfermant les cloches de la *commune*. » (VIOLLET-LEDUC). 2. Le terme anglais s'appliquait encore à un appentis ou hangar en bois, servant à protéger contre les intempéries de l'air les chariots et les instruments de labourage. En France, on appelait *belfrois* ou *beffrois* les tours (roulantes) en bois qu'on employait à l'attaque des places fortes (avant l'introduction de l'artillerie à feu). « Quand il s'agit de l'attaque, dit M. VIOLLET-LEDUC (V° *Bretèche*), la bretèche (V. ce mot) diffère du *beffroi* en ce qu'elle est immobile, tandis que le *beffroi* est mobile. » L'une des églises d'York porte, dans quelques documents latins, le nom de *St-Michel de Belfry*, *in berefrig*, à cause de sa situation voisine d'une tour où étaient suspendues les cloches de la cathédrale, non loin de ce temple même, comme c'était encore le cas jusqu'à ces derniers temps à Salisbury, et précédemment à Londres au vieux St-Paul, à l'abbaye de Westminster, etc., et comme on peut le voir aujourd'hui même à la cathédrale de Chichester.

BÉNITIER (**Stope, Stoppe, Stoup**). Vaisseau ou bassin contenant l'eau bénite, et placé à l'entrée d'une église catholique. Il y a des bénitiers adossés aux murailles, aux colonnes, ou portés par un petit pilier ou piédestal. (V. Parker.) De là le nom de *Stoup* s'applique aussi au pilier court qui sert de support à une statue.

BÉRYL (**Beryl**), substance dont les fenêtres du château de Sudeley et d'autres palais somptueux étaient vitrées. (V. l'*Itinéraire* de Leland.) Ce mot a donné lieu à de nombreuses discussions; il est pourtant présumable qu'on désignait par là un cristal naturel... « A St-Gilles, dit Chaucer (*House of Fame*), tout entier de pierre de *béryl* (*bérille*) ; » et dans Lydgate : « Toutes les fenêtres ouvragées en *béryl*, et d'un cristal clair. » V. les dissertations curieuses de Whitaker, sur le béryl (*St-Germain's cathedral*, vol. II, 280). — On sait que le nom de *béryl* (βηρύλλιον) ou *aigue-marine* s'applique, en français, à une espèce d'émeraude.

BILLETTE (**Billet**). La moulure à billettes (*billeted moulding*) est particulière aux édifices de *style normand*; cependant on en trouve quelques exemples postérieurs à l'adoption de l'arc ogival : dans les ailes du chœur de la cathédrale de Lincoln, quelques-unes des nervures de la voûte sont pourvues de cet ornement. Les billettes sont des portions de cylindres ou moulures rondes en guise de tores ou de bâtons (*boltels*) coupés, dont les tronçons sont séparés par des vides. Il y en a d'ailleurs de différentes formes, notamment les *billettes carrées*, qui se composent de séries de petits parallélogrammes offrant l'aspect d'un échiquier. V. Lübke, l. V, ch. 2.

BISEAU, *chanfrein* (**Cant**), arête abattue donnant lieu à une surface inclinée ou rampante. Le vieux terme anglais **Canted** s'appliquait aux constructions d'un plan polygonal, par ex. aux fenêtres ébrasées, aux oriels à pans coupés, etc. — La description du palais royal de Richmond, en 1649, mentionne une tour en pierre de taille, appelée « *the canted tower* » litt. la tour biseautée. *Vetusta monumenta*, vol. II.

BOSSE (**Boss**). Ornement en relief ordinairement placé au point de jonction des nervures des voûtes, ou à l'extrémité d'une moulure formant saillie. On en trouve de dessins variés.

BOUQUET (**Bouquet**). Touffe de feuillage au sommet d'un pinacle ; fleuron (V. ce mot).

BRANCHES (**Branches**). Dans quelques anciens documents anglais, le nom de *branches* est donné aux nervures des voûtes en arête (*groined roofs*).—En français, les nervures diagonales s'appellent *branches d'ogives* (lierne). V. Ogive.

BRAS, *plaque* (**Sconce**). Branche du chandelier s'appliquant à une muraille, et dont l'extrémité porte une bobèche. Lorsqu'on consacrait une église, on en plaçait sous les *croix de consécration* (cruces signatæ) tracées sur les murs à une certaine hauteur (Otte.) V. Trompe.

BRASSE (**Vethym, Vathym**). Angl. mod. *Fathom*. Mesure de six pieds. « *Item* altitudo voltæ tocius ecclesiæ ab areâ ecclesiæ, continet XI anglice *vetheyms*, et quolibet *vethym* constat ex... pedibus, sea... virgis. » *Itin W. of Worcester*, 79. « Quatre grandes arcades de X brasses (*vethym*) de hauteur. » *Ibidem*, pp. 175, 185.—N. B. Cette mesure était censée égale à la distance des deux points extrêmes qu'un homme peut atteindre en étendant les bras (V. *Itin. Will. of Worc*, p. 186); on s'en servait autrefois pour apprécier les hauteurs et les profondeurs. « Et la plus haute tour appelée tour principale, c'est-à-dire tour éminente par rapport aux quatre autres, dépasse celles-ci de cinq brasses (*rethym*), et elle a des murs épais de six pieds. » W. de Worcester, *account of the Castle of Bristol*; *Itin*. 260. — V. Yard.

BRETÈCHE (*Bertesca*, *Berteschia* dans la basse-latinité), **Bartizan, Bartizene ; Bretesyng**, *propugnaculum*. Ms. M.), balcon ou plate-forme avec parapet, au haut d'un édifice. « La bretèche du clocher » (*The Bertisene of the Steeple*) est mentionnée dans un passage cité par Jamieson, en son *Dictionnaire étymologique du dialecte écossais*. Ce terme se retrouve dans le roman de Waverley, vol. I, où l'auteur décrit le manoir de *Fully-Veolan*, dans les basses-terres, bâti en 1594. V. aussi *Grose*, *Antiquités de l'Ecosse*. — Ritson (*Metrical Romances*) dit *bretise* au lieu de *bartizan*. — La bretèche ne doit pas être confondue avec le hourd. « Le *hourd* est une galerie continue qui couronne une muraille ou une tour, tandis que la *bretèche* est un appentis isolé, saillant, adossé à l'édifice, fermé de trois côtés, crenelé, couvert et percé de machicoulis » (Viollet-Leduc, V° *Bretèche*). Dès le XIVe siècle, on trouve aussi le mot *bretèche* employé dans un sens étrange à l'architecture militaire : les maisons de ville étaient garnies d'une bretèche faite en bois ou maçonnée, donnant sur la voie publique, et où l'on faisait les criées, les proclamations, etc. On disait *bretéquer* pour *proclamer* (Ibid.).

BRODERIE (**Needle-Work**). Le Dr Plott se sert du terme (*needle-work*) pour donner l'idée du curieux système de construction en bois et en plâtre, usité dans beaucoup de vieilles maisons. Il paraît que, de son temps, on l'appelait communément ainsi. Nous disons encore : broderie de fenêtres. V. Réseau, Charpente.

CABINET (**Closet**). Se dit d'une petite chambre, d'un appartement privé. — Les chapelles latérales dont les deux côtés de la chapelle du Collège du Roi, à Cambridge, sont garnies, sont appelées *closets* dans l'acte de fondation. « On décorera la salle principale et les grandes chambres, ainsi que la chapelle et les *closettes*. » (Leland, *Description de Wressil Castle*. *Itin*. v. I, p. 54.)

CAROLLE, *carolla*, *carota* (bas-latin), **Carol** ou **Carrel**, petite loge ou niche pratiquée dans un corridor de cloître, avec banc et pupître, où les moines allaient lire et écrire. On trouve des carolles dans beaucoup de grands monastères, à Durham, à Gloucester, à Kirkham dans le Yorkshire, etc. ; leur nom dérive des *carota* ou sentences qu'on y inscrivait sur les murs, et qui étaient souvent des strophes rimées (V. *Antient rites of Durham*.) Le prieur de Kirkham reçut de l'archevêque d'York l'ordre de surveiller les *carottes* de son monastère, afin qu'on n'en fît pas un mauvais usage.

CARRIÈRE (**Quarry**). Lieu creusé sous terre ou le long de la côte d'une montagne, d'où l'on extrait les pierres à bâtir. Du lat. *Quadraria* ou *quadrataria* (*quadratus lapis*, pierre de taille), selon MÉNAGE. Lat. *Lapidicina*. Cf. Cependant DIEFFENBACH, *Celtica*, I, 105. — V. FILOTIÈRE.

CATAFALQUE, *chapelle ardente* (anc. angl. **herse, herce** ou **hearce**), espèce d'estrade élevée au-dessus du cercueil d'un personnage de distinction, et décorée de tentures funèbres ; grillage de fer ou de bronze destiné à porter les lumières dont on entoure un tombeau. Le sarcophage du comte de Warwich, fondateur de la célèbre chapelle de Beauchamp, est orné d'un catafalque en laiton placé au-dessus de la statue ; on y suspendait autrefois une draperie. V. DUGDALE, GOUGH, et les *Antiq. arch.*, vol. IV. Cf. OTTE, p. 220. — V. HERSE, LAITON.

CAVET (**Casement**). Moulure concave, faisant l'effet contraire du *quart-de-rond* ; elle correspond à la *scotia* ou au *trochitus* de l'architecture italienne. William de Worcester distingue plusieurs variétés de cavets ou de scoties : par exemple, dans la porte septentrionale de l'église de St-Etienne de Bristol, « un cavet feuillagé » (*a casement with levys*) désigne une moulure creuse ornée de feuillages sculptés. *Itin.*, p. 220 ; « un cavet garni de *traytes*... » La description est incomplète : *trayles* désigne probablement les jets ou pousses végétales (bourgeons?) sculptés dans le cavet. Page 269, le même auteur mentionne « un cavet inférieur » (*towering*), dans la porte occidentale de l'église de Redcliffe, pour signifier une moulure creuse, dont le rebord extérieur forme gouttière. N. B. Il n'y a point de porche ou de porte à l'église St-Etienne, du côté du nord ; d'où il faut conclure que l'indication précitée concerne le porche méridional. — Le mot *casement* a deux autres significations : 1° une baie ou un compartiment de fenêtre, entre les meneaux (v. BAIE) ; 2° un châssis fixe (*dormant*) pourvu de gonds (pour ouvrir et fermer), entourant une partie du vitrage d'une croisée.

CHAMBRANLE. Bordure avec moulure autour d'une porte, d'une croisée ou d'une cheminée, comprenant les *montants* (les côtés) et la *traverse* (le haut). **Mantle-piece** peut se traduire par *chambranle de cheminée* (*chimney-piece*). V. MANTEAU DE CHEMINÉE. — Le chambranle est l'*antepagmentum* de Vitruve. V. DAVILER.

CHAMBRE (**Chamber**) lat. *Camera* ou *camara*, du grec καμάρα, voûte (LITTRÉ, *Dict. fr.*), et plus directement du latin *camurus*, courbé ou cambré, parce qu'anciennement, dit Daviler, la plupart des chambres étaient voûtées : le mot *camera* lui-même signifie litt. une voûte surbaissée (v. RICH, *Dict. des antiq. rom.*, v° *Camera*). Une pièce d'habitation, un appartement. Dans plusieurs anciennes descriptions de châteaux anglais, les chambres sont distinguées des *houses* (V. MAISON). Les chapelles, les grandes salles (*halls*), les cuisines et plusieurs autres appartements essentiels d'une maison ne portaient point le nom de *chambres*. La *grande chambre* correspondant à notre moderne *salon d'assemblée* ou de conversation (Cf. vol. II des *Motifs*, descr. de la pl. XI), était ordinairement adjacente à la grande salle (*hall*). — Le vieux mot anglais **Bower**, *bowre* désignait un appartement intérieur, une chambre, un parloir. Selon M. Otte, il s'appliquait particulièrement, dans les anciens châteaux, à l'appartement des femmes.

CHAMP (**Champ**). Surface plate, comme le parement d'un mur, que William de Worcester (*Itin.*) appelle *champ-ashler* (V. MOELLONS PIQUÉS). Le même auteur se sert aussi du mot *felde* dans ses énumérations de divers membres d'architecture. Les contrats passés pour les ornements en cuivre de la tombe du comte de Warwick, stipulent que « tous les *champs* autour des lettres seront creusés et hachés, de manière à bien faire ressortir l'inscription. » V. n° 6. Dugdale, et les *Antiq. archit.*, vol. IV. *note*. Les lettres sont en relief, non gravées, selon le procédé le plus ordinaire et le plus économique. — *Champ* se dit en français de tout subjectile, de tout fond sur lequel se détache un sujet, une figure (SCHMIT).

CHANFREIN (**Chamfer**). Arête abattue du piédroit ou jambage d'une porte, d'une arcade, etc., biseautée ou coupée diagonalement (*canted*). Les montants de la porte figurée à la pl. XX du tome II des *Motifs* sont *chanfrenés* ; il en est de même des piédroits des arcades marquées D, pl. XXXVI du premier volume. V. BISEAU.

CHAPERON, *tablette* (**Cope**, **Coping**). Se dit des pierres qui forment la couverture d'une muraille ou d'un crénelage, des parties saillantes d'un contrefort, etc. On se sert aussi du terme *bahut*, pour désigner l'appui d'un parapet, d'une balustrade, etc. V. SCHMIT, v° *Bahut*.

CHAPITEAU (**Chapiter, chapitrel**), partie supérieure évasée d'une colonne ou d'un pilier, servant de transition entre le support et la chose portée ; du latin *capitellum*, petite tête, couvercle. Cf. VIOLLET-LEDUC, v° *Chapiteau*.

CHARPENTE (**Timber-work**) Charpente ou charpenterie (VITRUVE : *Materiatio* ou *materiatura*) s'entend aussi bien de l'art d'assembler les bois pour les bâtiments, que de l'assemblage même (DAVILER). V. l'ex-

-cellent article *Charpente*, dans le *Dict.* de M. VIOLLET-LEDUC. — Le bois joua un grand rôle dans les constructions privées du moyen-âge. D'ordinaire, ainsi que M. VIOLLET-LEDUC l'a péremptoirement démontré pour des maisons du XIIe siècle (v° *Maison*, t. VI, p. 220, *note*), lors même que le rez-de-chaussée était en maçonnerie, l'étage était un ouvrage de charpenterie. C'est à cette structure mixte que M. Willson applique le terme **Half-timbered**, que M. Otte, d'autre part, entend de ce qu'on appelle en Allemagne *Fachwerk* (*parietes cratitii*; v. le *Dict.* des frères GRIMM), c'est-à-dire des murailles en pans de bois, dont les panneaux sont remplis de maçonnerie.

CHARPENTE APPARENTE (**Compass-roofed**). « Mais la nef de l'église, entre le clocher et la lanterne, a une charpente apparente (*is compass-roofed*) et laisse voir la toiture, comme à Llandaff ». WILLIS, *Survey of cathedrals*, vol. II, p. 334, dans la description de la cathédrale d'Ely. — L'expression *compass-roofed* s'explique par cette circonstance, que les contrefiches de la charpente sont recourbées de manière à former une sorte d'arcade. La même disposition se remarque dans la nef de l'église abbatiale de Romsey. V. BRITTON, *Antiq. architect.*, vol. V. — Plusieurs combles de ce genre sont lambrissés de panneaux, p. ex. dans le chœur de la chapelle du collège de Merton, etc. V. VIOLLET-LEDUC, v° *Charpente*, etc.

CHASSE, *écrin* (**Shrine**, du lat. *Scrinium*). Féretoire (v. ce mot), reliquaire, coffret destiné à conserver les reliques des saints. On donnait généralement aux châsses la forme de petites églises, surmontées d'un toit à pignon ; on y employait les matériaux les plus riches et les plus précieux ; on les couvrait de joyaux de toute espèce. Il existe des descriptions détaillées de quelques-unes des châsses les plus somptueuses encore existantes, p. ex. celles de St-Cuthbert, à Durham. La plus intacte de toute l'Angleterre est celle d'Edouard-le-Confesseur, à l'abbaye de Westminster. V. PARKER, v° *Shrine*.

CHATEAU (**Castle**). 1. Citadelle ou maison fortifiée. 2. Bâtiment contenant le réservoir d'une fontaine ou d'un aqueduc. (On dit proprement, en français, *château d'eau*). LELAND, dans sa description de Lincoln, *Itin*, vol. I., p. 34, cite « *le nouveau château de l'aqueduc*, *à Wherford*; » dans un second passage, il est question d'un autre « *nouveau château d'aqueduc*. » Chez les anciens Romains, un *castellum* était un réservoir de fontaine ou d'aqueduc ; outre les *castella* d'où partaient les canaux servant à distribuer l'eau dans les divers quartiers d'une ville, il y avait des *castella privata* (réservoirs bâtis aux frais d'un certain nombre de particuliers vivant dans le même quartier et ayant obtenu une concession d'eau du conduit public) et des *castella domestica*, citernes que chacun construisait sur sa propriété pour recevoir l'eau qui lui était concédée, etc. (ANTONY RICH. *Dict. des antiquités romaines*, etc., v° *Castellum*). N. B. Le château (*castelle*) désigné par Leland n'est pas une tour, mais ressemble plutôt à une petite chapelle.

CHENEAU, *chenal*, *chenai*, *échenai*. « C'est le nom que l'on donne à un conduit en pierre, en terre cuite, en bois ou en métal, qui, recevant les eaux d'un comble, les dirige, par des pentes douces, vers des issues ménagées dans la construction des édifices » (VIOLLET-LEDUC). Le mot anglais **Cullis**, **Coulisse** ou **Killesse** (Litt. *Coulisse*, rainure) s'employait pour désigner la gouttière ou le chéneau d'un toit. Dans la description qui fut faite en 1649 du palais de Richmond avant sa mise en vente et sa démolition, nous lisons : « un grenier de quatre *baies* (v. ce mot) bien couvert en tuiles et *coulissé* (KILLESED) des deux côtés et à l'une de ses extrémités », ce qui veut dire que le toit était garni de parapets et de chenaux sur trois côtés de sa base. V. PORTE-COULISSE.

CHEVET (**Chevet**), terme français désignant l'extrémité d'une église, derrière le maître-autel. (*Chevet*, fr. » *a bolster for the head*, » coussin pour la tête. COTGRAVE). « Le chevet des églises a pris diverses formes. La première était sémi-circulaire. On voit des églises romanes et des églises gothiques dont l'extrémité est rectiligne (*chevet plat*). Autre part, c'est la chapelle centrale, tenant lieu de l'ancien *abside*, qui se termine ainsi ; quelques églises sont privées de cette chapelle. » (SCHMIT). En général, les grandes églises de France se terminent du côté de l'Orient par une abside semi-circulaire ou polygonale; c'est ce qu'on appelle communément *chevet* ou *rond-point*. C'est le rév. G. D. Whittington, dans son *Histor. Survey of the Eccles. Antiq. of France*, 1807, qui a été le premier, en Angleterre, employé le mot *chevet*. V. 40, 87, 108, 109, etc. N. B. M. Viollet-Leduc définit le chevet « la *partie extrême* de l'abside. »

CHEVRON (**Cheveron**). « Pièce de charpente du comble (v. YARD) qui se pose sur les pannes parallèlement à l'arbalétrier de la ferme, pour recevoir le lattis. L'assemblage des deux chevrons opposés forme un angle égal à celui du toit. On appelle communément *chevron* toute figure qu'il représente et qui est formée de deux pièces égales. — Le chevron est un des ornements géométriques que l'architecture romane a le plus répandus sur les faces de ses grandes archivoltes. Quelquefois elle oppose deux chevrons l'un à l'autre. Le membre est dit alors *contre-chevronné*. — Les chevrons sont formés d'une seule, de deux, de trois frettes, bandes ou baguettes en relief, et ne doivent point se confondre avec les zigzags, qui se composent de plusieurs moulures différentes parallèles. — Le chevron contre-chevronné diffère aussi du *losange* ou *rhombe*, en ce que les deux bandes ne se confondent jamais, et sont même quelquefois séparées par un filet ». (SCHMIT, p. 318), v. ZIGZAG.

N. B. Cette notice de M. Schmit a obtenu place ici, comme étant plus précise que la note de la page 15 des *Antiq. archit. de la Normandie*, où il est aussi question du chevron et du zigzag.

CHICOT (**Stump**). Les paysans appliquent ce nom grotesque à la haute flèche de Boston (*Boston* STUMP), probablement parce que le sommet de la lanterne paraît tronqué, vu à distance. — *Stump* se dit d'un pilier, d'un fût dont la partie supérieure a été brisée.

CIEL (**Tester** ou **teston**). Espèce de dais (v. ce mot) au-dessus d'un lit, d'un trône, d'un tombeau ; se dit surtout, dans ce dernier cas, d'un dais plat, comme on en voit surmontant quelques anciens monuments royaux, à Westminster. Selon Ducange (v° TESTERIUM), l'ital. *Testiera* s'appliquerait à la *tête*, c'est-à-dire à la partie du lit où l'on place le coussin (*chevet*), et non au ciel du lit (*cetura*, ibid.) ; peut-être l'a-t-on entendu ainsi autrefois ; mais il se peut aussi que le *teston* ait été le rideau ou la draperie suspendus au *sparver*, dont nous allons parler, tandis que la *cetura* était proprement le plafond horizontal (PARKER). — Quant au **Sperver**, **Sperware** ou **Sparver**, on trouve à la page 148 de l'*History of Hawsted and Hardwick*, *Suffolk*, par le Rév. sir John Cullum, bar^t, 2e éd., 1813, in-4°, une note ainsi conçue : « le *sparver* paraît avoir été le châssis avec pentes qui se place au-dessus d'un lit et porte les tringles auxquelles on suspend les rideaux ; quelquefois on entendait par là le ciel du lit tout entier (*tester*). — Dans un inventaire de fournitures, daté de la 30e année du règne de Henry VIII, il est question d'un *sparver* de serge verte et noire, avec les courtines de même (v. *Horda angel cynnan*, III, p. 66, 7). Un autre inventaire de 1606 mentionne un *sparver* lambrissé. — L'expression *Esp'ver per le corps de n're Seign'r* (*Royal wills*, p. 31) s'applique à une sorte de dais, que l'on élevait le vendredi-saint au-dessus du tombeau de Notre-Seigneur, quand on y avait déposé l'hostie consacrée, c'est-à-dire le corps de Jésus-Christ. (V. *Hist. of Norf.*, vol. I, p. 517, 518). « Ce dais, dont il vient d'être question en dernier lieu, devait être un baldaquin, destiné à être porté au-dessus du St-Sacrement, à la procession de la Fête-Dieu. — « Et jusqu'à l'autre aile, il y aura, courant d'outre en outre, un crénelage... » (SPERWARE *enbattailement*). *Contr. pour l'église de Fotheringhay*. MONAST III. — *N. B.* Que vient faire ce *sperware* à propos d'un crénelage ? Dans le même contrat, on stipule qu'il y aura un crénelage carré (*square*) à la *claire-voie*, au *porche*, au *clocher*, tous de la même forme que le premier. SQUARE ne serait-il pas une transcription fautive ? Le MS original ne portait-il pas SPVARE, abréviation de SPERWARE ? Mais en ce cas, encore une fois, que peut signifier *sperware enbattaillement* ?

CLAIRE-VOIE, *Clerestorium* (**Clerestory**). Se dit de l'étage supérieur d'une tour, d'une église ou d'un autre édifice, et aussi d'une balustrade, d'un écran (v. ce mot) découpé à jour. On lit dans les *Antiq. archit. de la Normandie*, p. 15, à la suite d'observations sur le *triforium* (V. ce mot) des anciennes églises normandes : « Au-dessus du *triforium* s'ouvre une rangée de fenêtres appelée *l'étage à jours* (*Clerestory*) le plus souvent sans piliers et sans ornements, et dont les ouvertures, extérieurement étroites, s'élargissent en pénétrant à l'intérieur. » Les fenêtres de la claire-voie (**Clerestorial-windows**) d'une église, d'une tour, etc. sont, comme on voit, les fenêtres supérieures. Les termes anglais cités se trouvent dans les contrats pour la construction de l'église de Fotheringay : *Monast. Angl.*, vol. III ; dans l'Ordonnance du roi Henry VI, etc. — On disait aussi **Over-story** (étage supérieur) « Le owyrhistorye. » *W. de Worcester*, 78, 89, etc.

CLOCHER (**Steeple**). Tour renfermant des cloches, couronnée d'une flèche, de pinacles, d'une lanterne, etc., ou simplement tour. De là, dans les anciennes notices, les tours d'églises sont nommées tantôt *tower-steeple* (litt. *clocher-tour*) tantôt *spire-steeple* (clocher-flèche) et *rood-steeple* (clocher-croix, c'est-à-dire élevé au-dessus de la croisée, *clocher-central*; v. TOUR CENTRALE). V. le contrat pour l'église de Fotheringhay. **Stepyll**, *Campanile*. MS. M. — V. BEFFROI. Cf. VIOLLET-LEDUC, V° Clocher.

CLOISON (**Per-close, par-close** ou *paraclose*). Mur de séparation, peu épais. « *Item*, il est convenu que les charpentiers confectionneront et installeront avec soin et en ouvriers habiles, une cloison (*par-close*) en bois autour du buffet d'orgues qui doit être placé au-dessus de la porte occidentale de la dite chapelle, conformément au modèle. » *Record of Beauchamp Chapel, Warwick*. — N. B. Cette cloison et l'orgue qu'elle renfermait n'existent plus depuis longtemps, sauf la partie inférieure. *Architectural Antiquities*, IV. — Le mot *par-close*, en français, s'applique spécialement à l'espèce d'enceinte que forme chaque stalle (BERTY).

COIN (**Coin** ou **Quoin**). Angle saillant d'un édifice. M. Otte attribue aussi à ce mot (*cotton*), *coyning*, *quoin*) le sens de *mâchicoulis*. — Le mot **Scutcheon**, *scownston*, *escocheon* est quelquefois synonyme de *coin* ; mais il désigne plus particulièrement un angle obtus (V. PARKER). « Et le dit clocher, parvenu à la hauteur de la dite baie, changera de forme et aura VII pans, et à chaque angle (*scouchon*) il y aura un contre-fort » (*Contr. for Fotheringhay Church*; *Monasticon*, III). N. B. Cette tour est à deux étages quadrangulaires, surmontés d'une lanterne ou claire-voie octogonale, avec des contre-forts et des pinacles aux angles. V. ÉCUSSON.

COLONNE (**Column**). Ce terme est moderne dans la langue anglaise. Leland l'employe sous sa forme latine ; mais en général, il préfère le mot *pillar* (pilier) qui répond mieux à l'idée qu'on doit se faire d'un massif composé de plusieurs colonnettes formant faisceau, comme on en voit dans nos cathédrales. Le mot *colonne* ne s'applique proprement qu'à un simple cylindre, selon le type des ordres grecs. « Nous pouvons prendre *colonne* pour synonyme de *pilier*, dit Sir Henry Wotton (*Elements of Architecture*); parce que les hommes de l'art eux-mêmes emploient indifféremment l'un pour l'autre. » V. PILIER.

COMBLE A PIGNON (Gable-roof). Se dit d'une toiture dont la charpente est visible jusqu'aux chevrons, n'étant cachée ni par un plafond ni par une voûte. « Le grand transsept (*cross-isle*) a un comble à pignon montrant l'inclinaison des pans du toit, et dont les poutres et les chevrons sont couverts de peintures » WILLIS, *Survey of cathedrals*, vol. II, p. 333. — M. Otte (p. 44) définit le comble à pignon (GIEBELDACH, *gable-roof*) « un toit en forme de selle, dont le pignon fait façade, comme on peut le voir aux tours de beaucoup de petites églises, particulièrement dans le nord de l'Allemagne. La toiture des bas-côtés des églises se compose souvent d'autant de combles à pignon qu'il y a de travées. »

CONSOLE (Bracket, du latin, *brachium*, ital. *braccietto*, bras d'un homme, rameau d'un arbre). Support incrusté dans un parement pour soutenir une statue ou un autre ornement en saillie, ou encore pour porter une partie de la charpente des combles. Les vieux auteurs anglais se servent quelquefois du terme **perch**, perk ou **pearch** (Lat. *pertica*) pour désigner une console ou un *corbeau* (v. ce mot). *Pearcher* est l'ancien nom du grand cierge qu'on place dans le chœur des églises, lors de certaines cérémonies. — Le mot *console* vient peut-être de consolider (LITTRÉ).

CONTRE-FORT (Buttress, Boterasse, Boterace). Pilier adossé à un mur pour le fortifier. (« Renfort de la maçonnerie élevé au droit d'une charge ou d'une poussée. » (VIOLLET-LEDUC). William de Worcester distingue « le contre-fort de surface et le contre-fort d'angle. » *Itinerarium*, 269. V. LUBKE, vol. V, ch. 3, et surtout VIOLLET-LEDUC, v. *Construction et Contre-fort*; HOFFSTADT, p. 223 et suiv. de la trad. française.

CORBEAU (Corbel, Corbett, Corbetell). Console. La dérivation de ce terme est douteuse; mais la signification en est bien connue. Un *corbeau* est un « support de pierre ou de bois formant saillie sur le parement d'un mur, ayant sa face antérieure moulurée ou sculptée, présentant ses deux faces latérales droites, et recevant, soit une tablette de corniche, soit un bandeau, ou encore une naissance de voûte, une pile en encorbellement, ou encore un linteau de porte, une pile-maîtresse, etc. » (VIOLLET-LEDUC). Chaucer mentionne expressément les « corbeaux et imageries » parmi les ornements architectoniques du *Temple de la Renommée* (The House of Fame). B. iii. — V. les *Antiq. archit. de la Normandie*, p. 16 — M. Wilson rapproche du mot *Corbeau*, le français *Corbeille*, panier d'osier. Quoi qu'il en soit, rappelons en passant que *Corbeille*, en architecture, se dit de « la forme génératrice du chapiteau, autour de laquelle se groupent les ornements, feuillages ou figures qui le décorent. La corbeille repose, à sa partie inférieure, sur l'astragale, et est surmontée du tailloir ou abaque » (VIOLLET-LEDUC). — On appelait **Corbel-table** le crénelage, le parapet ou la corniche reposant sur une rangée de *corbeaux*. Le fondateur du Collège du Roi, à Cambridge, ordonna la construction « d'une forte tour carrée, de 120 pieds de hauteur jusqu'à la corniche (*Corbyt-table*). » Le cloître du même Collège devait avoir « vingt pieds d'élévation jusque la corniche (*Corbill-table*). » *Will of Henry VI*; NICHOLS, *ut sup.*, p. 303).

CORDON. « Moulure composée d'un seul membre, qui règne horizontalement sur un mur vertical. On ne trouve de cordons que dans l'architecture romaine: car, dans l'architecture gothique, toutes les assises horizontales formant saillie ont toujours une signification réelle et indiquent un sol, une arase » (VIOLLET-LEDUC). Le vieux terme anglais **Ledgement, lidgements**, s'applique à tout cordon principal de pierres ou à toute moulure courant horizontalement.

CORNICHE (Cornish ou **Cornice :** la première de ces deux formes était autrefois la plus usitée). Le membre supérieur de l'entablement ; toute saillie à profils qui couronne, qui recouvre, est censée protéger un corps vertical, comme un piédestal, un contre-fort, un pilier (SCHMIT). Sur la différence de la corniche du moyen-âge et de la corniche antique, V. le *Dict.* de M. VIOLLET-LEDUC, t. IV. (V° *Corniche*). — Du lat. *Coronis*.

COULOIR (Enterclose). Passage conduisant d'un appartement à l'autre; passage entre deux murs (*Enterclose walls*), allée (v. ce mot, Cf. OTTE, p. 214). *Enterclose* se trouve dans W. de Worcester. Le même auteur appelle **Slyp** un passage étroit entre deux bâtiments (*Itin.* 192, etc.) Une ruelle de ce nom longe la cathédrale de Winchester, du côté méridional.

COUR (Court). V. BASSE-COUR.

COUVREURS (Tyle-thakkers). V. COUVRIR. Ouvriers dont l'occupation consiste à couvrir les toits de tuiles. Ils formaient un *métier* distinct dans les villes où il y avait des corporations. V. le *Gent. mag.* de 1784 : « Solemnités de la Fête-Dieu expliquées. » — N. B. Les tuiles destinées à couvrir les toits s'appelaient **Thacktiles** (*Glossographia-Anglicana*). Thatch ou *Thack* signifiait en général *couvrir* (**Thakke.** *Tegmen, tectura*. Ms. M.) » Katherine Sinclair, femme de William, premier lord Seton, bâtit une aile, du côté S. de l'église paroissiale de Seton, de fins moëllons (*estlar*), voûtée (*penditt*) et couverte (*theikit*) en pierre. » (GROSE, *Antiq. of Scotland* vol. I).

COUVRIR, *couvrir de tuiles* (**Heil**). Wat Tyler, le fameux rebelle du XIV° siècle, est souvent appelé *Wat the Heller*, parce qu'il exerçait le métier de *couvreur*. — Les cloîtres du couvent, dont la magnificence scandalisa le lollard Piers Plowman, étaient « tout couverts de plomb, jusqu'à la base des combles » (*Al yhyled with lede, low to the stones*). P. *Plowman's Crede*.

CRÉNEAU (Crenelle, Kernell, vraisemblablement une corruption du mot précédent; lat. *Crena*). » Aujourd'hui on ne désigne par le mot *créneau* que les vides pratiqués dans un parapet pour permettre aux défenseurs des murailles de voir les assaillants et de leur lancer des projectiles. Mais au moyen-âge, on entendait par créneau toute ouverture pratiquée au sommet d'une tour ou d'une courtine, couverte ou découverte, et qui servait à la défense. — Les intervalles pleins laissés entre les créneaux sont les *merlons* » (VIOLLET-LEDUC). Ducange fait venir créneau (*quernal*, *aquarntau*, *carnel*, *crenlau*) *quarnellus*, *quadranellus* couverture ou entaille de forme carrée : « *ubicunque patent quarnelli sive fenestrœ*. » Lorsque le grand nombre de châteaux mis en état de défense parut menaçant pour la sécurité de l'État, les souverains anglais se réservèrent d'octroyer aux sujets bien intentionnés l'autorisation de *créneler* (*Kernellate* [Crenellate], *embattle*) et de *fortifier* leurs demeures féodales : privilège considérable, dans un temps où les habitudes militaires étaient générales pour ainsi dire, et où les guerres privées éclataient à chaque instant. On attachait une si haute importance à l'espèce de fortifications dont il s'agit, qu'il n'y a pas d'exemple d'une seule maison *crénelée* sans la permission royale, antérieurement au règne de Henry VIII, et qu'après les guerres civiles, un grand nombre d'anciens castels et de grandes maisons de la noblesse se virent dépouiller de leurs créneaux par ordonnance du Parlement. V. *Accounts of Wressil Castle, Yorkshire*, dans les *Antiq. de Grose*; *Gough's Camden*; *Beauties of England*; *W. de Worcester*, 258, etc. Dans beaucoup d'exemples, au reste, les créneaux ont servi d'ornement plutôt que de défense.

CRÉNELAGE (**Battlement**). Parapet dentelé, au sommet d'un édifice, et percé de mâchicoulis ou d'embrasures (**Grenelles**) pour tirer sur l'ennemi. Les *battlements* (anc. *batelments*) des constructions anglaises correspondent aux *créneaux*, *bretesses*, *merlots*, *carneaux*, de l'architecture française du moyen-âge. V. SHERWOOD, *Additions à Cotgrave*; et ci-dessus v° CRÉNEAU.

CRÉNELAGE RESSAUTANT. On désigne ainsi la série de gradins ou de marches d'escalier qui s'élèvent sur les remparts, des deux côtés d'un pignon : les vieilles maisons de la Belgique en offrent de nombreux exemples. En Ecosse, les gradins des anciens pignons portent encore aujourd'hui le nom de **Corbie-Steps**, par allusion aux *corbeaux* ou corneilles qui vont fréquemment s'installer sur cette espèce de perchoirs.

CRÉNELÉ (**Crenellated**). Se dit d'un édifice dont le parapet ou le couronnement est découpé en créneaux (*crenelles*). — Cf. le *Dict.* d'ANTONY RICH, v° *Pinna*.

CRÊTE (**Crest**). « Ornement (*imageries*), ouvrage de sculpture décorant le couronnement d'un comble, le bord supérieur d'une corniche moderne, etc. Ce mot (*Crest*, CRISTA, cimier) est aujourd'hui adopté par les hérauts d'armes, et s'applique à la pièce la plus élevée des armoiries. » *Glossographia anglicana*.— Les parties hautes d'un crénelage portaient le même nom, ainsi que les couronnements des gables et des pinacles. V. MEURTRIÈRE ; cf. COWEL, KENNET, etc.— « Et au sommet du dit couvercle, d'un bout à l'autre, une crête (*brattishing*), très-finement sculptée, représentant des dragons, des oiseaux et des bêtes fauves, travaillés avec un grand artifice et réjouissant le regard du spectateur... » *Description du riche reliquaire de St-Cuthbert à Durham* (Ancient Rites and monuments of Durham, in-12). Ce **Brattishing** était évidemment une dentelure percée à jour et courant le long de l'arête supérieure du couvercle. — Littéralement, *Brattishing* est-il synonyme de *Bretasyng* (V. BRETÈCHE)? Cf. OTTE, *Archaeol. Wörterb*, p. 205. — **Sencreste**, **sincreste**, terme encore inexpliqué (on le rencontre dans les *devis* pour la construction de la chapelle de St-Étienne), s'applique probablement aussi à une crête de forme particulière. Autre point d'interrogation.

CROCHET, **Crocket**, **Crochet**, **Crotchet** (*croc*, *crosse*, bas lat. *crocus*, d'où l'anglais mod. *crook*, *crochet*, *houlette*). « Ornement terminé par des têtes de feuillages, par des bourgeons enroulés, etc. Les crochets se voient dans les frises, dans les chapiteaux, sur les rampants des gables ou pignons, dans les gorges des archivoltes entre les colonnettes réunies en faisceaux » (VIOLLET-LEDUC). On distinguait deux variétés de *crochets* : ou la feuille se retournait sur elle-même, inclinant sa courbe vers la terre, ou, au lieu de s'envelopper pour ainsi dire, elle se retournait et relevait sa pointe. Les gables et les clochetons de l'extrémité orientale de la cathédrale de Lincoln nous offrent quelques-uns des plus beaux spécimens du premier type, les plus anciens modèles du second se trouvent sur les croix de la reine Éléonore. La diversité des feuillages sculptés en crochets est vraiment surprenante. Dans quelques édifices de style relativement récent, des animaux rampants y remplacent les végétaux, par exemple à la chapelle de Henri VII, sur les pignons de la grande salle de Hampton Court, etc. « Ainsi (payé) pour 54 pieds de crochets (*crochytts*) à 2 d. le pied » (*Account of Louth Steeple*). « Avec des *crochets* aux angles » (*Piers Plowman's Crede*). — M Britton, dans sa notice sur la chapelle du collège du roi, à Cambridge (*Arch. antiq.*, vol. 1) a appliqué heureusement le terme *purfled* (litt. orné de broderies ou de festons) aux pinacles dont les arêtes sont chargées de boutons ou nœuds, de crochets, de feuillages, etc. « Chaque contre-fort porte un pinacle festonné (*purfled*), ou une petite flèche ornée de fleurs. »

CRYPTE (**Croude**). Chapelle ou église souterraine. Celle qui était pratiquée sous le vieux St-Paul, à Londres, était communément appelée « *the croude*, » corruption évidente de *Crypte*. V. l'*Itin.* de WM. DE WORCESTER, p. 201. — N. B. On trouve dans les auteurs français *crute*, *croute*, *grotte* (VIOLLET-LEDUC) ; l'étymologie κρύπτω n'a pas besoin de justification.

CYBORIUM, *ciborium*, *cibarium*, *civarium*, *cyburium*, etc. Edicule recouvrant un autel. Depuis le XV⁰ siècle, le terme *baldaquin* a prévalu Gervais (de Cantorbéry) appelle *ciborium* un compartiment de voûte; en Auvergne, selon Ducange, *cibory* se dit d'un tombeau voûté. (PARKER.) — Le vieux terme anglais **Severey** paraît venir de *cyborium*; les modernes le traduisent par *baie* (BAY), dans le sens de division, partie distincte d'un édifice (V. BAIE, TRAVÉE). Les contrats concernant les voûtes de la chapelle du Collège du Roi, à Cambridge, mesurent par tant de *severys* l'étendue des constructions à exécuter et fixent le prix à payer pour chaque *severy*; les échafaudages sont divisés ou comptés de la même manière. V. WALPOLE, *Anecdotes of painting* (avec un *appendice*); *Arch. antiq.* vol. 1; DUGDALE, *Obs. on English Architecture*. p. 181. W. de WORCESTER, dans sa description des cloîtres de la cathédrale de Norwich, cite LE CIVERT et LES CIVERYS (*Itin.* 302). V. PARKER, v⁰ *Severey*.

DAIS (Dais, **days** ou **des.**) Vieux fr. *dois*. « Plateforme ou estrade au haut bout des anciennes salles à manger, où était la table haute; siège élevé sur une haute boiserie et quelquefois surmonté d'un ciel, pavillon ou baldaquin, pour les convives qui avaient place à la table d'honneur. Ce terme, dont l'origine est incertain, a été l'objet de nombreuses discussions. (V. WARTÔN, ELLIS, RITSON, SIBBALD et d'autres commentateurs des anciens poètes). Il était encore en usage au temps de Henry VIII : on le trouve dans la ballade de Skelton intitulée : *Elinor Runnming*. Ainsi s'exprime M. WILLSON. M. DIEZ (*Wörterb. der roman Spr.*), d'après lui M. Otte et enfin M. Littré proposent une étymologie. « Le sens primitif, dit M. Littré, est table à manger, comme le prouvent les anciens exemples et cette phrase de Mathieu Paris : *Priore prandente ad magnam mensam quam* DAIS *vocamus*. Il vient donc de *discus*, table à manger. Comme la place où l'on posait le *dais* était élevée quand il s'agissait de grands personnages, *dais* a pris le sens d'estrade; enfin, l'estrade étant garnie de tentures, on en est venu au sens d'aujourd'hui. » En architecture, les modernes appellent DAIS (*canopy*) un ouvrage saillant, de pierre, de bois, de métal, etc., plus ou moins orné de sculptures, et placé au-dessus d'une statue, d'un tombeau, d'une chaire à prêcher (*abat-voix*) ou d'un autel (*CYBORIUM* ou *baldaquin*). V. VIOLLET-LEDUC et surtout SCHMIDT, v⁰ *dais*. — Les dais qui surmontent les statues de Richard II et de la reine Anne sont appelés **Hovels** ou *Tabernacles*, dans les contrats publiés par RYMER, t. VII, p. 798. N. B. GOUGH leur a improprement appliqué le nom de *Pediments* (frontons). *Sepulchr. mon.*, vol. II, p. 163. V. TABERNACLE, NICHE.

DEAMBULATORIUM. V. AMBULATORIUM. Cf. l'ordonnance (WILL) du roi Henry VII, etc.

DEGRÉS, *marches d'escalier* (**Grees**, et par corruption *gresse*, *gryse*, *grecce*, *greces*, *grsssys*, du latin *gressus*). V. L'*Itin.* de W. DE WORCESTER, p. 175, 176. L'ordonnance de Henry VI (description du Collège projeté d'Eton), dit : « Item, j'ai résolu et réglé qu'il y aurait sept degrés (*grece*) devant le maître-autel, de ceux appelés *gradus chori*. » Recueil de NICHOLS, p. 297. L'escalier grec (*Grecian stairs*), rampe de pierre par où l'on monte dans le clos de la Cathédrale de Lincoln, est ainsi nommée par suite d'une altération du terme qui vient d'être expliqué.

DÉPENSE. « Pièce du département de la bouche, où l'on serre les provisions de chaque jour et les restes des viandes » (DAVILER). Dans les comtés du Nord de l'Angleterre, on appelle **Spence** (en quelque sorte *dispensaire*, *paneterie*) l'appartement où la famille d'un fermier se tient d'habitude et prend ses repas. (V. MAISON.)

DIAPRÉ (**Diaper**, *diaper-work*, *diapering*). Se dit de tout panneau dont la surface plate est *entièrement* couverte de fleurs ou d'autres ornements semblables, soit en relief, soit en peinture ou dorure. Les cottes d'armes étaient ordinairement diaprées (*diapered*), c'est-à-dire aux couleurs de telle ou telle famille. — *Diapré* vient de DIASPRUS, en italien *diaspro*, jaspe, pierre veinée; Cf. DIEZ, *Wörterbuch der roman. Spr.*, p. 123. — Le contraire de *diapering* est *powdering*, qui se dit d'un dessin *moucheté*, dont les ornements sont *isolés* et disposés dans un ordre symétrique (OTTE, *Archæol. Wörterb.*, p. 212).

DONJON (**Dungeon** ou **Dongeon**) *dongun*, *doignon*, *dangon* (*dongier* ou *doingier*, en vieux français, veut dire *domination*, *puissance*). » Le donjon, dit M. VIOLLET-LEDUC, appartient essentiellement à la féodalité. Ce n'est pas le *castellum* romain, ce n'est pas non plus le *retrait*, la dernière défense de la citadelle des premiers temps du moyen âge. Le donjon commande les défenses du château, mais il commande aussi les dehors et est indépendant de l'enceinte de la forteresse du moyen-âge, en ce qu'il possède toujours une issue particulière sur la campagne. C'est là ce qui caractérise essentiellement le donjon, et ce qui le distingue d'une tour. Il n'y a pas de château féodal sans donjon, comme il n'y avait pas, autrefois, de ville forte sans château et comme de nos jours, il n'y a pas de place de guerre sans citadelle. Toute bonne citadelle doit commander la ville et rester cependant indépendante de ses défenses. » Selon M. WILLSON, le nom du donjon (aujourd'hui *keep*) tour principale d'un château, viendrait du vieil anglais ou saxon *dun* ou *dune*, colline, parce que la plus forte tour des anciens castels se dressait ordinairement sur une hauteur; par exemple, à Lincoln, à Tunbridge, à York, à Carisbrook, etc. — Les amateurs de conjectures étymologiques pourront consulter le *Dictionnaire français* de M. Littré; mais il est bon de les prévenir que le savant linguiste est lui-même dans l'incertitude.

DORSAL, lat. *dorsale* (**Dosel** ou **Doser**, *dosser*, *dorser*, *dorsal*). Tapisserie d'étoffe riche, ou écran en bois ornementé, s'étalant derrière un siège d'apparat. « Il y avait des *dorsaux* (*dosers*) au-dessus des dais » (Passage d'un poème du XIIIᵉ siècle, cité dans l'*Histoire de la poésie anglaise* de Warton, vol. II, p. 231).

DORTOIR, *Dortoire, dormitoire* (**Dorter**), lat. *Dormitorium*, salle commune où sont les lits, dans un monastère, etc.

DOS D'ANE (**Dos d'Ane**). « Ce mot se dit de tout corps qui a deux surfaces inclinées qui terminent à une ligne, comme un faux-comble. Lat. *Angulatus* » (DAVILER). Un toit à double rampant est en *dos d'âne*. Un grand nombre d'anciens sarcophages en marbre affectent cette forme; par exemple, celui du roi Guillaume-le-Roux, dans la cathédrale de Winchester, etc. V. l'*Histoire* de cette église par BRITTON, etc., pl. XIII.

DOSSERET (**Respond, respounder, respound**). On appelle en général *dosseret* un bout de mur en retour d'équerre sur un autre, portant un linteau de porte ou un arc; en d'autres termes, un pilastre servant de piédroit à une baie quelconque. C'est ainsi que certains archéologues français ont pu donner le nom de *dosserets* « à ces contre-forts souvent munis d'une colonne, et qu'on voit fréquemment appliqués aux murailles des églises, immédiatement au-dessous de l'endroit où naissent les arcs-boutants qui les contrebutent » (BERTY, vº *Dosseret*). Le terme anglais *respond* désigne proprement un dosseret, pilastre ou demi-pilier adossé à un mur, et *répondant* à un autre semblable, ou à un pilier ordinaire placé à l'opposite. — La nef et les bas-côtés de l'église de Fotheringhay durent avoir dix gros piliers et quatre dosserets (*respounds*). *Monasticon*, III. Le royal fondateur décrète « que le dit chœur doit avoir en largeur d'un côté à l'autre, entre les dosserets (*respondes*), 22 pieds. » — « Item, j'ai résolu et décidé que la nef de la dite église aurait en largeur, d'un côté à l'autre, entre les dosserets (*responders*), 32 pieds. » — « Item, j'ai résolu et décidé que l'aile de l'autre côté de la grande nef, aurait une largeur de 15 pieds, de dosseret (*respond*) à dosseret » *Will of Henry VI*, dans le recueil de NICHOLS, p. 295-297, où le terme *respond* est inexactement interprété par « murailles parallèles ou parois latérales correspondantes ». » V. PARKER, vº *Respond*. — Cf. **Responde**, *responsorium*. Ms. M.

DOUCINE (**Ressaunt, ressant**), CIMA RECTA, *gueule droite* (V. OGIVE). Moulure concave par le haut, convexe par le bas, servant ordinairement de *cimaise* à une corniche délicate (DAVILER). Le terme anglais *ressaunt* est employé par William de Worcester, dans l'énumération des moulures du portail N. de l'église St-Étienne à Bristol, œuvre de « *Benet le freemason* » (le francmaçon). *Itin.*, p. 220. Les glossaires n'expliquent pas ce mot; mais il ne paraît pas douteux qu'il ne se rapporte à la moulure dite OGIVE (*ogee*); on peut alors le faire dériver du vieux verbe français *ressentir*; il désigne un *retour*, en opposition avec une courbure concave (*flexure*). Le même document parle d'une douci n e double (A DOUBLE RESSAUNT), c'est-à-dire d'une ogive double, moulure commune à cette époque (1480). Dans la curieuse description que W. de Worcester a aussi donnée de la porte O. de l'église de Redcliffe, on trouve A DOUBLE RESSAUNT WITH A FYLET, et A RESSAUNT LORYMER (*Itin.*, p. 269). Ce dernier mot indique que le bord extérieur de l'ogive ou de la doucine dont il s'agit était creusé en forme de gouttière ou de *larmier* (V. ce mot).

ÉCHAUGUETTE. M. OTTE traduit par ÉCHAUGUETTE (*Wartthurm*) le vieux terme anglais **Bartizan**. L'échauguette (*eschauguette, escharyatte, escargatte, eschelgatte, esgaritte, garite*) était primitivement la *sentinelle*, ou la *garde*, le *poste*; pendant les XIVᵉ, XVᵉ et XVIᵉ siècles, on désigna sous ce nom les petites loges (*guérites*), destinées aux factionnaires, sur les tours et les courtines (VIOLLET-LEDUC). Elles furent d'abord construites en bois et non permanentes, comme les *hourds*; ensuite on les établit en maçonnerie, en forme de petits pavillons carrés ou cylindriques couronnant les angles des défenses principales (dans le voisinage des portes, au sommet des donjons, etc.) Les unes servaient uniquement à la surveillance; les autres étaient en même temps des ouvrages de flanquement. (*Id.*) M. Otte fait dériver *échauguette* de l'allemand *Schaarwacht*, d'après M. Diez (*Wörterb. der roman. Spr.*, p. 612). V. BRETÈCHE.

ÉCRAN. C'est M. Mérimée qui a naturalisé en France cette traduction du mot anglais **Screen**. L'écran est une sorte de cloison en pierre, en bois ou même en métal, généralement fort ornée et percée dans sa partie supérieure d'arcatures à jour. Les écrans servent à séparer un chœur d'une nef, une chapelle latérale d'un bas-côté, les croisillons ou extrémités d'un transsept, de la croisée ou partie centrale, etc. Il ne faut pas toutefois confondre un écran avec un *jubé*, un écran ne peut s'appeler *jubé*, que lorsqu'il est placé à l'entrée du chœur, et surmonté d'une galerie découverte (le mot anglais *screen* s'entend aussi des clôtures du chœur). V. BERTY, vº *Écran*. — On appelait aussi jadis « THE SCREENS » le passage (**Spure**, *spere*) ouvert derrière l'écran (ou cloison) qui se trouvait à l'entrée des grandes salles de repas.

ÉCUELLERIE, *escuellerie* (**Squillery** ou plus ordinairement *Scullery*). Annexe d'une cuisine; pièce où l'on dépose les marmites et les casseroles.

ÉCUSSON (**Scutcheon, Escocheon**). Ecu sculpté ou peint (V. les *Records of Beauchamp Chapel*) portant des armoiries; plaque de porte, au centre de laquelle on suspend le marteau; plaque de la serrure, plaque sculptée (cul-de-lampe) à l'intersection des nervures d'une voûte (l'*œil* de la voûte porte quelquefois le même nom; V. LANTERNE), etc. Cf. **Coin**. — Dans les états des frais de construction de la chapelle de St-Etienne, il est question de **Scutables** pour la galerie (*ahura*; V. Allée). S'agit-il d'écussons armoriés placés au front de cette galerie ? — *Table* s'emploie dans le sens de surface plane, en général. — ?? (V. ce mot).

EMBRASURE, *ébrasement* (**Embrasure**). « Elargissement qu'on fait au dedans d'une porte ou d'une croisée, depuis la feuillure jusqu'au parpaing, pour faciliter la lumière et l'ouverture des guichets. On fait quelquefois des *embrasures* en dehors quand le mur est fort épais et la baie petite. » (Daviler). — Les créneaux s'appellent aussi *embrasures*; c'est dans l'architecture militaire que ce terme est le plus ordinairement employé. — V. Créneau, meurtrière, et le *Dict.* de M. Viollet-Leduc, v° *Embrasure*.

ENCORBELLEMENT (Fenêtre en), **Bay-window, compass-window** (« a compace window. » Leland, *Itin.*), *Oriel*, fenêtre en saillie (V. les exemples cités vol. I des *Motifs*, p. 43, note). Le *Palais du plaisant aspect* de Chaucer était orné d'*oriels* (*bay-windows*) de la plus grande beauté (poème de « *L'assemblée des dames* »). N. B. L'oriel ou *bay-window* est quelquefois improprement appelé *bow-window* (fenêtre arquée ou courbe). Dans le *Dictionnaire anglo-français* de Sherwood, servant d'appendice à Cotgrave (1632), *Bay-window* est traduit *par graunde fenestre (de bois) de charpenterie*. V. Oriel.

ENTRESOL, *mezzanine* des Italiens (**Entre-sol**). Étage bas pratiqué entre deux étages de dimensions ordinaires (le plus souvent entre le rez-de-chaussée et le premier). « Étage bas pratiqué dans la hauteur d'une ordonnance d'architecture, présentant à l'extérieur l'aspect d'un seul étage. » *(Définition de M. Viollet-Leduc)* V. son *Dict.*, v° *Construction*, fig. 119 et 120¹.

ESCALIER A VIS (**Vice, Vys; Turn-pike**; *Vyce, a Turn-grece*. MS. M.). Escalier en spirale, dont les marches tournent autour d'un pilier central, appelé *noyau* (**Noel, nowel, nuel**). V. Parker. Il y avait autrefois des escaliers de ce genre dans toutes les églises, dans tous les châteaux et les grandes maisons de campagne. « Et dens le dit seign-r il y aura un escalier tournant (*vice tournyng*), pour l'usage de la nef, des ailes et du chœur, du sol jusqu'au sommet. » *(Contrat pour l'église collégiale de Fotheringhay.* Monast. vol. III).» » *Vis.* Escalier tournant. *Vis brisée.* Escalier qui change de direction chaque fois qu'il s'est élevé de quatre ou cinq marches. *Vis Sᵗ-Gilles.* Sorte d'escalier tournant, voûté sous les marches. *Vis à jour.* Autre escalier tournant, ayant un grand nombre de marches, et disposé de telle façon, qu'un homme parvenu tout en haut peut voir celui qui est encore en bas. » (Cotgrave, *French-English Dictionary*, in-fol., 1650). Dans les documents de la Chapelle de St-Etienne, on lit : « *les vus* », et « *leading per le vic.* » (Smith, *Antiq. of Westminster*, p. 186, 187), termes qui se rapportent indubitablement à des escaliers à vis.

ESTRADE (**Foot-pace**). Plancher élevé au haut bout d'une ancienne salle de repas. Le *hall* du palais de Richmond avait « une belle estrade (*foot-pace*) à son extrémité supérieure. » On disait en français : « *le haut pas*. » V. Dais.

ÉTAGE (**Stage, Story**). Série d'appartements sur un même palier ou de plain-pied (*Flat*, en Ecosse). « *In altitudine trium stagarum.* » *Itin.* de W. de Worcester, 287. On trouve dans le même auteur et ailleurs, dans des documents de la basse latinité, *Historia* et *Istoria* (*Story* est un mot saxon ; v. Claire-voie). *Etage*, du grec στέγη. — On appela **Story posts**, les poteaux ou poutres qui s'élèvent de la base jusqu'au sommet d'un étage, dans une construction en bois.

ÉTANÇON, *estançon* (*Estancher*). « Étai pour retenir ferme, à demeure, un mur ou pan de bois » (Daviler). **Stanchel** ou **Stancheon** se disait des barreaux de fer d'une fenêtre, placés perpendiculairement aux meneaux verticaux d'une fenêtre ou d'un écran à jours. V. *Ancient rites and monuments of Durham*, etc. — Cf. le lat. *Stagnare*. — **Strike** signifiait une pique, un poteau de fer (*stanchel*) dans une porte, dans une grille, dans une palissade.

ÉVENTAIL (**Fan-tracery**). On appelle ainsi, dans l'architecture anglaise du XVᵉ siècle, la disposition des nervures ornementales d'une voûte, partant toutes ensemble du point où la voûte prend naissance et divergeant également à mesure qu'elles s'élèvent, à la manière des baguettes d'un éventail. V. la pl. 53 (Frontispice) du vol. I des *Motifs*. — Cf. Réseau.

FACE, *plate-bande* (**Fesse, face, fascia**). Membre plat (bande d'architrave, etc.), sans saillie ou peu saillant.

FAUX-COMBLE (**False-roof**). Espace vide compris entre le plancher et les chevrons d'un comble en charpente ; galetas, grenier.

FAUX-POINÇON (**Queen-post**). Poteau latéral ou jambette qui vient reporter une partie de la charge des arbalétriers ou chevrons sur l'extrémité intérieure des blochets et donne de l'empattement aux grandes pièces inclinées. » (Viollet-Leduc). V. *Motifs*, vol. I, p. 57 ; Otte, v° *Poinçon*.

FENÊTRES A TOURS, *à tourelles* (**Tower-windows, tower-Lights ; Turret-windows, turret-lights**). On possède une notice très-détaillée sur les vitraux peints de la cathédrale de Durham, rédigée par le prieur John Wessington, mort en 1446, et publiée postérieurement. L'auteur décrit l'église, ses anciens autels, ses tombeaux, passe ensuite aux fenêtres, et se sert des expressions qu'on signale ici, pour désigner les petites ouvertures du réseau (V. ce mot), au sommet des baies. N. B. Les peintures de la partie supérieure des verrières représentaient souvent (en grisaille ou en jaune d'or) des dais à tourelles, s'élevant au-dessus des grandes figures aux vêtements splendides, qui occupaient les compartiments principaux : ce n'était pas le cas à Durham ; mais les termes dont il s'agit peuvent s'expliquer par cette circonstance.

FÉRÉTOIRE. v. fr. ; lat. *feretrum* (**Feretory**), reliquaire ; proprement *bière, cercueil, brancard* servant à transporter un cadavre ; mais s'appliquant aussi à un sarcophage ; par exemple : le férétoire (*feretory*) de St-Cuthbert, à Durham, etc. V. Chasse.

FERME. Assemblage de pièces de bois supportant le faîte d'un comble et lui donnant sa forme. Le cadre ou l'angle d'une ferme-maîtresse est formé par la rencontre de deux *arbalétriers* ; entre les fermes principales, parallèlement aux arbalétriers, sont disposés des *chevrons*, dont l'assemblage forme aussi un angle égal à celui du toit. *N. B.* Une couple de chevrons s'appelle en vieil anglais **Couple-close**. Les hérauts d'armes ont introduit ce terme dans le langage du blason, comme un diminutif de *chevron*. (V. ce mot).

FEUILLAGES (**Branched-work**). Branchages, feuilles sculptées, etc. V. Viollet-Leduc, V° *Flore*, et Hoffstadt p. 409 et suiv.

FILET. (V. Listel.)

FILOTIÈRE, *borne de vitre* (**Quarrel** ou **quarry**). Pièce de verre oblongue, carrée, hexagone ou plus ordinairement en losange. Les dessins qu'elles forment (dans les fenêtres), dit Félibien, suppléent à l'absence de verres coloriés (Berty, *Dict. de l'arch. du moyen-âge*. Paris 1845, in-8°. Cf. les *Annales de l'Acad. d'archéol. de Belgique*, 1865). Du latin *quadra, quadrella*. Quarrel se dit aussi des pierres ou des briques d'un pavé posées diagonalement (Parker).

FLÈCHE (**Spire, Broach**), pyramide aiguë élevée sur le sommet d'une tour ; grand pinacle. « Et nota quod *turris* et *spera sive pinnaculum* cum turri quadrata ecclesim Beatæ Mariæ de Radclyff continet in altitudine, videlicet turris... pedes, et *spera pinnaculi* integri continebat... pedes ; sic summa tocius altitudinis tam *turris* quam *speræ* continet in toto... pedes. » Le vieux terme anglais *broach, broche*, s'appliquait indifféremment aux clochers de charpenterie ou aux pyramides en pierre. Beaucoup de clochers du nord de l'Angleterre conservent encore ce nom ; par exemple, *Hesslebroach*, sur la rive septentrionale de l'Humber, etc. V. les *Antiq. architect.*, vol. I, tour du Sud. — La flèche est un des membres les plus caractéristiques de l'architecture gothique ; absolument inconnue des anciens, elle n'apparaît dans les édifices romains qu'à l'état rudimentaire. V. Schmit, *Ouv. cité*, etc.

FLEURON (**Fin:al** ou **Fynial**). Sommet, tête, amortissement ou terminaison d'un pinacle ou d'un gâble, selon l'interprétation aujourd'hui généralement adoptée ; mais dans les anciens documents, le terme anglais s'applique à un pinacle tout entier. C'est ainsi que Henry VI ordonne que la chapelle de son Collège, à Cambridge, soit « suffisamment contrebutée, et que chaque contrefort soit terminé par des *finials*. » V. son *Ordonnance*. — Les contre-forts (*botteraces*) de l'église de Fotheringhay durent également être « surmontés de *fynials*, » c'est-à-dire de hauts *pinacles*. *Monast. Angl.*, vol. III. Cf. Viollet-Leduc. V. Fleuron.

FORMERETS (**Formerets**). « Ce sont les arcs ou nervures des voûtes gothiques, qui forment les arcades ou lunettes, par deux portions de cercle qui se coupent à un point » (Daviler : cf. pl. 66 A, p. 237). Un formeret, dit M. Viollet-Leduc, est un arc recevant une voûte d'arête le long d'un mur. Cette définition peut être rapprochée de celle de Cotgrave (*The small branches of a vault in the ends or inside thereof*), qui laisse M. Willson dans l'incertitude. V. Ogive.

FRETTE, *frète* (**Fret-work, fretted**). « Demi-baguette régnant sur une moulure plate, et décrivant par des angles, tantôt droits, tantôt aigus, des espèces de créneaux contrariés, ou rectangulaires, ou coniques, d'où l'ornement prend le nom de *frète crénelée rectangulaire* ou de *frète crénelée triangulaire*. La frète rectangulaire, plus ou moins compliquée, a été empruntée à l'antiquité par l'art romain, d'où vient qu'on l'appelle aussi *grecque* » (Schmit). V. les *Antiq. archit. de la Normandie*, p. 15, *note*. M. Willson appelle *frettée* toute surface couverte de fines sculptures (*entail* ; V. Sculpture d'ornement), par exemple de petits feuillages, de fleurs, etc. W. de Worcester dit que la porte occidentale de l'église de Redcliffe, à Bristol, est « *frettée* dans sa partie supérieure », et que l'intrados de la voûte de la même église est également *frettée*. *Itin.*, p. 268. V. Chevron, Zigzag.

FUT (**Shaft**). Corps ou tronc d'une colonne, entre la base et le chapiteau. Au moyen âge, il y eut des fûts *simples* et des fûts *composés*, c'est-à-dire formés de plusieurs colonnettes groupées en un seul faisceau ou cantonnant un gros pilier. Le terme anglais *shaft* s'applique à chaque colonnette (*bottet* ; V. Tore) prise à part, et à l'ensemble du faisceau ; par extension, il se dit aussi d'une petite flèche, d'un pinacle. V. Parker, Berty, etc.

GABLE, *pignon, fronton* (**Gable, gabel**). « Le gâble est originairement la réunion, à leur sommet, de deux pièces de bois inclinées. Le gâble d'une lucarne comprend deux arbalétriers assemblés dans un bout de poinçon et venant reposer, au pied, à l'extrémité de deux semelles. » (Viollet-Leduc.) On a ensuite employé ce membre comme motif de décoration, en terminant les archivoltes par de grands triangles en partie ajourés, en chargeant d'un couronnement de ce genre les sommets des arcs-formerets, et enfin toutes les arcatures des lambris, etc. *Gable* a communément le sens de *pignon*, muraille triangulaire fermant l'extrémité d'un comble; on donne même quelquefois ce nom à toute la muraille dont le sommet est proprement le pignon (**Gavell of a howse**, *frontispicium*. Ms. M. *Gavel-end*, *Gavel-head* sont d'anciens termes encore usités dans les campagnes de l'Angleterre). Un pic situé dans la région montagneuse du Cumberland est appelé le « grand *gable* » à cause de sa ressemblance avec le pignon d'un édifice. Le mot *fronton* (*pediment*) s'applique mal aux gables du moyen-âge; il désigne proprement le pignon bas, à angle très-ouvert, qui couronne un portique de style grec ou italien. V. SCHMIT, v° *Fronton*. M. Willson cite un passage des *Visions de Piers Plowman*, poème du XIV° siècle, où la fenêtre ogivale elle-même est appelée *gable* (*Wouldest thou glase the gable and grave therein thy name*. Si tu voulais mettre des vitres à la fenêtre et y graver ton nom... *Passus tertius*). **Gable-window** se disait spécialement de la fenêtre placée à l'extrémité d'une église ou d'un autre édifice. On lit dans l'ordonnance de Henry VI (Description du Collége d'Eton) : « Item à l'extrémité Est de la dite église, il faudra pratiquer une grande fenêtre (*gable-windowe*) de sept baies, avec deux contre-forts, et de chaque côté de l'église, sept autres fenêtres. » — Item (dans la sacristie)... Les murs seront hauts de vingt pieds, avec des *fenêtres de pignon* et des fenêtres latérales, comme il paraîtra convenable.

GALERIE (**Gallery**). 1. Passage couvert, de plain-pied, faisant communiquer entre eux deux appartements d'un édifice. (V. COULOIR). 2. Passage étroit pratiqué dans l'épaisseur des murs des grandes tours et des églises (V. les *Records of Louth steeple* dans les *Arch. Antiq.*, vol. IV, p. 2, etc.) 3. Grande salle de bal; elles sont ordinairement au troisième étage des grandes maisons bâties sous le règne d'Elisabeth; il y a des *galeries* très-longues.

The galeries right wels ywrought
For dauncinge. and otherwise disports.

The Palace of pleasaunt regarde, in Chaucer's assemblie of Ladies.

« Les galeries élégamment ornées, pour la danse et pour d'autres divertissements. » — (V. LOGE, JUBÉ. Cf. VIOLLET-LEDUC, v° *Galerie* (galeries de service, promenoirs, etc.).

GALETAS (**Soler, soller,** ital. *solaio*, all. *soller*, lat. *solarium*). Etage pris dans un comble, éclairé par des lucarnes. « *Dedi... unam shoppam cum solario superædificato.* » (COWEL, *Ex veteri cartâ*. Un ancien hôtel de Cambridge portait le nom de *Solere-Hall*, *Aula solerii*. V. WARTON, *Hist. of English Poetry*, I, 432, note. Cf. PARKER, v° *Soler*.

GARGOUILLE. *gargolle*, *guivre*, *canon*, *lanceur* (**Gargle**, **gargyle**). Figure de serpent ou de monstre, dont la gueule est percée pour laisser échapper les eaux d'un toit ou celles d'une fontaine. Il y a des gargouilles de pure décoration. « La gargouille, dit M. Schmit, est une gouttière de pierre ou de métal, droite ou décrivant une courbe horizontale, qui se projette perpendiculairement à la face d'un édifice, sous la figure d'un animal fantastique ou symbolique du même nom, d'un démon, d'un homme, et même d'un ange en adoration, pour rejeter les eaux loin du pied des murailles. »

And every house covered was with lead,
And many a *gargoyle*, and many a hideous head,
With spouts through, and pipes, as they ought,
From the stone-work to the kennel rought.
Lydgates Book of Troy.

« Et toutes les maisons étaient couvertes en plomb, et beaucoup avaient un *gargouille*, une tête hideuse servant de gouttière, pour lancer l'eau loin des murailles de pierre, dans le ruisseau. »
William de Worcester mesura la tour de l'église de St-Etienne, à Bristol, *depuis la plinthe jusqu'à la gargouille, et depuis la gargouille jusqu'à l'amortissement* (V. ce mot), c'est-à-dire depuis le niveau du sol jusqu'aux gouttières, placées au pied de la balustrade, et de là jusqu'à la tête des pinacles. *Itin.*, 282. Sur les gargouilles des fontaines, V. *Hall's Cronicle*, pp. 511, 722, 735 (nouvelle édition, in-4°).

GIROUETTE (**Fane, Phane, Vane**), *wire-wire*. « Plaque de tôle ou de cuivre munie d'une douille ou de deux anneaux, et roulant sur une tige de fer placée au sommet d'un comble. Les girouettes sont destinées à indiquer d'où vient le vent. Pendant le moyen-âge, il n'était pas permis à tout le monde de placer des girouettes sur des combles des habitations. La girouette était un signe de noblesse, et sa forme n'était pas arbitraire » (VIOLLET-LEDUC). Les simples gentilshommes avaient droit d'avoir des girouettes en pointes comme des pennons ; celles des chevaliers bannerets étaient carrées comme des bannières, dit le Laboureur (*Ibid.*). Les palais et les principales églises du XIV° et XV° siècle portaient de riches pinacles ou *épis* (Cf. VIOLLET-LEDUC, v° *Épi*) garnis de girouettes ressemblant à des étendards, dorées et couvertes d'insignes héraldiques. V. WARTON, *History of English Poetry*, vol. II, 223, note.

The towres high full pleasant shall ye finde,
With *phanis* freshe, turning with everie winde.
Chaucer's Assemblee of Ladies.

« Vous admirerez les tours ornées de belles girouettes, tournant à tout vent. »

For everie jate (gate) of fine gold
A thousand *fanis*, aie turning...
Chaucer's Dreme.

« Au-dessus de chaque porte d'or fin, mille girouettes en mouvement, etc. »
V. le vol. I des *Motifs*, page 74, note 1. — *N. B. Dachfahne*, en allemand, signifie *girouette* (de *Fahne*, bannière). V. le *Dict.* des frères Grimm.

GUIMBERGE (Gablet). Petit gable, ornement ordinaire des niches, des écrans, etc. On entend par *guimberge* (en allemand *Wimberge* ou *Wimperge*), dit M. Hoffstadt, le fronton gothique flanqué de ses deux pinacles, que ce fronton soit à rampants rectilignes ou curvilignes Le fronton rectiligne appartient au style gothique plus ancien et plus sévère : par cette raison, il convient plus particulièrement à l'architecture religieuse » (p. 392). C'est dans la dernière moitié du XIVe siècle que les rampants de la guimberge commencèrent à se courber, et à s'élever par une gracieuse ondulation jusqu'au bouquet terminal. Avant cette époque, cet ornement affectait absolument la forme d'un gable de comble, son prototype. Les contrats passés par Richard II, en 1395, peu après la mort de la reine Anne, pour son propre tombeau et pour celui de la défunte, à Westminster, stipulent expressément qu'il y aura, au-dessus de la tête des deux statues, des *tabernacles* dits *hovels* (V. DAIS) avec des guimberges *(gablets)*. RYMER's *Fœdera*, t. VIII, p. 798. Dans le troisième contrat pour la construction du Collège du Roi, à Cambridge, les ornements d'architecture qui doivent décorer l'une des quatre *tours* d'angle, sont mentionnés des « *ryfaat gablets* « (V. l'appendice aux *Anecdotes of Painting*, etc., dans les œuvres d'Horace Walpole, comte d'Orford, vol. IV, p. 159). *Ryfaat*, du français *refente*, rainure, coulisse? Qu'est-ce à dire? N'y a t-il peut-être pas là tout simplement une erreur de copiste?

GUIRLANDE. On donnait en anglais le nom de **Garland** (guirlande) à un cordon ou bandeau d'ornements entourant le sommet d'une tour, etc. V. William de Worcester, *Itin.*, p. 221, etc.

HERSE (heres, herce ou hearce). « *Herse*, *harse*, *coulisse*, lourde claire-voie composée de pièces de fer ou de charpentes assemblées, s'engageant verticalement dans deux rainures et formant un obstacle sous le passage d'une porte fortifiée. La herse se relève au moyen de contre-poids et d'un treuil ; elle retombe par son propre poids. Les Romains connaissaient la herse (LIV. XXVII, 28 ; VEGET. MIL. IV, 4 ; V. le *Dict.* d'Antony Rich, vo *Cataracta*); on la voit figurer sur des vignettes de manuscrits dès les IXe et XIe siècles. Toutefois, dans les édifices militaires encore debout, nous n'en connaissons pas qui soient antérieures au XIIe siècle » (VIOLLET-LEDUC). Le nom de cet engin provient de sa ressemblance avec l'instrument à dents qui sert à rompre les mottes d'une terre labourée, etc. V. PORTE-COULISSE, CATAFALQUE.

IMAGE, IMAGERIE (Image, Imagery). Au moyen-âge, les statues s'appelaient communément *images* ; les sculpteurs étaient dits des *imagiers (ymagiers)* ; toute représentation d'animaux, d'hommes, de scènes sculptées sur la pierre ou le bois était une *imagerie*. Cf. VIOLLET-LEDUC. — Dans le *Temple de la Renommée* de Chaucer, on lit :

Habenries and pinnacles,
Imageries and tabernacles. ..

Ces trois derniers termes s'expliquent aisément ; mais **habenries**? Notons que cette orthographe est celle de l'édition de Speght ; d'autres, on a remplacé *habenries* par *barbican*. V. WARTON, *Dissertation on Spenser's Fairy Queen*, et *History of English Poetry*, vol. I, p. 392. — HABENA, en latin, veut dire bride, courroie, sangle, bande, etc. : cela ne nous avance guère, et nous ne voyons pas bien de quelle espèce d'ornements le poète a voulu parler (WILLSON). — Ne s'agirait-il pas tout simplement d'ornements sculptés, taillés, ciselés, et *habenries* ne s'expliquerait-il pas par le verbe *hew*, partic. *hewn*, tailler, couper? (A.-L.)

INSCRIPTION (Scripture). Les inscriptions, épitaphes, etc., sont appelées *scriptures* dans les anciens documents anglais. V. les *Contrats* pour la chapelle de Beauchamp, etc.

JESSÉ, Arbre de Jessé (Jesse). Représentation de la généalogie du Sauveur, à partir de Jessé, père de David. On rencontre ce sujet favori des anciens artistes sur de larges verrières, sur des pièces de tapisserie, quelquefois sur des chandeliers à plusieurs branches, de grande dimension. Nous en voyons un curieux spécimen dans les meneaux d'une des fenêtres du *chancel* de l'église de Dorchester, comté d'Oxford (V. *Arch. Antiq.*, vol. V), et aussi sur un retable de *Christ Church*, Hampshire.

JOUR (Day). Compartiment d'une fenêtre à meneaux. M. Willson estime que ce terme ne provient que d'une erreur de lecture : *day* pour *bay* (BAIE, V. ce mot). — On disait aussi, dans le même sens, *lumière* (**Light**) ; *Luces*, dans William de Worcester ; it. *pana*, *panella*, *parva fenestra*. V. son *Itin.*, pp. 235, 287, 293, etc. V. BAIE.

JUBÉ (Jubé). Galerie avec une sorte de pupitre à la façade, placée à l'entrée du chœur d'une cathédrale ou d'une autre grande église. Le nom de *jubé* vient du texte liturgique : « JUBE Domini benedicere, » dont le *lecteur* se servait pour demander la bénédiction de l'officiant avant de commencer les *leçons*. V. *Motifs*, vol. II (Description de la pl. XLII). Le jubé est quelquefois placé à l'extrémité de la nef, lorsque le chœur s'avance dans le transsept. (SCHMIT, vo *Jubé*). V. LOGE.

LAITON (Lattin, latten ou laten). Cuivre jaune. Le mot *latten* (laiton) est employé pour désigner l'ensemble des ornements en métal du tombeau de Richard de Beauchamp, comte de Warwick (V. CATAFALQUE) ; il est ordonné que la table sur laquelle repose la statue « doit être en platine de Cologne (Cullen plate), aussi épaisse que possible et de la meilleure qualité. » V. les *Arch. Antiq.*, vol. IV, *Dugdale*, etc. — Un grand candelabre ou chandelier à plusieurs branches, qui se trouvait autrefois dans le chœur de la cathédrale de Durham, est décrit comme étant « de métal de chandelier très-fin et curieux, c'est-à-dire de laiton (*latten-metal*) reluisant comme de l'or. » *Ancient Rites and monuments of Durham*. Le laiton est distingué du cuivre dans les contrats passés pour la construction du tombeau de Richard II, et dans d'autres documents. V. RYMER, vol. VII, *ut suprà.*

LAMBEL ou LABEL (Label). Terme emprunté au blason (sorte de brisure offrant quelque analogie de forme avec un *lambeau* d'étoffe, et dont les puinés chargent les armes de leur maison). Les architectes modernes appellent *lambel* la moulure extérieure qui sert de couronnement ou d'encadrement rectangulaire au sommet d'une porte ou d'une fenêtre, et dont les extrémités font retour à angle droit (*returns, crooks, knees.* V. OTTE). Cf. *Motifs*, vol. I, p. 38; pour les exemples, V. *Ibid.*, p. 36, note 3). Le mot *lambel* se prend comme synonyme de *hood-mould*, (litt. *chaperon*); mais le sens de ce dernier terme est plus large, puisqu'il s'applique également à la moulure externe d'une archivolte, et en général à la moulure d'encadrement d'une porte, d'une fenêtre, d'une ouverture quelconque, où sa fonction est, en quelque sorte, de couvrir (comme d'un *capuchon, hood*), de protéger les autres moulures. Cette moulure externe se termine quelquefois de chaque côté par un *retour*, comme le *lambel* proprement dit, ou par une tête, par un corbeau. V. le vol. I des *Motifs*, p. 38, etc. Cf. OTTE, v° *Crooks*.

LAMBRIS (Cyling, ceiling, seeling). « Le mot lambris ne s'employait, au moyen-âge, que pour désigner un revêtement uni de planches. Les charpentes des XIIIe, XIVe et XVe siècles sont souvent, à l'intérieur, garnies de lambris en forme de berceau plein cintre ou en tiers-point. Ce sont alors des *charpentes lambrissées* (comme à Rouen, dans la grande salle du palais). On garnissait aussi fréquemment de *lambris* la partie inférieure des salles ou chambres, c'est-à-dire de planches avec couvre-joints au-dessous des tapisseries. Ces lambris étaient isolés des murs et cloués sur des tasseaux scellés au plâtre dans des rainures. On évitait ainsi la fraîcheur des murs, toujours dangereuse dans les habitations. » (V.-L.) Les lambris et les charpentes lambrissées répondent au *seeling* ou *ceiling* des anciens auteurs anglais. On trouve aussi « an *upper-seeling*, pour désigner plus exactement qu'il s'agit du revêtement en bois des murs d'une salle. Dans un contrat pour la construction de Hengrave Hall, Suffolk, daté de 1538, nous trouvons que « sept chambres doivent être lambrissées *(seeled)* jusqu'à six pieds de terre, et la chapelle jusqu'à sept pieds. La grande salle sera lambrissée *(seelyd)* jusqu'à la hauteur de 15 pieds, etc. » *History of Hengrave*, par John Gage, esq. F. S. A., 1822, in-4°. — On lit dans l'*Itin. de William of Worcester*, 170 : « Spacium... sub co-opertoria de *Cylyng* cum plumbo. »

LANTERNE (Lantern). 1. Tourelle ou coupole s'élevant au-dessus du toit d'une grande salle (*hall*), d'une cuisine, etc., éclairée par des fenêtres latérales ou simplement percée de trous quand elle doit servir à laisser échapper la fumée du charbon, etc. V. LOUVRE, MITRE DE CHEMINÉE. 2. Petite tour ou tourelle toute composée de fenêtres, au sommet d'un clocher, comme à Boston. V. les *Arch. antiq.*, vol. IV et V. 3. La tour centrale (*rood tower*) d'une grande église était souvent appelée *lanterne*, parce que ses fenêtres procuraient de la lumière à la partie de l'édifice située entre les deux transepts (p. ex. à Durham, etc.) N. B. Définition de Cotgrave : « *Lanterne*, lunette (*scutcheon*, œil circulaire) ou clef d'une voûte en charpente, au point d'intersection des nervures. » Sur la *lanterne des morts* (fanul de cimetière, phare, etc.). V. le *Cours d'antiq. monum.* de M. de Caumont, t. VI. et le *Dict.* de M. VIOLLET-LEDUC.

LARMIER (drip, nosing.) Définition de M. Viollet-Leduc : Profil pris dans une hauteur d'assise, formant bandeau ou membre supérieur de la corniche et destinée à protéger les paremens, en faisant écouler loin des murs l'eau pluviale (*To drip*, dégoutter). Ce membre, dont le plafond est souvent creusé en canal, et que les ouvriers nomment *mouchette*, est aussi appelé *couronne* (lat. *Corona*) et *gouttière*. On dit *larmier* et *gouttière*, parce que l'eau de la pluie en tombe par *gouttes* ou *larmes* (DAVILER). Ital. *Lagrimario*.

LAVABO (Laver, lavatory). 1. Bassin de pierre, se vidant par un conduit ou tuyau partant d'une ouverture pratiquée dans sa partie inférieure. Tout autel avait son *lavabo*, dans les anciennes églises : l'officiant s'y lavait les mains pendant la messe. On en trouve aussi quelquefois à l'entrée des salles à manger. Dans les ruines du palais épiscopal de Lincoln, il y en a deux dans un escalier-tourelle, en face de deux chambres. Quand l'église de Fotheringhay fut reconstruite, il fut prescrit qu'on y placerait « quatre lavabos pour quatre autels » - *(lavatoris to serve for four awters).* Monast. Anglic., vol. III, p. 163. 2. Auge de pierre, de forme allongée, placée quelquefois dans la sacristie d'une cathédrale, comme à Lincoln : à York, elle est dans la crypte; à Norwich, dans les cloîtres, etc.; on y lavait les vêtements sacerdotaux, les surplis, etc. Ces *lavabos* ou plutôt *lavatoires* étaient quelquefois richement sculptés. — En France, il y avait des lavatoires près du cloître des monastères (par exemple à l'abbaye de Cluny), où l'on déposait et lavait les morts avant leur ensevelissement (VIOLLET-LEDUC, v° *Lavatoire*). 3. Fontaine dans la cour d'un cloître ou dans un emplacement analogue, comme à Durham. « Dans le préau du cloître, près de la porte de la maison des frères, il y avait un beau *tavoir (laver)* ou fontaine (*conduit*), où les moines allaient se laver les mains et le visage; c'était une rotonde couverte de plomb et tout en marbre, sauf à l'extérieur, et l'on pouvait circuler autour du lavoir. L'eau jaillissait par de nombreux tuyaux de cuivre; les becs étaient au nombre de vingt-quatre. L'édifice était éclairé par sept fenêtres en pierre, et surmonté d'une sorte de colombier, avec couverture en plomb, le tout d'un travail délicat et somptueux. » *Ancient rites and monuments of Durham.*—C'était une construction octogonale; le huitième côté était occupé par la porte. Le bassin existe encore. V. aussi *P. Plowman's Crede.*—Cf. VIOLLET-LEDUC, v° *Lavabo.* V. surtout les dessins gravés, p. 172 et 173 du vol. VI.

LISTEL ou **LISTEAU**, *filet*, *carré*, (**Fillet**, **Fylet**), ital. *listello.* Moulure étroite, carrée, servant à en couronner une ou à en accompagner une plus grande. On dit aussi en anglais *list* ou *annulet.*

LOGE (**Loft**) 1. Galerie ou tribune élevée dans un grand appartement, ou s'ouvrant à l'intérieur. On y plaçait des musiciens (*music-loft*) ou des chanteurs (*singing-loft*, etc.) Le *jubé* (V. ce mot.) ou *lectorium* portait aussi le nom de *rood-loft* parce qu'il était ordinairement surmonté d'un crucifix, la face tournée vers la nef. Depuis l'établissement de la réforme en Angleterre, on a placé des orgues sur les anciens jubés, dans un grand nombre de cathédrales. 2. En France et en Italie, le mot *loge* s'applique plus particulièrement à une « pièce ou portion de galerie dépendant d'un édifice public ou privé, élevée au-dessus du sol extérieur (ce qui ne permet pas de la confondre avec le *portique*), et s'ouvrant largement sur le dehors, sans vitrines ou fermetures au dehors (ce qui la distingue de la *bretèche*) : VIOLLET-LEDUC. On peut citer comme exemple la belle *loge* des Lanzi, à Florence. V. BRETÈCHE, GALERIE.

LOUVRE (**Lover**, **Loover** ou **Louvre**). Mitre ou couronnement (*corer*) d'un tuyau de cheminée. V. *Motifs*, vol. I, p. 67, note. Le *louvre* était proprement une espèce de tourelle dont les flancs, percés de trous, livraient passage à la fumée. Cette construction remonte à l'époque où l'on se chauffait au charbon de bois : le combustible était empilé entre les barreaux d'une grille de fer ouverte, placée au milieu de l'âtre. (Cf. VIOLLET-LEDUC, V° *Cheminée*, *Mitre*). M. Willson fait venir *louvre* du français *l'ouvert* (l'ouverture). Nous croyons plutôt qu'il faut rapprocher ce terme de *louvre-boarding*, LUFFER *boarding*, abat-vent (jalousies qu'on place dans les fenêtres d'une tour pour empêcher le vent de pénétrer à l'intérieur et pour faire descendre le son des cloches. *To loff*, signifie encore *venir au lof*; *lof*, terme de marine, est le côté que le navire présente au vent.— M. Willson pense, d'autre part, que le célèbre palais du *Louvre*, à Paris, aurait tiré son nom d'une tourelle ou lanterne du genre de celles dont il est ici question. D'autres prétendent que le nom du *Louvre* (*Lupara* dans les anciens titres) vient de ce que cet édifice est situé dans un lieu qui était propre à la chasse au loup. D'autres encore disent que le *Louvre* est l'œuvre ou l'ouvrage par excellence; d'autres, que le vieux *Louvre* prit le nom de l'hôtel d'un seigneur de *Louvres* en Parisis, qui occupait autrefois l'emplacement de ce palais, etc. Quoi qu'il en soit, le plus ancien document connu, croyons-nous, où se rencontre le nom de la tour du Louvre, date du règne de Philippe-Auguste (1204); elle devait être alors de construction récente. Quant à la véritable étymologie, M. Littré nous tirera peut-être d'embarras. V. LANTERNE, MITRE DE CHEMINÉE. — Un *Louvre* s'appelait aussi *fumerelle* (*fumerell*, *fomerell*, *fumerell*); lat. *fumarium* (PARKER).

LUCARNE (**Lucarne**, **Dormant** ou **Dormer-Window**). « Baie ouverte dans les rampants d'un comble, destinée à éclairer les galetas » (VIOLLET-LEDUC). Les lucarnes n'ont pris une grande importance qu'à partir du XIII° siècle, lorsque les charpentes des combles s'élevèrent au toit de permettre d'y pratiquer des chambres nommées plus tard *mansardes*, éclairées et aérées par des lucarnes (*Id.*) Les écrivains anglais appellent quelquefois les lucarnes *porch-windows*. Cotgrave décrit, sous le nom de *fenestre flamande*, une construction de forme curieuse : « Une fenêtre à cinq angles (ou coins) dont la partie supérieure fait saillie sur le toit d'une maison, etc., et dont la base repose sur la corniche des murs. » N. B. Un certain nombre d'édifices gothiques, en Flandre et en France, ont sur leurs toits des lucarnes de modèles tout à fait riches et remarquables. — *Fenestre dormantes*, « ou à voirre-dormant, » *fenêtre à vitrage clos*, etc. Cotgrave appelle *dormante* une fenêtre qui ne s'ouvre pas, n'ayant point de châssis à gonds. V. son dictionnaire, v° *Dormant.* Cf. CAVET, BARBACANE.

LUTRIN (**Lectern** ou **Lettern**.) Pupitre sur lequel on pose un antiphonaire, un livre liturgique. Dans le chœur des grandes églises, le lutrin était ordinairement en cuivre; on voit encore d'anciens lutrins, curieusement ouvragés, à Wells, à Norwich, etc.

MACHICOULIS (**Machecoulis**, **Maschecoulis**). « Trous carrés (ou larges rainures) pratiqués horizontalement le long du chemin de ronde d'une tour ou d'une courtine, et permettant d'en défendre le pied en laissant tomber des pierres, des pièces de bois ou des matières brûlantes. Les mâchicoulis existaient dans les *hourds* de bois que l'on élevait sur les remparts dans les premiers temps du moyen-âge et jusqu'au XIII° siècle (V. BRETÈCHE). Mais les hourds étant souvent incendiés par les assiégeants, on les remplaça, vers la fin du XIII° siècle, par des chemins de ronde de pierre bâtis en encorbellement au sommet des murs et tours, et percés de trous rapprochés, par lesquels on laissait tomber sur l'assaillant des matériaux de toute nature, de l'eau bouillante, de la poix chauffée, etc. » (VIOLLET-LEDUC). La grande tour du château de Tattershall offre un bel exemple de cette dernière disposition. Quelques-unes des tours du château de Warwick, du château de Bothwell en Écosse, etc., ont un couronnement semblable : on en citerait un assez grand nombre. Quelquefois il n'y a qu'une courte rangée de mâchicoulis immédiatement au-dessus de la grande porte d'entrée, comme au château de Carisbrook et à l'une des portes de Winchester (ces deux spécimens ont été publiés par Carter, dans son *Ancient Architecture*, etc.). Aux châteaux de Caernarvon, de Caldecot, etc., l'arcade qui forme le sommet de la porte est elle-même percée de trous; à Lumley et à Raby, les grandes tours sont flanquées à chaque angle de tourelles ou de bretèches, au bas desquelles on a ménagé des ouvertures. Ces *mâchicoulis* (macchicolations). ne servaient pas seulement à laisser tomber des projectiles, du plomb fondu, du sable brûlant ou de l'eau bouillante sur la tête des assaillants, comme on vient de le dire ; ils permettaient aussi d'observer l'approche de l'ennemi sans être soi-même découvert. Lydgate, décrivant les fortifications de Troie avec cette exagération familière aux poëtes, dit que « les murailles étaient hautes de deux cents coudées, entièrement de marbre gris, et percées de mâchicoulis *(magécotted)* pour résister aux assauts, etc. » M. Dallaway semble inférer de là que ce moyen de défense fut introduit pour la première fois en Angleterre par le roi Édouard I, d'après ce qu'il avait vu en Orient pendant les Croisades ; mais cette pratique est beaucoup plus ancienne ; elle remonte même à l'Empire romain (V. Dallaway, *Obs. on English Architecture*, in-8°, p. 92, et Knight, *On the principles of taste*, p. 160). *N.B.* Les *foramina* dont parle Végèce, IV, 4, trous percés au-dessus des portes, pour répandre de l'eau afin d'étouffer l'incendie allumé par les assiégeants, offrent quelque analogie avec les mâchicoulis.—On a proposé différentes étymologies du mot *mâchicoulis* : quelques-uns le font venir de *mactare collum*; Spelman croit qu'il est composé de *mascit* ou *maclit*, c'est-à-dire *mandibulum*, et de *coultsse*, ouverture ou issue par laquelle on laisse tomber quelque chose. *Glossarium Archæologicum*, 3e édit., p. 372.

MAÇONS. On voit par le contrat passé pour la construction de l'église de Fotheringhay, et par d'autres documents (Cf. Parker), que les ouvriers qui bâtissaient avec des pierres brutes ou seulement travaillées au marteau s'appelaient **Rough-setters** ou *rough-masons*, maçons proprement dits, tandis que les francs-maçons (**Free masons**) étaient ceux qui se servaient du maillet et du ciseau. *Dugdale's Monasticon*, III, etc.

MAISON (**House**). Les lexicographes français définissent la maison, en général : « bâtiment servant de logis, d'habitation, de demeure. » Quand M. Ampère (*Littérature et Voyages*, tome I), voulant donner une idée du *gaard* norwégien, dit que c'est un assemblage de *maisons* ne formant ensemble qu'une seule habitation, il emploie le mot *maison* à peu près dans le sens de l'anglais *house*. En Angleterre, *house* s'applique à chaque partie d'un édifice ayant un toit séparé ; ainsi le *hall*, la cuisine d'un château, d'un collège, d'une abbaye, sont des *houses* (Cf. le sens politique du mot *houses* [*of Parliament*], que nous rendons assez improprement par Chambres *du Parlement*). Dans les comtés du Nord, *house* est l'expression commune pour désigner l'appartement où la famille d'un fermier prend ses repas et se tient d'habitude. Dans les anciens temps, les familles nobles avaient coutume de se retirer pendant une saison à la campagne, et d'y vivre sans voir personne ; de là le terme *secret-house* : « Ils sont dans leur retraite » (Keeping their *secret-house*), etc. V. *Northumberland Household Book*. Cf. Chambre.

MANTEAU DE CHEMINÉE (**Mantle-tree**). Le *manteau* s'entend proprement de la partie du foyer d'une grande cheminée qui fait saillie dans la chambre (de la traverse du *chambranle* ; v. ce mot). Il est ainsi nommé, parce qu'il couvre la hotte et le tuyau de la cheminée ; les Italiens disent *nappa* (rendu par *nappe* dans la traduction française de Palladio, par de Chambray) Lat. *Camini testudo*. V. Daviler. Les manteaux de cheminée étaient quelquefois très-richement, très-curieusement sculptés.

MARISME, *Maheresme*, vieux terme normand ou français, signifiant *charpente*. De là le MAERREMIUM ou MAERENNUM qu'on trouve fréquemment dans les anciens documents latins, dans le sens de *matériaux de construction* (pierre ou bois).

MENEAU (**Mullion** ou **Munnion**; **Moynels**, *moyniels*; V. Smith, *Antiq. of Westm.*, p. 185, 207). On donne le nom de meneaux aux montants ou traverses (V. ce mot) de pierre qui divisent la surface d'une fenêtre , d'une rose, d'une ouverture quelconque, réelle ou figurée, en plusieurs compartiments, ou y tracent des dessins. Le meneau des XIIIe et XIVe siècles est une longue colonnette divisant le corps de la verrière ou la travée de l'écran, et se prolongeant au-dessus de son chapiteau pour dessiner des ogives ou des rosaces au sommet de la fenêtre, ou pour simuler des arcatures sur le tympan des pignons, sur la face d'un portail, sur les parois d'une balustrade, etc. (Schmit ; Cf. Viollet-Leduc, v° Meneau). A partir du XVe siècle, le meneau quitte, ainsi que les moulures en général, la forme arrondie pour la forme prismatique, et décrit ces lignes ondulées et capricieuses qui caractérisent le style flamboyant (*Ibid.*) ; il finit aussi par perdre sa base et son chapiteau. M. Willson rapporte les mots **Mullion** et **Munnion** au français *moulure* et au latin *munito* ; il ne trouve pas, au reste, de motif suffisant pour les distinguer l'un de l'autre.

MEURTRIÈRE (**Loop** ou **Loop-hole**). Ouverture étroite pratiquée dans une muraille, pour tirer sur l'ennemi. Le vieux terme anglais *loop* s'entendait aussi dans le sens de *créneau* (v. ce mot) ; enfin il s'appliquait en général aux petites fenêtres des cages d'escalier, des cabinets, etc. Le Dr Plott, dans son *Histoire naturelle du Staffordshire*, 1686, p. 381, décrit un if énorme formant berceau, et surmonté d'une dentelure de *crests* et de *loops* « (V. Crête), à l'imitation du crénelage d'une tour. »

MISÉRICORDE ou PATIENCE (**Miserere** ou **Misericorde**). Petite console placée sous la tablette mobile d'une stalle, sur laquelle on peut s'asseoir à demi en paraissant être debout, lorsque la dite tablette est relevée. (V. *Motifs*, vol. II, pl. XL, etc.) Autrefois, l'usage permettait aux moines ou aux prêtres fatigués, ou d'une constitution débile, de s'appuyer sur des bé-

valles; les consoles dont il s'agit leur furent ensuite accordées *per misericordiam*; de là leur nom (OTTE). « Les *miséricordes* sont souvent fort ornées, et comme elles sont rarement exposées à la vue, les artistes, surtout à partir du XIV⁰ siècle, ont souvent pris plaisir à y représenter des sujets bouffons, satiriques ou plus répréhensibles encore. » (SCHMIT.)

MITRE DE CHEMINÉE (Cover). Tourelle ou coupole au dessus d'une salle ou d'une cuisine, ouverte sur les côtés, afin de laisser échapper la fumée ou la vapeur. Dans la description du Prieuré de Brydlington (Burlington), rédigée du temps de Henry VIII, nous trouvons la mention « d'une ancienne cuisine pourvue de trois tuyaux de cheminée ou *Covers*, avec couverture en plomb. » *Archæologia*, XIX.—V. aussi LELAND, notice sur le château de Bolton. *Itin.*, VIII, fol. 66. Cf. VIOLLET-LEDUC, v° *Cheminée*, et ci-dessus l'art. LOUVRE.

MOELLONS PIQUÉS, moëllons de taille, d'appareil (**Ashler, Ashlar, Astler, Aslure**, ou encore *achelor, achiler, achlere, ascheler, asheler, estlar*), pierres de petit échantillon, présentant un parement régulièrement taillé au ciseau et employées au revêtement extérieur des murs. L'expression **Clene hewen ashler** (petits moëllons piqués) est répétée plusieurs fois dans les contrats pour la construction de l'église de Fotheringhay (*Monasticon Anglicanum*, vol. III), pour indiquer expressément qu'il ne s'agit pas de murailles en **Rough stone** (pierre brute). » Dans le Ms. du Mid-Lothian, cité plus haut, il est dit que le château de Borthwick possède une tour d'une grande élévation, toute construite en moëllons piqués (*Aslure work*), extérieurement et intérieurement. » (*Grose's Antiquities of Scotland*, 1789, vol. II. — « Les Romains ont souvent employé le moëllon piqué, mais en morceaux présentent extérieurement des surfaces carrées et non pas barlongues. Cette tradition fut suivie dans certaines provinces de France jusqu'au XII⁰ siècle. » (VIOLLET-LEDUC, v° *Moëllon*.) — Le terme **Nigged-ashler**, usité en Ecosse (notamment à Aberdeen par les tailleurs de granit dur) et dans le nord de l'Angleterre, s'applique à la maçonnerie dont les pierres sont taillées au moyen d'un marteau à pointes (*brettiire*), au lieu de l'être au ciseau.

MOULE (**Mold Mould**). Se dit proprement de tout objet creux ou vide dans lequel on verse ou renferme une matière en fusion ou une pâte humectée et molle qui, après solidification, garde l'empreinte que l'on a ainsi voulu lui donner. *Moule* s'entend aussi dans le sens plus large de prototype, modèle. On appelle *panneau* ou *moule*, dit DAVILER, un morceau de fer-blanc ou de carton, levé ou coupé sur l'épure pour tracer une pierre.

MOULURE Moulding). Signifie à la lettre ce qui est moulé, ce qui reproduit la forme d'un modèle; mais on appelle proprement *moulure* « une saillie ou un creux sur le nu d'une muraille, ou la masse d'un corps détaché, vertical ou horizontal, rectiligne ou curviligne, dont se forment les bases, les entablements, les archivoltes, les arcs doubleaux, et autres membres d'architecture. » (SCHMIT). — Les décorations purement artificielles (feuillages, animaux, etc.) ne sont pas en elles-mêmes des moulures : V. IMAGERIE, SCULPTURE, etc.

NEF. v. AILE. La grande nef est souvent appelée en anglais **Body** (*of the church*), le corps de l'église.

NERVURES (**Ribs**). Arêtes saillantes à moulures, divisant une voûte gothique en compartiments. Les nervures n'apparaissent qu'à la fin de la période romane ; à partir de là, elles se multiplient et deviennent de moins en moins simples. Les plafonds à *caissons* de la Renaissance doivent leur origine aux voûtes à nervures de l'âge précédent.

NICHE (**Tabernacle**). « Retraite peu profonde, réservée sur le nu d'un mur, d'une pile ou d'un contre-fort pour placer une statue. » (VIOLLET-LEDUC). La niche est ordinairement surmontée d'un *dais* (V. ce mot). Cf. *Motifs*, vol. II, description des pl. XXXVIII et suiv. ; HOPFSTADT, pages 400 à 409 ; SCHMIT, v° *Niche*. Les niches sont quelquefois appelées **houses** (maisons) ou **housings**, dans les vieux auteurs anglais. Il fut stipulé que le tombeau du comte de Warwick « serait orné de quatorze *images* (statues), placées debout dans des niches (*housings*) réservées autour du monument. » Il fut ordonné au *marbrier* « de pratiquer autour du dit tombeau quatorze niches (*housings*) principales, et trente-six petites niches. » *Arch. Antiq.*, ut suprà. V. TABERNACLE.

NOEUD (**Knob, Knoppa, Knot**). *Nodus* dans quelques documents latins. Bosse (V. ce mot) ou clef pendante au centre (*crower*) d'une voûte d'arête (V. ce mot). On donnait également, autrefois, le nom de *Knot* à un petit compartiment de verrière affectant la forme d'un cercle, d'un quatrefeuille, etc.

OEIL. Jour circulaire percé dans un pignon, pour aérer et éclairer les combles. L'*oculus* (œil-de-bœuf) de la basilique chrétienne primitive était une baie circulaire ébrasée à l'intérieur, et s'ouvrant dans le pignon de face, au dessous du lambris de la charpente. La *rose* (V. ce mot) n'en est que le développement. — On donne le nom d'*œils* ou de *lunettes* aux clefs largement ouvertes, circulaires, qui, dans les voûtes, servent de passage aux cloches et prennent habituellement le profil des arcs ogives (VIOLLET-LEDUC). V. LANTERNE. Le terme anglais **Œillet**, en vieux français *Eylet*, *Oylet* désigne en général une fenêtre très-étroite, une meurtrière (V. ce mot), un jour de cage d'escalier, etc. *Smith's antiq. of Westm. Records of St-Stephan's chapel*.

OGIVE. *Augive* (**Ogee, Ogyve**). « Pendant le moyen-âge et jusqu'au XVI⁰ siècle, dit M. VIOLLET-LEDUC, le mot *ogive* ou *augive*, arcs *augives*, ne s'appliquait qu'aux nervures croisées. Les autres arcs, fussent-ils aigus, s'appelaient *arcs doubleaux*, *tiercerons*, *formerets*." Les *croix d'augives* étaient tout simplement, au commencement du XIVe siècle, les arcs diagonaux d'une voûte gothique. Or, ces croix d'ogives ou arcs ogives sont le plus souvent des pleins cintres; c'est donc assez improprement qu'on donne le nom *d'ogive* à la figure formée par deux arcs de cercle se coupant suivant un angle quelconque (*Id.*). L'ogive est proprement, selon M. Willson, la *cimaise* ou *cymaise* (*cima*, *cima*, κύματιον de Vitruve), c'est-à-dire la moulure *ondulée* (sauf dans le toscan, où elle n'est qu'un quart de rond), concave par le haut, convexe par le bas, qui domine l'entablement dans les édifices de style italien. Les ouvriers anglais appellent BACK OGEE la *doucine* ou *gueule droite* (*cima recta*), qui est la cimaise proprement dite, et COMMON OGEE la *gueule renversée* (*cima reversa*). Cotgrave définit l'ogive : « Une guirlande (V. ce mot), un cerceau, une ronde-bande, en architecture. » — « Branches *ogivées*, peintes en façon d'ogives. *Branches d'augives*. » Sherwood, *Additions to Cotgrave*. — Du vieux français *auge*, *auget*, huche, baquet, objet creusé en général (WILLSON), ou plutôt de *augeo*: LASSUS, *Ann. archéol.*, t. II, p. 116. — V. les *Remarques* publiées en tête des deux vol. des *Motifs*, et D. RAMÉE, *Hist. de l'architecture*. — Le terme *ogee* est réservé par un certain nombre d'écrivains, pour désigner l'arcade en accolade (V. *Motifs*, vol. I, p. 29, et BLOXAM, ch. 2).

ORBE ne s'emploie en français, comme terme technique, qu'en parlant d'un mur qui n'a ni porte ni fenêtre : mur orbe (*orbus*), mur aveugle. L'anglais **Orb** (vraisemblablement de *orbis*) ne s'applique aujourd'hui, en architecture, qu'aux *nœuds* ou *bosses* (V. ces mots); mais les anciens auteurs désignaient ainsi une arcade, ou en général un objet curviligne. William de Worcester appelle *orbæ* les fenêtres arquées de l'église de Saint-Étienne, à Bristol. *Itin.* p. 282. Dans la notice sur la construction du clocher de Louth, il est fait mention de de « dix ORBS. » *Archæol.*, X. Arch. antiq., IV. — Dans les contrats pour le tombeau de Richard II et de sa femme, insérés dans les *Foedera* de Rymer, t. VII, p. 795, le mot *orbes* est employé pour signifier les panneaux latéraux, ornés de quatrefeuilles. M. Willson pense que les *quatrefeuilles* auront ici donné occasion à l'emploi du mot *orb*. Parmi les ornements d'une tourelle d'angle de la chapelle du Collège du Roi, à Cambridge, on trouve les « *orbys* ou *crosse quarters*. « Ces *crosse quarters* ne seraient-ils pas l'ornement quadrilobé en question ? V. *Anecdotes of Painting* (appendice); *Arch. antiq.*, vol. I, etc. — M. Otte traduit *orb* par cloison, porte ou fenêtre feinte, etc., ce qui nous ramènerait au mur aveugle et ne serait point incompatible avec le sens de *panneau*.

ORIEL (**Oryel, oriel**). V. ENCORBELLEMENT. Fenêtre saillante ou en tribune, en encorbellement (*bay-window*, *compass-window*). — Dans quelques curieux passages d'anciens écrivains, le mot *oriel* a une signification un peu différente; il paraît en général avoir signifié un *réduit*, un *cabinet*. On a beaucoup discuté sur son étymologie : on est remonté jusqu'à l'hébreu.

In her oryall there she was
Closyd well with royall glas.
Old Romance of the Squyr of Low Degre, publ. in
Ritson's *metrical Romances*, III.

« Elle était dans son oriel aux vitrages de cristal royal, etc. »
V. le *Glossaire* annexé à *Mathieu Paris*, éd. Watts; W. de Worcester, p. 89; *Capel's Interpreter*; *Skinner*; *Spelman*; *Warton's Hist. of English Poetry*, v. I, p. 175; *Fuller's Church History*, vol. II (*Addenda*), etc.

PANNEAU (**Pane, Panel**). « Toute surface lisse encadrée dans une bordure à moulures rectangulaires ou couronnée par un plein cintre, un angle ou une ogive. Le panneau est, en menuiserie, une pièce rapportée; en architecture, c'est le plus souvent une surface un peu plus enfoncée que celle qui l'environne, ou tout au moins que son encadrement. Cette surface peut rester nue ou être ornée par la peinture, par la sculpture, par la mosaïque, ou même évidée à jour, dans le plein d'un vantail de porte, dans une barrière. » (SCHMIT). Le terme anglais *pane* s'applique aux jours ou baies d'une fenêtre à meneaux, et au vitrage même qui y est encadré (nous disons un *panneau de vitrail*); à l'une des baies d'une tour, d'une flèche (Cf. les expressions françaises *pan*, *pan de comble*); à une suite de bâtiments alignés, enfin aux constructions qui forment l'un des côtés d'une cour quadrangulaire, ou à l'une des galeries d'un cloître. (V. l'ord. de Henry VI; W. de Worcester, etc.) — *Panel* se prend aussi dans plusieurs de ces acceptions, par exemple, dans le sens de baie de fenêtre; mais ce terme répond plus directement au français *panneau*, défini tout-à-l'heure. W. de Worcester l'applique à l'un des *pans* d'une tour (*Itin.* p. 282). — *Panella*, en quelque sorte *petit pan*. — **Quarter**, terme anglais, entre autres significations (*poteau*, etc. V. PARKER), à celle d'un *panneau* carré ou rectangulaire. Sur le tombeau de Richard, comte de Warwick, on dut ménager « sous chaque niche principale (V. NICHE), un beau panneau pour y placer un écusson de cuivre doré » (*Records of the Beauchamp Chapel*). V. ORBE.

PANNELÉ (**Paned**). Se dit d'une surface peinte ou d'une tenture divisée en compartiments par de larges raies de différentes couleurs; un champ couvert de broderies sculptées est aussi dit *pannelé*.

PARADIS (**Paradis**). On trouve dans quelques vieux auteurs *paradis* pour *parvis*. A Winchester, on appelle *paradise* le préau ou plate-forme qui se trouve à l'angle Nord-Est de la cathédrale. Le terme anglais recevait encore jadis une autre acception : il s'entendait de tout appartement favori; par exemple, d'un cabinet de travail. Dans le manoir de Lekingfield, comté d'York, il y avait « une petite chambre d'étude appelée *Paradis* » (*a little studying-chaumber called* Paradise.) LELAND,

Itin. I, 48. Le château de Wressil, autre propriété de la famille Percy, avait également son *paradis. Id. Ibid.*], 55. V. PARVIS.

PARAVENT (**Spere**). Ecran placé transversalement au bas d'une salle, pour en protéger l'entrée (*Spere or scun*, scrineum, ventifuga. *Prompt. Parv.* ap. PARKER). Dans le nord de l'Angleterre, on appelle encore ainsi une cloison placée à l'intérieur d'un appartement, près de la porte. « Item la dite salle aura deux couvertures, l'une au bas, où est le paravent (**Sper**) etc. » *Hist of Hengrave*, 42 — WHITAKER [*Hist. of Whalley, Lancashire*) reconnaît que le terme *spere* est encore en usage ; mais ce savant auteur se trompe quand il avance qu'on n'entend par là qu'un écran de petite dimension.

PARCLOSE V. CLOISON.

PARLOIR (**Parlor**). « C'est dans un couvent de filles, dit Daviler, une salle ou cabinet, où les personnes du dehors leur *parlent* par une espèce de fenêtre grillée. » En général, c'est un lieu destiné à la réception des étrangers. Dans quelques anciens documents anglais, il est question d'un salon de conversation : « *the speke house*, » qui n'est autre que le parloir des monastères.

PARPAIN, PARPAING, *perpins, perpeigne* (**Perpin, perpendr** ou **perpent-stone, through**), pierre qui traverse un mur dans toute son épaisseur, de manière à former parement sur les deux faces. La *boutisse* est aussi une pierre prenant toute l'épaisseur d'un mur, et alternant avec des *carreaux* pour former liaison, dans les constructions plus économiques. (Les *carreaux* sont des moëllons d'appareil ayant plus de parement que de queue dans le mur. V. MOELLONS PIQUÉS). — Dans le contrat pour l'église de Fotheringhay, le nom de *murs de parpaing* (**perpeyn-walls**) est donné, sans doute à cause de leur appareil, aux deux murs qui séparent la grande nef des bas-côtés, du côté de l'est, au-delà des dernières arcades. MONASTICON, *III.*

PARVIS (**Parvis**). Plate-forme, cour d'entrée ou portique précédant la façade ou la porte d'une grande église (par exemple, à Paris, le *parvis de Notre-Dame*) ou d'un palais. L'origine du parvis est très-ancienne et très-connue (*parvis* du temple de Salomon, *atrium* des Romains, etc.); mais l'étymologie de son nom est douteuse. V. Whitaker, *Hist. of Saint-Germain's*, vol. I, 155, etc. On a proposé *paravisus* ou *paravidus* : quelques vieux auteurs français écrivent *paradis*. (V. ce mot ; Cf. OTTE, p. 88).

PATIN (**Patand**). On appelle *patin* la pièce de bois que l'on couche de niveau sous la charpente d'un escalier, pour lui servir de base, ou encore la pièce de bois que l'on couche sur un pilotage pour y établir la plate-forme, lorsqu'on fonde un édifice dans l'eau. — Dans le *Dictionnaire* de Cotgrave, la base d'un pilier est appelée *patin* ou *patte*. Le mot *patin* a dû signifier autrefois plinthe, soubassement, en un mot la partie inférieure d'un ouvrage de charpenterie, le membre qui doit supporter toute la charge. Il est probable que l'expression *patands of timber*, employée à propos des pupitres et des sièges à fournir pour la chapelle de Beauchamp (Warwick), se rapporte aux *patins* dans le sens de *plinthes*. V. les *Arch. antiq.* IV, 2 ; *Dugdale's Warwickshire*, etc.

PEINTURE (**Picture**). Le terme *peinture* s'est appliqué, au moyen-âge, aux ouvrages de sculpture enluminés aussi bien qu'aux tableaux, fresques, décorations murales, et aux figures représentées sur les vitraux polychromes, etc. La chapelle sépulcrale de l'ancienne famille de Heneage, à Hainton, comté de Lincoln, a conservé son ancien nom de *Chapelle des peintures* (« THE PICTURE HOUSE. »), que lui avaient fait donner les effigies coloriées dont ses monuments étaient couverts. L'art d'enluminer les sculptures est la *peinture imagière*, par opposition à la *peinture plate*, qui ne distribue ses couleurs que sur des surfaces planes.

PENDENTIF (**Pendant** ou **pendent**). Terme employé par les écrivains modernes pour désigner les pierres cunéiformes ou les ornements en bois (*clefs pendantes*) suspendus au sommet des voûtes gothiques, et descendant, aux XVe et XVIe siècles, en stalactites gracieusement découpées (V. SCHMIT, v° *Clef* ; Cf. VIOLLET-LEDUC, id.). On appelle proprement *pendentif* une porte triangulaire de voûte en encorbellement ou à double courbure, qui remplit l'intervalle des arcades au-dessus desquelles s'élève un dôme circulaire ou octogône (SCHMIT). C'est dans un sens analogue que les anciens auteurs anglais entendent le mot *pendent*, quand ils veulent indiquer par là les naissances et les pénétrations des voûtes, au-dessus des piliers ou des corbeaux. C'est ainsi qu'on lit, à propos de la charpente arquée de l'église de Fotheringhay (*Monasticon*, III) : « Les piliers et les chapiteaux sur lesquels doivent reposer les arcades et les pendentifs (*pendants*).... doivent être entièrement en pierre de taille. » Cf. VIOLLET-LEDUC, v° *Pendentif*.

PERCHE, *verge*. V. CONSOLE, TORE, FUT. Cf. le *Glossaire* de Parker, v° *Shaft* (note), et la note 2 de la p. 78 du vol. I des *Motifs*.

PIÉDESTAL (**Footstall**). Dé ou socle, plinthe ou soubassement d'un pilier (V. SCHMIT). V. BÉNITIER.

PIERRE DE TAILLE (**Free-stone**). Pierre de construction, équarrie et préparée (*ashlar*; V. MOELLONS PIQUÉS) ; pierre d'une dimension et d'une qualité qui la rendent propre à être employée dans la maçonnerie. — VITRUVE : *Lapis quadratus.*

PIERRE DE TOUCHE (**Rouch-stone**). Marbre basaltique de couleur sombre, dont on faisait autrefois un grand usage pour les pierres tombales. V. *Weever's*

Funeral monuments, etc. (Ital. *pietra di paragone*; lat. *index* : VITRUVE).

PIERRE TOMBALE, *pierre sépulcrale, pierre tumulaire* (**Ledger, ligger**). Pierre plate, rectangulaire, recouvrant une tombe. V. POUTRE, SEUIL.

PILIER **Pillar**). Le pilier, dit excellemment M. Viollet-Leduc, appartient à l'architecture du moyen-âge. « Les Grecs et les Romains n'élevaient pas, à proprement parler, de piliers, car ce nom ne peut être donné à la colonne, non plus qu'à ces masses épaisses et compactes de blocages qui, dans les grands édifices romains, supportent et contre-butent les voûtes. » Les piliers, d'abord de force médiocre, prirent des formes et des dimensions nouvelles, lorsque les vaisseaux des églises furent couverts de voûtes au lieu d'être simplement surmontés de charpentes. Il fallut augmenter le diamètre des piliers, puis grouper plusieurs colonnes, puis cantoner de colonnes engagées les piliers à section carrée; enfin, vers le milieu du XIIe siècle, le pilier ne fut plus que le dérivé de la voûte ou de la pression agissant sur lui, ce qui constitue un système de structure entièrement nouveau. *Id.*. Les anciens écrivains donnent également le nom de *pillers*, dans les descriptions des églises et des autres édifices, aux supports isolés formés de groupes de colonnettes, comme à Salisbury, à St-Georges de Windsor, etc., ou constituant de simples massifs de pierre, comme à Durham et à St-Alban's. Les modernes se sont montrés moins exacts, en appliquant le terme *colonne* à l'architecture du moyen-âge. V. COLONNE. On appelait aussi *pillers, pillers butants*, les contre-forts (V. ce mot); le terme *pillar* est encore employé en ce sens par les maçons du nord de l'Angleterre.

PINACLE (**Pinnacle**); lat. *pinnaculum* (**pynnakyll**, *pinna, pinnaculum*. Ms. M.), de *pinna*, créneau (V. Antony Rich). Le pinacle est le couronnement (*finotson*, XIVe siècle) d'un contre-fort, d'un point d'appui vertical, plus ou moins orné et se terminant en cône ou en pyramide (VIOLLET-LEDUC, v° *Pinacle*). Une *flèche* n'est elle-même qu'un grand pinacle. On lit dans W. de Worcester, p. 241 : « *Pinnaculum sive spera.* » V. FLÈCHE. La description du palais de Richmond (1649) représente cet édifice comme « orné de divers pinacles couverts en plomb » : il s'agit des coupoles qui s'élevaient au-dessus des tourelles. V. les *Vetusta monumenta*, vol. II, et les planches annexées à la dite *Description*.

PLATE-FORMES *de comble* (**Wall-plates**). « Pièces de bois plates assemblées par des entretoises ; en sorte qu'elles forment deux cours ou rangs, dont celui de devant reçoit les pans entaillés par embrèvement, les chevrons d'un comble, et qui portent sur l'épaisseur des murs. Quand ces plate-formes sont étroites, comme sur de médiocres murs, on les nomme *sablières* » (DAVILER). Cf. OTTE, fig. 121, n° 6. William de Worcester, décrivant la *Divinity school*, à Oxford, précisément au temps de l'achèvement de cette belle construction, en donne les dimensions : « *in altitudine à fundo usque ad superiorem* Walplate *de free-stone* (pierre de taille) 80 *pedes.* » *Itin.* p. 282. N. B. C'est là une grande exagération, même si l'auteur a tenu compte de la profondeur des fondations. N'y a-t-il pas là quelqu'erreur de la part des éditeurs ?

PLATRE. Les *Records of St-Stephen's Chapel* appellent **prynt** ou **print** (litt. empreinte, impression) un ornement d'architecture moulé en plâtre. Cette splendide chapelle de St-Etienne possède plusieurs riches *corbeaux* (V. ce mot) ainsi obtenus par voie de coulage.

PLEUREURS (*statuettes de*), **Weepers**. On donne ce nom à de petites statues d'enfants ou d'amis placées sur les côtés d'un tombeau, autour de la figure principale. Il fut stipulé que le tombeau de Richard, comte de Warwick, aurait « XIV images (V. ce mot) sculptées (*embossed*) de *lords* et de *ladyes* en divers costumes, dites de pleureurs (*weepers*), debout dans des niches (*housings*; V. NICHE). » *Dugdale's Warwick* ; *Arch. antiq.*, IV. Les *pleureurs* avaient généralement à côté d'eux leurs armoiries, ce qui servait à faire reconnaître chacun d'eux. Cette coutume prit naissance au XIVe siècle et certains tombeaux prouvent qu'elle subsista jusqu'au règne de Charles I. — Sur les tombeaux de *Burghersh*, à Lincoln, Edouard III et les princes ses fils figurent comme *pleureurs*, chacun avec ses armoiries au-dessus de son image. V. GOUGH, *Sep. monuments*, et WEEVER, *Funeral monuments*.

PLINTHE (**Earth-table**). La première assise visible d'un édifice, au niveau du sol (W. de Worcester, *Itin.*, p. 282, etc.). V. AMORTISSEMENT. On dit aussi quelquefois *ground table*, socle. N. B. Selon M. Otte, *groundtable stones* désigne l'assise de pierre qui s'élève immédiatement au dessus de la plinthe. — Plinthe vient du grec πλίνθος, brique, de l'usage où l'on était de placer des briques ou des carreaux de terre cuite sous les moulures des bases de colonnes.

POINÇON (**King-post**). « Pièce de charpente verticale qui reçoit les extrémités supérieures des arbalétriers d'une ferme ou des arêtiers d'un pavillon et d'une flèche. » (VIOLLET-LEDUC). V. le vol. I des *Motifs*, p. 57.

POINTE (**Cusp**, du latin *cuspis*, pointe de lance, de javeline, etc.). Terme moderne employé pour désigner les segments de cercle ou *saillants* qu'on trace dans les compartiments pour former des trèfles, des quatrefeuilles, etc., ou qui se détachent à l'intérieur des ogives, au sommet des portes ou des fenêtres, etc. Les Allemands disent *nez* (NASE), par une analogie facile à saisir : quelques écrivains français ont adopté ce dernier terme. — William de Worcester, décrivant l'église de Redcliffe, à Bristol, *Itin.*, p. 268, dit que « la porte occidentale est ornée (*fretted*) à sa partie supérieure de grandes et de petites subdivisions (*gentese*) et remplie de ciselures délicates (*entayle*), avec une double moulure d'un magnifique travail. » Bien que le terme **Gentese** ne se rencontre nulle part ailleurs que dans ce passage, on ne saurait douter que l'auteur n'y ait attaché un sens très-précis, quand on voit avec quel soin minutieux il détaille les ornements de cette porte, ceux de l'église St-Etienne, etc., soin qui n'a été égalé par aucun autre écrivain d'une date si reculée. D'autre part, il s'agit d'une œuvre de *Benet le Franc-Maçon* (V. p. 220); or, il est assez naturel de conclure que le terme en question, aussi bien que d'autres, faisait partie du vocabulaire technique des francs-maçons constructeurs des édifices décrits par notre auteur. La *gentese* répond aux membres d'architecture que les modernes ont appelé *pointes* (CUSPS) ou *nez*. En vieux français, on appelait *gente* (nous appelons encore *jante*) une pièce de bois courbée faisant partie du cercle d'une roue: (ce cercle ou bord extérieur est formé par l'assemblage des jantes¹. Il n'y a, ce semble, qu'un pas de là aux *pointes* ou à la *gentese* de l'architecture gothique.

POITRAIL (**Brest-summer, Bressumer, Summer-tree**), poutre ou forte pièce de bois équarrie, posée sur des montants ou piédroits, et destinée à porter un mur de face (terme équivalent au latin *trabs*, de Vitruve¹.

POMME (**Pomel**). Boule, balle, ornement plus ou moins sphérique couronnant un pinacle, une tour, etc.—*Pommeau*, en général.—Les anciens documents concernant la cathédrale de Lincoln donnent le nom de *pomel* (POMELLUM) à la grosse boule de cuivre qui surmonte une flèche (en charpente) de cette église.

PORTE-COULISSE (**Portcullis**). Lourde pièce d'assemblage de bois et de fer, glissant dans des rainures creusées en *coulisses* dans les jambages d'une porte, pour ouvrir ou fermer l'entrée d'une ville, d'un château-fort, etc. Synonyme de *herse* (V. ce mot). « En termes de blason, dit M. Littré, un château *coulissé* est celui dont la porte est garnie d'une herse. » Cet ouvrage de défense porte encore le nom de *sarrasin*, ce qui fait croire que les Occidentaux en apprirent l'usage pendant les croisades.— N. B. Le Dr Johnson, le grand lexicographe, a été particulièrement malheureux dans ses recherches sur l'étymologie de *portcullis*; il essaie de le faire venir du latin *porta clausa*. Le vieux mot français, qui s'explique de lui-même, résout tout naturellement la question.

PORTRAIT (**Portraiture**). Image peinte ou sculptée à la ressemblance de quelqu'un. Le vieux mot *portraiture* s'employait aussi pour désigner le modèle que l'artiste avait à imiter. Le tombeau du comte de Warwick dut être exécuté « conformément à une *pourtraicture* » (*Dugdale's Warwickshire*). S'agit-il dans ce passage d'un dessin ou d'un essai modelé?

POTEAU (**Post**). Poutre, pièce de bois posée verticalement dans une charpente. V. POINÇON, FAUX-POINÇON.

POUPPE *poupée*. (**Poop**, *poppie, poppy, poppy-head*), ital. *poppa*, du lat. *puppis* (poupe de navire), est un ancien terme désignant l'ornement terminal des cloisons qui séparent l'une de l'autre les stalles d'un chœur; on y figurait des têtes d'hommes ou d'animaux, des touffes de feuillage, etc. (OTTE). « Pour mémoire, il a été convenu avec *Cowel Clerke*, pour la confection des pupitres à la bibliothèque (de Christ Church, à Oxford), qu'il serait payé la somme de XVI... pour les faire exécuter dans la manière et dans la forme de ceux du Collège de la Madeleine, sauf les têtes ou pouppes (POPE heeds) à placer sur les côtés. » Ainsi s'exprime un contrat publié par Hearne, d'après « *The antiq. of Glastonbury.* » Il s'agit des extrémités élevées des sièges, qu'on ornait de *poupes*, comme on ornait de *pommes*, de *fleurons*, et de *crêtes* (V. ces mots), dans les églises, le haut des stalles du chœur. » Cf. PARKER, V° *Poupée*.

POUTRE (**Dormant-tree**). Solive, sommier, grosse pièce de bois servant de support à un plancher, etc., et dont les extrémités reposent sur les deux murs latéraux d'une salle. La *poutre* et la *poutrelle* ne se distinguent l'une de l'autre que par le volume; celle dont l'équarrissage est au moins de 31 centimètres prend le nom de *poutre* (SCAMIT). On trouve le terme anglais *ledger* ou *ligger* employé dans le sens de poutre (V. *Records of Louth steeple*, dans les *Arch. antiq.*, vol. IV. Cf. PIERRE TOMBALE, SEUIL).

PRESBYTERIUM (**Presbytery**), du grec πρεσβυτέριον, assemblée de prêtres. V. ABSIDE. Quelquefois on réservait le nom de *presbyterium* pour le chœur proprement dit; mais le plus souvent on désignait par là toute la partie orientale des cathédrales ou des grandes églises, c'est-à-dire non seulement le chœur, mais son pourtour et les chapelles qui y étaient pratiquées A proprement parler, le *presbyterium* ne comprenait cependant que les parties de l'église exclusivement à l'usage du clergé. Notre mot *presbytère* a un tout autre sens: à la campagne, il se dit de la demeure du curé; du temps de Daviler, on appelait ainsi, à Paris, « une maison près d'une église paroissiale, où logent et mangent en communauté les prêtres habitués qui la desservent. »

QUADRANGLE (**Quadrant**). Cour rectangulaire enfermée dans des bâtiments; préau d'un cloître. V. l'ordonnance de Henri VI et d'autres anciens documents. (Cf. Parker, *Glossary of archit.* Oxford, 1850, in-8°, v° *Quadrangle*). — V. YARD.

QUATREFEUILLE, QUINTEFEUILLE (**Quatrefoil, Cinquefoil**). Ornements d'architecture composés de quatre, de cinq contre-lobes et offrant l'aspect de trèfles ou de fleurs à quatre ou cinq feuilles, d'où leur nom. Ces termes sont modernes. Dans les vieux documents, les *quatrefeuilles* sont appelés *quarters* ou *katurs*. V. PARKER. C. ORBE.

REINS DE VOUTE V. SPANDRIL.

RÉSEAU, *broderie*, *tracé*, *tracerie* (**Tracery**). Les modernes ont donné ces noms aux dessins formés par les courbures variées (*tracing*), et l'entrecroisement des meneaux, dans la partie supérieure d'une fenêtre; ils les appliquent aussi aux ornements compliqués d'une voûte, d'un écran, etc.; enfin TRACERIE (*tracery*) est quelquefois synonyme d'ouvrage *fretté* (fret-work); V. FRETTE. « La *tracerie* (ou le *réseau*) en pierre de la fenêtre occidentale, aussi bien que le vitrail (*glasing*), est un don de sa très-sacrée Majesté présentement régnante; c'est un curieux morceau d'art, et qui commande l'attention. » (Dr PLOTT, à propos de la cathédrale de Lichfield. *Natural History of Staffordshire,* 1686, p. 361). Dans les documents concernant la construction de la chapelle de St-Étienne, les mots *trasura* et *intrasura* reviennent plusieurs fois, mais avec la signification de modèle ou de *dessin* à copier par les ouvriers. V. *Smith's Westminster*, p. 112. COTGRAVE: « *Trasser* ou *tracer*, dessiner (*to draw* or *trace*). » Sir Christophre Wren paraît s'être servi le premier du mot *tracery*, qui pourrait bien n'être, malgré l'analogie signalée avec le verbe *tracer*, qu'une corruption de l'*opus* INTERRASILIS ou *opus trifoliatum* des artistes du moyen-âge, expression surtout en usage dans l'orfèvrerie, etc., pour désigner des plaques de métal travaillées à jour (PARKER, v° *Tracery*).

RESSAUT (**Ressault**). 1. Avant-corps (s'applique plutôt aux parties de moindre importance, comme aux pilastres). 2. Brisement des lignes verticales qui deviennent un moment obliques ou horizontales, pour reprendre ensuite leur ascension perpendiculaire. *Ressaut* est alors synonyme de *redent*; mais il y a cette différence que le ressaut est toujours en saillie sur un nu, tandis qu'un redent horizontal n'est qu'une sorte d'entaille, de feuillure, au moyen de laquelle une partie est en retrait sur une autre (BERTY). — Etym. *Resaillir*, saillir de nouveau.

RETABLE (**Retable, reredos, lardose**). « Le retable étant un dossier posé sur une table d'autel et formant ainsi, devant le célébrant, une sorte d'écran, les retables ne furent donc placés sur les autels principaux qu'à dater de l'époque où les chœurs et les sièges épiscopaux s'établirent en avant, et non plus autour de l'abside, et même alors, dans les cathédrales du moins, le retable ne fut guère admis pour les maîtres-autels. » (VIOLLET-LEDUC). Quatremère de Quincy verse dans une erreur manifeste, quand il définit le retable « la décoration d'un *autel-adossé* : les autels n'étaient pas et ne devaient pas être adossés. Les retables étaient souvent mobiles, en orfèvrerie ou en bois, quelquefois recouverts d'étoffes (V. le *Dict. du Mobilier*, de M. VIOLLET-LEDUC). — Le terme anglais *reredos* (en fr. *arrière-dos*) ne signifie pas seulement un dossier d'autel, *attar-piece*; il s'entend aussi d'un *écran* (V. ce mot) et du contre-cœur d'une cheminée. Enfin, M. Otte l'applique à l'âtre de ces grandes cheminées qu'on voyait au milieu des anciennes salles, surmontées d'un *louvre* (V. ce mot), et dont on trouve encore de beaux exemples dans la salle commune (*common hall*) de l'hôpital de la Ste-Croix, près de Winchester, et à Pinshurst, comté de Kent. — V. W. de Worcester, *Itin.*, p. 242, 292, 294. L'ordonnance de Henry VI mentionne « le retable (*reredosse*) du maître-autel » de la chapelle d'Eton, et plus loin, « un retable (*reredos*) portant un Christ en croix et placé entre le chœur et la nef. » Par la description de l'Angleterre, placée à la tête des chroniques de Holingshed, nous apprenons qu'autrefois, avant que l'usage des cheminées se fût répandu dans les maisons ordinaires, « chacun faisait son feu contre un *reredosse*, dans la salle à manger. » Sur l'introduction des cheminées en Angleterre, V. Whitaker, *Hist. of Manchester*. Le foyer dressé contre un *dossier*, retable ou *reredos*, de la façon rapportée par Holinghed, était encore à la mode, il n'y a pas si longtemps, dans les highlands d'Écosse. — Dans la chapelle de Beauchamp, des retables en bois (*reredosses of timber*) furent commandés aux charpentiers, pour être placés derrière les sièges. — *Lardose*, *laerdose*, paraît venir de la même source que *reredos*. On donnait ce nom au magnifique écran qui formait le dossier du maître-autel de la cathédrale de Durham, appelé aussi la pierre française (*the French pierre*), parce que John, lord Nevele, l'avait effectivement fait construire (1380) avec des matériaux venus de France. *Rites and Monuments of Durham*, in 12. — Que veut dire *soursadel-reredos*, dans le devis de la construction de la chapelle royale de St-Étienne (devenue la Chambre des communes)? V. SMITH, *Antiq. of Westminster*, 1807, in-4°.

ROND (**Round**). Ce mot s'applique à une tour, à une tourelle, à tout édifice, dont le plan est circulaire ou même régulièrement polygonal; l'appartement ou le cabinet qui se trouve à l'intérieur reçoit la même épithète.

ROSE (**Rose-window**). Fenêtre circulaire d'un grand diamètre, divisée en compartiments par des meneaux. Les roses dont les meneaux droits rayonnent du centre à la circonférence, rappelant ainsi la forme de roues, sont quelquefois appelées *Roues de Ste-Catherine*. (V. le v. II des *Motifs*, descr. de la pl. XXVII): par exemple, celle d'York, celles de l'abbaye de Westminster, etc.; on leur donne encore, en Angleterre, le nom de *Marygold-windows*, à cause de leur ressemblance avec le *souci*, MARYGOLD, fleur consacrée à la Vierge Marie. Beaucoup de cathédrales de France ont une rose à l'extrémité occidentale de la nef, ce qui est sans exemple en Angleterre; mais les *fenêtres de pignon* (*gable-windows*; V. GABLE) d'un grand nombre d'églises de cette dernière contrée, peuvent hardiment soutenir la comparaison avec les plus belles *roses*. — La rose n'est très-probablement que le développement de l'*oculus* de l'ancienne basilique chrétienne (V. ŒIL.¹. Jusqu'au milieu du XIIe siècle, elle n'a qu'une faible ouverture, et est dépourvue de châssis de pierre ; à partir de là, elle s'élargit progressivement, jusqu'à embrasser toute la largeur de la nef. Au XIVe siècle, les meneaux ne sont plus toujours convergents ; au XVe, les lignes ondulées se mêlent aux lignes droites, et bientôt, dans le style flamboyant, celles-ci finissent par disparaître tout-à-fait. — L'école normande, comme l'école anglaise, se montre très-avare de *roses* ; cependant celles de la cathédrale de Rouen et de l'église de St-Ouen (même ville), peuvent être citées parmi les plus remarquables. (V. les *Antiq. archit. de la Normandie*, pl. XLII, etc.). V. VIOLLET-LEDUC, V° *Rose*.

SARCOPHAGE (Trough). *Trough* est un vieux terme désignant un cercueil creusé dans un bloc de pierre ou de bois ; on le trouve quelquefois employé, par corruption, au lieu de **Through** (pron. *Thruff*), couvercle d'un cercueil de pierre, pierre tombale (usité dans le Nord) : le *Centry-yarth* de Durham contient beaucoup de belles pierres sépulchrales, *fair through-stones*, formant les tombes des prieurs et des gentilshommes qu'on y a inhumés. (*Antiq. of Durham*, in-12). L'aile occidentale de la cathédrale de Chester est appelée « *the trough aile*, » dans un ancien plan dressé peu de temps après la suppression de l'abbaye (*Lyson's Magna Brit.*). V. PARKER, v° *Trough*. Cf. PARPAING.

SCULPTURE D'ORNEMENT (Entail, cf. le fr. *entailler* et l'ital. *intaglio*). Les anciens artistes anglais se servaient beaucoup du mot *entail* pour désigner les ornements sculptés d'une exécution fine et délicate. V. l'ordonnance de Henri VI, *Records of the Beauchamp Chapel*, *Warwick*, etc.; *Arch. antiq.*, vol. IV; *Itin.* W. Worcester, etc. Dans le contrat passé pour les fournitures du *marbrier*, destinées au tombeau de Richard, comte de Warwick, il est stipulé que les parties unies du monument seront payées d'un prix convenu d'après leurs dimensions; mais que les exécuteurs testamentaires du défunt auront plein pouvoir de déterminer la somme à consacrer aux sculptures (*entailing*). De là, deux faits nous sont acquis : 1° Le mot *entail* désignait les ornements sculptés les plus fins; 2° Les artistes de cette époque avaient coutume de fixer le prix de ces ouvrages exceptionnels d'après le temps employé pour les achever, et ce, en raison du degré de délicatesse qu'ils mettaient dans leur travail, d'après la volonté de ceux qui leur faisaient des commandes. L'existence de cette pratique est démontrée par plusieurs exemples anciens; c'est ainsi que, dans le monument de l'évêque Plemyng, à Lincoln, on observe que les vêtements de la statue sont finement *entaillés* du côté de l'entrée de la chapelle, tandis que, de l'autre côté, ils sont restés sans broderies. Nos artistes modernes pourront mettre cet avis à profit.

SEUIL (Sill, Gill; Sole, Soyle, Sule; Dearn, Dern). « Pierre ou pièce de bois qu'on met au bas d'une baie de porte, entre ses montants ou piédroits, et qui n'excède pas son embrasure. » (SCHMIT). *Dearn* ou *dern* est surtout usité dans les comtés du Nord de l'Angleterre; on en a tiré le verbe *to dern*, celer, renfermer. *Sole* s'entend en général du sol (lat. *solum*), du niveau inférieur d'une construction ; il désigne aussi, de même que *sill*, l'appui d'une fenêtre, souvent moins épais que le restant de la muraille (dans l'architecture domestique) de manière à permettre de placer des sièges dans l'ébrasement. La partie du mur située au-dessous d'une fenêtre ainsi disposée reçoit en français le nom d'*allége*. — *Ground-sill* est proprement le seuil d'une porte (*hypothyrum*, *limen*). — V. PARKER, v° *Sill*. On disait aussi quelquefois *ledger* ou *lidger*. V. PIERRE TOMBALE.

SOUSE (Souse). Ce terme se rencontre dans les contrats passés pour les travaux à exécuter à Westminster-Hall (*For reforming W. H.*), en 1395. Il paraît se rapporter aux *corbeaux* (V. ce mot) qui supportent les arcs en charpente du comble. V. *Motifs*, vol. I, pl. XXXII, XXXV. (M. Parker se rallie à cette interprétation). Ce mot doit venir de la préposition française *sous* (à la base de). La citation suivante, reproduite en langage du temps, mettra le lecteur à même de se former une opinion :

1. « Et ent ont aussi les ditz masons empris, de faire vingt et sys *souses* en la dite sale de pere de mare (pierre de marbre) ; ou pierre travaillée, de *marre*, noyau, pierre de taille?)

2. Et depesseront le mure, pur les ditz *souses* y mettre à leur coustages demenes (à leurs propres frais).

3. Et les ditz *souses* bien et convenablement, chascun en son lieu mettront.

4. Et ferront cheascun *souse* d'entaille (sculpté ; V. SCULPTURE) selone le purport d'une patron a eux monstrée par le tresorer.

5. Empleront chescun spaundre (V. SPANDRIL). evesque pere de Reigate sciez. de chesun *souse* aval, tanque a l'arche paramont.

6. Preignant pur cheascun *souse* issint faite, par survene des ditz meistre Henry et Watkin, son wardein, vingt souldz. » *Rymer's Fœdera*, VII, 794.

N. B. Cotgrave définit *Souse* : un soutien, un tréteau en bois. Dans les documents concernant la chapelle de St-Étienne, on trouve plusieurs fois le mot **Source**, encore inexpliqué ; il y a lieu de le regarder comme l'équivalent de *Souse*.

SPANDRIL, Spaundre, Splandrel. Ce terme anglais, aussi employé dans de vieux documents rédigés en langue française (V. SOUSE), n'est jamais tombé en désuétude, et pourtant sa signification précise est encore mal déterminée. Rees (*Cyclopædia*) le définit : « l'espace compris entre la moulure extérieure d'une arcade, l'imposte et le membre horizontal qui sert de couronnement. » C'est à ces triangles que les architectes français donnent le nom de *reins de voûte* ; le *spandril* est proprement le parement des reins d'un arc, ou, comme disent les architectes modernes, le *tympan de l'arc* (V. BERTY, v° *Reins de voûte*. Cf. le vol. II des *Motifs*, descr. de la pl. XIV, *note*). — Du latin *expando*, étendre; peut-être de *spondylus*, jointure, vertèbre, en français *spondyle* (deuxième vertèbre du cou), les *spandrils* formant le dos, les reins d'une arcade. — V. PARKER, v° *Haunch*.

STALLE, *forme* (**Stall**). Sorte de fauteuil en bois pour un clerc, dans le chœur ou le chancel d'une église. Quand il y avait deux rangs de stalles dans un chœur, on les distinguait en *primo* et *secunda forma*. Les stalles étaient séparées les unes des autres par des cloisons. V. CLOISON, PARCLOSE. Cf. BERTY, v° *Stalle*.

TABERNACLE, *tabernaculum* (PS. 42,3), **Tabernacle**. 1. Stalle ou niche surmontée d'un dais, pour une statue (V. DAIS, NICHE). 2. Dais élevé ou baldaquin, au-dessus d'un tombeau. 3. Châsse ou reliquaire, coffret. — N. B. Les auteurs français n'emploient guère le mot *tabernacle*, que pour désigner la tente ou pavillon des Hébreux (« Retourne, Israël, dans les *tabernacles*. » ACAD.), ou, par excellence, la tente où reposa l'arche d'alliance, pendant le séjour au désert; et en parlant du culte catholique, que pour signifier le petit coffret placé sur la table de l'autel, et contenant le Saint-Ciboire. — Comme exemples des autres acceptions admises par les anciens écrivains anglais, M. Willson cite les vers de Chaucer insérés ci-dessus à l'article IMAGE; « *Tombes upon tabernacles* » (des *timbres* [V. ce mot] des tabernacles); un passage du *Credo* de P. Plowmann; « TABERNACULA *cum reliquiis* » (*Inventaire de l'argenterie et des joyaux conservés dans la cathédrale de Lincoln*, 1530. *Monast. Anglic.* III, 273); enfin un extrait du même *Monasticon*, où on lit : « *Imprimis*. Un *tabernacle* d'ivoire, avec deux platines, charnières (*gemmels*) et ferrure d'argent, contenant le couronnement de Notre-Dame. »

TABLE (**Table**). Surface plate, membre plat d'architecture; planche. *Table feuillée*, renfoncée dans le mur; *table en saillie*, le contraire de la précédente; *table d'autel*, surface supérieure de l'autel; *table de dessus d'autel*, retable (V. ce mot); *table de dessous d'autel*, ANTIPENDIUM, devant d'autel, etc. V. PLINTHE (*Earth-table*, *ground-table*), BANC *Bench-table*). On appelle *water-table* une projecture horizontale en biseau, destinée à faciliter l'écoulement des eaux de pluie et à les éloigner de la façade; *corbel-table*, une corniche ou un parapet reposant sur les corbeaux (V. ce mot), etc., etc.

TAILLER (**Char** ou **Chare**). « Se dit en architecture de l'opération consistant à dresser, équarrir et parementer une pierre, une pièce de bois, à y découper des moulures, ou à lui donner la figure et la forme nécessaires pour entrer dans la construction d'une muraille, d'une colonne, d'une balustrade, d'une charpente. *Tailler* se prend aussi pour sculpter. On dit : *tailler* des ornements, *tailler* une figure dans la pierre, ou dans le marbre » (SCHMIT). — L'ordonnance de Henry VI stipule que la chapelle du nouveau collège fondée par ce prince, doit être « *vaulted and chare-roffed*, » c'est-à-dire :

voûtée et...? Que signifie *chare-roffed*? Nichols (*Royal and Noble Wills*, in-4°, p. 302), laisse ce dernier terme sans explication. M. Dallaway avance assez étrangement que *chare-roffed* doit s'entendre de l'espace vide laissé entre la voûte et la toiture de l'édifice. » *Observations sur l'architecture anglaise*, p. 174. La vérité est tout simplement que la voûte dont il s'agit devait être construite *tout entière* en pierres taillées, tandis que, dans beaucoup de cas, on se contentait d'employer ces pierres pour les nervures, les intervalles étant comblés au moyen de pierres brutes, recouvertes d'un enduit de plâtre. V. les *Antiq. Architect.*, vol. I.

TIRANT (**Collar**, **Wind-beam**). Poutre horizontale, placée transversalement entre les pannes, pour renforcer la toiture et lui permettre de mieux résister aux efforts du vent. V. *Motifs*, vol. 1, p. 58.

TORE (**Boitel**, et par corruption, dans les anciens auteurs, **Bowtel**, **Boutel**, etc.). 1. Wm. de Worcester donne le nom de *Boitels* (V. fr. *perches* ou *verges*) aux minces fûts (V. ce mot) d'une colonne formant faisceau, en les comparant à des bois de hallebardes ou de javelines (**Bolts**). V. FUT. 2. Les colonnettes adossées aux jambages des portes, des fenêtres, etc., sont aussi des *boitels* (Cf. vol. I, pl. 50 et page 73). 3. Enfin ce vieux terme anglais, correspondant au *toros* des architectes italiens, s'applique à toute moulure ronde. — Les retables (*reredosses*) ou écrans (*screens*) placés derrière les stalles, dans la chapelle de Beauchamp (Warwick) durent être surmontés d'une corniche (*crest*) de fine sculpture, avec un tore ou *boutel* courant « le long de la dite corniche. » Dugdale, *Antiquités du Warwicqshire: Antiq. architect.* iv. 11. Le tore dont il est question dans cette citation est une moulure cylindrique en forme de bâton, placée horizontalement au-dessus de la crête feuillagée de la corniche, pour en préserver les parties délicates. Il fut ordonné que les fenêtres de la nef de l'église de Fotheringhay « seraient semblables de tous points à celles du chœur (*Quire*), à cette seule différence près, que toutes n'auraient pas des *bowtels*. » *Monast.* III, 162. — N. B. Le *tore* n'a guère été employé par l'architecture antique que dans la base de ses colonnes. L'architecture gothique, en lui donnant jusqu'aux deux tiers du cercle, en a fait une de ses moulures favorites; elle en forme ses archivoltes, ses nervures, ses meneaux, ses trèfles, les faisceaux de ses piliers. Le *tore* finit même ici par remplacer la colonne (SCHMIT, p. 455). — *Torus* veut dire littéralement *câble*.

TOUR CENTRALE, CLOCHER CENTRAL (**Rood-tower**, **Rood-steeple**). Tour ou clocher s'élevant au point d'intersection des branches d'une église cruciforme, c'est-à-dire entre les deux transsepts. Les tours centrales de l'époque gothique sont communes en Angleterre; elles disparurent à peu près du continent, au contraire, avec l'architecture romane.

TRACERIE. V. RÉSEAU.

TRANSSEPT, *transept* (**Transept**, du lat. *transseptum*). « Ce mot a deux sens : il signifie d'abord toute la nef transversale (*cross-aile*) qui croise à angle droit le vaisseau d'une église, séparant la nef proprement dite du chœur, et donnant à l'ensemble de l'édifice la forme d'une croix; il signifie ensuite chacune des deux parties extrêmes de cette nef transversale. Dans le premier cas, transsept a pour synonyme *croisée*; dans le second cas, *branches de croix* et *croisillons* » (BERTY). M. Willson signale la même confusion : quelques écrivains anglais appellent transsept toute la nef transversale ; d'autres, tels que Gough, Warton, etc., parlent d'un *transsept Nord* et d'un *transsept Sud*, ne désignant conséquemment par transsept qu'une branche de croix. Pour faire cesser cette confusion, M. Berty propose de n'entendre le mot *transsept* que dans le premier sens, d'appeler *croisillons* les deux extrémités de la nef transversale, et de réserver le terme *croisée* pour caractériser l'espace carré résultant du croisement de la nef et du transsept. Cette nomenclature est rationnelle, mais n'est pas encore généralement adoptée. Il faut faire observer, au surplus, que le terme *transsept* est moderne : les anciens écrivains disent *Crux, cruces*; dans un passage cité par Ducange, *la Croisade* (V. PARKER). Leland emploie à plusieurs reprises la forme latine *transseptum*. William de Worcester dit ordinairement *brachia* (les bras) ou « the Crossets » (la nef transversale). Ibid. 290, 292, etc. — Dans la *Description of Elgin Cathedral* (GROSE, *Antiq. of Scotland*, vol. II), le transsept est nommé **Traverse** (V. ce mot). « Il y avait des portiques (ou *to-falls*, constructions annexes; on disait aussi *lean-to*; V. PARKER) de chaque côté de l'église, à l'Est de la *traverse* ou croix. » Dans la table des dimensions de la même église, on lit : « Longueur de la *traverse*, prise à l'extérieur, 114 pieds » (*Ibidem*).

TRAVÉE. « C'est un rang de solives posées entre deux poutres dans un plancher. Ce mot vient du latin *trabs*, une poutre, ou plutôt de *transversus*, qui est en travers, comme sont les solives, entre deux poutres. Lat. *Intertignium* » (DAVILER). Quand on parle des édifices du moyen âge, on appelle travée (**Bay**) chacune des principales divisions d'une nef, d'un cloître, d'une galerie quelconque, qu'elles soient marquées par des piliers, par des pilastres, ou par les formes principales des combles, etc. Cf. BERTY, PARKER, etc. V. BAIE, et pour des exemples, les *Antiq. arch. de la Normandie*, pl. 9, 10, 14; 15, 16, 32, 33, 40, etc.

TRAVERSE (**Transom**). Litt., pièce de bois mise en travers (**trans-summer**); on donne le nom de *transom*, par exemple, en anglais, au linteau d'une porte. — La *traverse* d'une fenêtre est le barreau horizontal de bois ou de pierre qui croise à angle droit les meneaux montants. De là « une fenêtre à traverses » (a *transom window*) est une fenêtre divisée en compartiments, non seulement en largeur, mais encore en hauteur. — Le terme **Traverse** s'appliquait autrefois en Angleterre à une galerie ou tribune (*toft*), croisant quelque partie d'une église ou d'une autre grande enceinte. « La *traverse* du roi, dans la chapelle de St-Édouard » (*account of the Coronation of George the second*). — COTGRAVE donne une autre définition : *Traverse*, maison qui avance, qui fait saillie sur les maisons voisines. » — Enfin *traverse* se rencontre dans le sens de *transsept*. (V. ce mot.)

TRÈFLE (**Trefoil**; lat. *Trifolium*). Ornement trilobé, comme la feuille de la plante qui lui a donné son nom. Il apparaît déjà dans le style de transition, mais évasé, aplati; au XIIe siècle, il prend sa forme décidée à pétales arrondies ; *entier*, il se montre dans un œil-de-bœuf, dans une rose de vitrail, il découpe une balustrade, il s'inscrit dans un pignon, etc. ; *tronqué*, il conserve sa place au sommet d'une arcade ; puis il s'aiguise et s'encadre d'une ogive, etc. Au XIVe siècle, le trèfle et le quatrefeuilles se carrent; au XVe ; ils deviennent curvilignes et segalbent ; au XVIe, le trèfle a presque entièrement disparu. » (SCHMIT). V. QUATREFEUILLE. N. B. Ces termes sont modernes, mais très-usités et très-bien choisis.

TREILLIS (**Treillice**). Porte ou écran à jours, en bois ou en métal. « A l'entrée de l'allée du Nord, en venant de la lanterne, on voyait une porte en treillage (*treillice-door*) entre deux piliers, dont les deux battants s'ouvraient et se fermaient comme les panneaux d'un paravent. Au-dessus de la porte il y avait un treillis semblable, élevé jusqu'à la hauteur de la voûte; et le dit *treillis* était surmonté de pointes de fer longues d'un quart de YARD (V. ce mot), pour rebuter ceux qui auraient voulu tenter l'escalade. » (*Ancient Rites and Monuments of Durham*, in 12.)

TRIFORIUM. « Galerie établie dans les anciennes basiliques, au moins dans les plus importantes, au-dessus des *ailes* (V. le mot) ou *nefs latérales*, et qui étaient occupées pendant les offices, celle de droite par les vierges consacrées à Dieu, celle de gauche par les veuves. Cette disposition fut nécessaire, tant que les monastères n'eurent pas le droit d'avoir une église particulière dans leur enceinte, pour la célébration des Saints Mystères » (SCHMIT). — Ainsi s'explique l'application au *triforium*, par quelques écrivains anglais modernes, du terme **Nunnery** qui signifie proprement le *chœur des nonnes*. Ce chœur a pu conserver, dans certains couvents de femmes, la position élevée de l'ancienne galerie des vierges. — Plus tard, le *triforium* devint tout simplement une galerie circulaire accessible au public, et d'où l'on assistait d'en haut aux cérémonies du culte (V. *Motifs*, vol. II, descr. de la pl. XLV ; *Antiq. arch. de la Normandie*, p. 15, etc.) Beaucoup de grandes églises, tant romanes que gothiques, ont des *triforia* plutôt destinés à la décoration qu'à l'utilité, puisqu'ils sont quelquefois dépourvus de balustrades, et tellement étroits, qu'on n'y peut voir qu'un passage pour les ouvriers et les gens chargés du service de l'église (SCHMITT). — Le mot *triforium*, introduit par les écrivains anglais dans le langage de l'architecture, signifie littéralement une arcade à trois subdivisions, et qui se répète entre chaque travée dans un certain nombre d'églises. Mais la grandeur et le nombre des arcades des *triforia* sont très-variables. — Le *triforium* est un véritable étage, quoique les arcades n'en soient pas toujours ouvertes; au-dessus s'élève la *claire-voie* ou *étage à jours* (clerestory). V. CLAIRE-VOIE).

TROMPE (Sconce, *Squinch*). Petite arcade ou voûte tronquée et en encorbellement, servant à soutenir une tourelle, des pendentifs de coupoles, etc. *Trompe dans l'angle*, située dans un angle rentrant; — *sur l'angle*, placée sur un angle saillant (BERTY). « Quatuor SCONCI de lapidibus ab uno quarterio anguli in proximum ad ligandam speram » (W. de Worcester, *Ibid.* 196, dessin de la tour et de la flèche de l'église de Redcliffe). « Ainsi payé à Nicolas Brancell pour cent pieds de pierres de taille (*ashlere*), et pour des *squinches* de 18 pouces de hauteur et de 15 au moins (d'épaisseur ou de largeur?) — *Record of the building of Louthspire. Archæol.* vol. X et *Arch. Antiq.* vol. IV. — La solution des doutes de M. Willson sur les mots *Squinch* et *Sconce* se trouve dans le *Glossaire* de M. Parker, p. 440.

TUILES FAITIÈRES (Crest-tiles). « Tuiles de couronnement d'un comble à deux égouts. Ces tuiles sont unies ou ornées, simples ou doublées. Lorsque les faîtières sont ornées, elles composent une véritable crête de poteries plus ou moins découpée sur le ciel. » (VIOLLET-LEDUC, V° *Faîtière*). « Chacun a pu voir comment, sur les toitures en chaume, les paysans forment un large faîtage de boue, dans laquelle ils piquent des plantes grasses pour maintenir la terre et l'empêcher de se dissoudre à la pluie. L'origine des crêtes de comble se retrouve dans ce procédé naïf. » (*Id.* V° *Crête*). — Beaucoup d'anciens toits en tuiles portaient une crête à petits créneaux ou à feuillages, curieusement moulée en terre cuite et vernie: on voit encore çà et là, sur de vieilles maisons, quelques unes de ces tuiles faîtières. La cathédrale d'Exeter a une crête feuillagée sur l'arête supérieure de son toit; on peut constater, par d'anciens tableaux, que cette sorte de décoration était autrefois d'un usage commun. V. CRÊTE.

TYLICIUM. Terme latin très-rarement employé, désignant une grille de fer, une palissade. « Tylicium ferreum circa feretrum St-Hugonis. » (*Archives de la Cathédrale de Lincoln*).

TYMBRE (Tymbre). Ancien terme par lequel les hérauts d'armes désignaient le cimier ou la devise qui surmontait le casque ou heaume d'un chevalier. Segoing (*Mercure armorial*, 1652, in-4°), définit le *timbre*: « Les habillements de teste qui se posent sur l'Escu, » p. 101. — On nommait encore *tymbre* une tourelle élevée au-dessus des combles d'une grande salle (*hall*) et contenant une cloche (*Cotgrave. Glossographia*, etc.). — N. B. On plaçait souvent le cimier de la famille au sommet d'une tourelle, d'une lanterne, etc.; l'ancienne cuisine de Stanton-Harcourt, près d'Oxford, monument très-connu, offre un exemple de cette sorte de couronnement. La ligne suivante du *Crede* de P. Plowman (V. TABERNACLE) restera tout-à-fait inintelligible, si l'on n'y introduit le mot *tymbre* au lieu de *tomb*: « *Tombs upon tabernacles, tyld upon toff.* » Certainement l'auteur n'a pas voulu dire que les tombeaux étaient posés sur des tabernacles; mais rien n'est plus vraisemblable que d'y supposer des *tymbres*, des heaumes, des cimiers de famille, comme on en voit, par exemple, à la pl. XXXVIII du vol. II des *Motifs*. (Niche dans la chapelle de Henry VII).

TYPE, *étalon* (de mesures, etc.). Ces expressions se rendent en anglais par *standard*, mot qui signifie aussi *étendard*, et qui s'emploie dans une foule d'acceptions spéciales, dont quelques-unes seulement nous intéressent. *Standard* se dit de tout ce qui est principal, de tout ce qui l'emporte par une qualité quelconque, par le poids, par la masse, par la grandeur; de tout ce qui peut servir de modèle, de parangon, etc. D'anciens inventaires qualifient ainsi les grandes armoires, les larges buffets à portes, les coffres, les bahuts trops lourds pour être facilement déplacés (*a standing-press, a standing-chest*). Un grand chandelier à plusieurs branches et à large base, comme on en voyait jadis dans beaucoup de grandes églises, s'appelait *standard*, en quelque sorte *stable*, *établi*, non destiné à changer de place, à cause de son poids et du volume de sa base. Robert Hare, administrateur de l'hôpital de Donyngton, légua, par son testament daté de l'an 1500, « à la chapelle du dit Donyngton, deux grands candelabres (*standards*) de cuivre (*latin*, V. LAITON), pour être placés devant le grand autel de Jésus. » (*Lyson's Magna Britannia*: Berkshire). N. B. Guild-Hall, la salle d'assemblée de la corporation de Londres, s'appelait communément autrefois la salle des *standards*.

VIDIMUS. Ce terme se rencontre dans quelques contrats relatifs au vitrage des fenêtres de la chapelle du Collège du Roi, à Cambridge; il se rapporte évidemment à un *carton*, ou dessin d'après lequel la peinture devait être exécutée. « Conformément à de tels modèles, autrement dits *vidimus*. » V. deux de ces contrats, dans l'appendice des *Anecdotes of painting*, de Walpole; *vidimus* y est répété trois ou quatre fois. — N. B. Le *carton* en question peut avoir été appelé *vidimus*, parce qu'il avait été *vu* et approuvé par les personnes contractant avec les artistes, de même qu'on donnait le nom d'*inspeximus* à une charte royale, qui ne faisait que répéter et confirmer une autre charte de date antérieure.

VIGNE. La vigne joue un grand rôle comme motif d'ornement dans la période ogivale, soit comme représentation symbolique de l'Eucharistie, soit par allusion à ces paroles de Jésus : « Je suis une vigne et vous en êtes le bois » (BERTY). De là le terme **Vignette** ou **Vinette**, désignant un ornement sculpté à l'imitation des surgeons et du feuillage d'une vigne. Lydgate, dans son *Boke of Troy*, traduction poétique écrite vers 1414, mentionne, parmi les ornements d'un magnifique édifice dont il embellit l'illustre cité, les « *Vinettes* courant, s'enroulant sur les scoties (*Casements*; V. CAVET). »

VOUTE (**Vawte**, **Vowte**, **Vault**). Plafond cintré, en pierre ou en brique, ou encore en charpente, en plâtre, etc., imitant la maçonnerie. William de Worcester et d'autres écrivains de la basse-latinité traduisent ce mot par *volta*. Leland, plus classique, dit *fornix*. Le fondateur du Collège du roi, à Cambridge, donna ordre d'en « *voûter* » l'église ou *chapelle* (comme on dit communément), ainsi que quelques-unes des constructions secondaires y attenantes; les salles du Collège d'Éton se firent remarquer par leurs « *voûtes* et par leurs belles fenêtres. » *Ordonnance* (Will) de Henry VI, dans le recueil de Nichols. — Le terme **Pend** désignait une voûte en maçonnerie, mais sans arêtes. « La voûte, du genre de celles qu'on appelle *pend*, est cintrée et recouverte de pierres plates » GROSE, *Antiquités de l'Écosse*, vol. 1, 66 (Description de l'église de Seton). Il n'était pas rare de rencontrer, dans la vieille Écosse, des voûtes entièrement construites en pierre. — Le capitaine Grose, décrivant le château épiscopal de Spynie, dans le Morayshire, dit que toute la partie supérieure est voûtée et surmontée d'une **Cape house** entourée d'un crénelage. Quelle peut être la signification précise de ce terme ?

VOUTE D'ARÊTE (**Groined roof**). On appelle ainsi la voûte formée ou paraissant formée par la rencontre de deux berceaux qui se croisent (« ou de quatre lunettes égales » DAVILER). Les lignes saillantes à l'intersection de ces surfaces courbes, sont les *arêtes* (*groins*) de la voûte. — Les voûtes d'arête de la première période gothique et des grandes cathédrales allemandes vues en plan, ont la forme de rectangles ou de carrés croisés par leurs diagonales. On en trouve déjà dans l'architecture romane ; les plus anciennes n'ont pas de nervures, mais seulement des arêtes. Les nervures antérieures au XIIe siècle étaient généralement lourdes et carrées ; on ne commença à les profiler qu'à l'époque de la transition, et en même temps on essaya de construire des voûtes d'arête ogivales à arêtes saillantes (HOFFSTADT, p. 332). — Dans les belles églises d'Angleterre, les voûtes d'arête présentent souvent des combinaisons si complexes et si ingénieuses, que les artistes modernes, privés de l'avantage d'une pratique constante, n'ayant point été mis en possession de l'expé-

rience de leurs devanciers, éprouveraient les plus grandes difficultés, s'ils étaient mis en demeure d'en essayer l'imitation. V. HOFFSTADT, p. 331 et suiv.

YARD (**Yard**). Mesure de trois pieds. (V. BRASSE). Dans les anciens documents, les dimensions des bâtiments sont généralement calculées en *yards*. — « Un yard, mesure anglaise, compte toujours pour trois pieds. » (*Contract for building Fotheringhay Church*. MONAST. III, p. 162). Les dimensions du clocher (**Stepyll**) de la dite église de Fotheringhay sont établis « d'après le *yard* à mesurer, à trois pieds pour chaque yard. » (*Ibidem*, p. 163). — Le nom de *yard* s'applique aussi : 1° à un *chevron* (pièce de charpente) : « *Item*, les chevrons (*yerdys*), dits *sparres* (all. *sparren*), de la grande salle royale (*hall*), ont en longueur environ 45 pieds. » (*Itin*. de W. DE WORCESTER ; descr. du château de Bristol); 2° à une cour entourée de murs ou d'autres constructions.

N.B. A propos du clocher de l'église de Fotheringhay, il n'est pas inutile d'observer que les vieux documents attribuent généralement aux tours plus qu'ordinaires une hauteur exagérée ; il n'est pas toujours facile de rectifier les erreurs de cette sorte. Les coupes exactes, relevées pour quelques publications modernes sur l'architecture, ont fait reconnaître l'incorrection de plusieurs anciennes notices : le *yard* et même le *demi-yard* sont souvent des mesures vagues. En revanche, la précision de certaines descriptions récentes paraît excessive quand on se place au point de vue des difficultés pratiques : il est assez plaisant de tenir compte d'un demi-pouce dans l'évaluation de la longueur d'une cathédrale.

ZIGZAG (**Zigzag**). Nom d'une sorte d'ornement courant, très-commun dans les édifices normands du XIIe siècle, et peut-être déjà usité avant cette époque. Le zigzag se compose de moulures concaves et convexes, ou plates, entremêlées (V. BLOXAM, ch. V ; PARKER, pl. 114; *Antiq. arch. de Normandie*, p. 15, et la pl. 3 du vol. I des *Motifs*. — Le terme zigzag est moderne et probablement de pure invention (par comparaison avec la forme de la lettre Z). Il n'a pas été appliqué à l'architecture, en Angleterre, avant Warton ou Bentham ; celui-ci dit indifféremment *chevron* ou *zigzag*. *History of Ely*, 1771, in-4°, sect. V. V. CHEVRON. — Le capitaine Grose, dans sa description du château de Closeburne, comté de Dumfries, dit que « la porte de cet édifice s'ouvre sous une arcade en plein cintre, décoré d'une moulure en zigzag ou *dancette*, grossièrement taillée dans un dur granit. » *Antiquities of Scotland*, vol. I, p. 153. *Dancette* est un terme emprunté à l'art héraldique ; plusieurs autres écrivains modernes s'en sont également servis pour désigner le *chevron* ou le *zigzag*.

ERRATA.

Art. **JUBÉ**, ligne 4. *Domint*, lisez *Domine*.

— **PIERRE DE TOUCHE**, l. 1. **Rouch-Stone**, lisez **Touch-Stone**.

— **PORTRAIT**, l. 6. *Warwickhire*, lisez *Warwickshire*.

MOTIFS ET DÉTAILS CHOISIS

PALAIS DE HAMPTON COURT.

GABLE DE LA GRANDE SALLE.

GABLE DE LA FAÇADE OCCIDENTALE.

PL. 2.

PALAIS DE HAMPTON COURT — TUYAUX DE CHEMINÉES DANS LA PREMIÈRE COUR.
CÔTÉ DU NORD. CÔTÉ DU SUD.

PALAIS DE HAMPTON COURT — TUYAUX DE CHEMINÉES.
CÔTÉ OUEST DE LA PREMIÈRE COUR — CÔTÉ OUEST DE LA COUR DE LA FONTAINE.

PALAIS DE HAMPTON COURT. ÉLÉVATION D'UNE PARTIE DE LA COUR INTÉRIEURE.

PALAIS DE HAMPTON COURT - FENÊTRE EN ENCORBELLEMENT AU DESSUS DE LA SECONDE PORTE COCHÈRE.

PALAIS DE HAMPTON COURT. ARCADE ET VOÛTE EN ARÊTE DE LA SECONDE PORTE COCHÈRE.

PALAIS DE HAMPTON COURT — GRANDE SALLE, COUPE TRANSVERSALE DU TOIT.

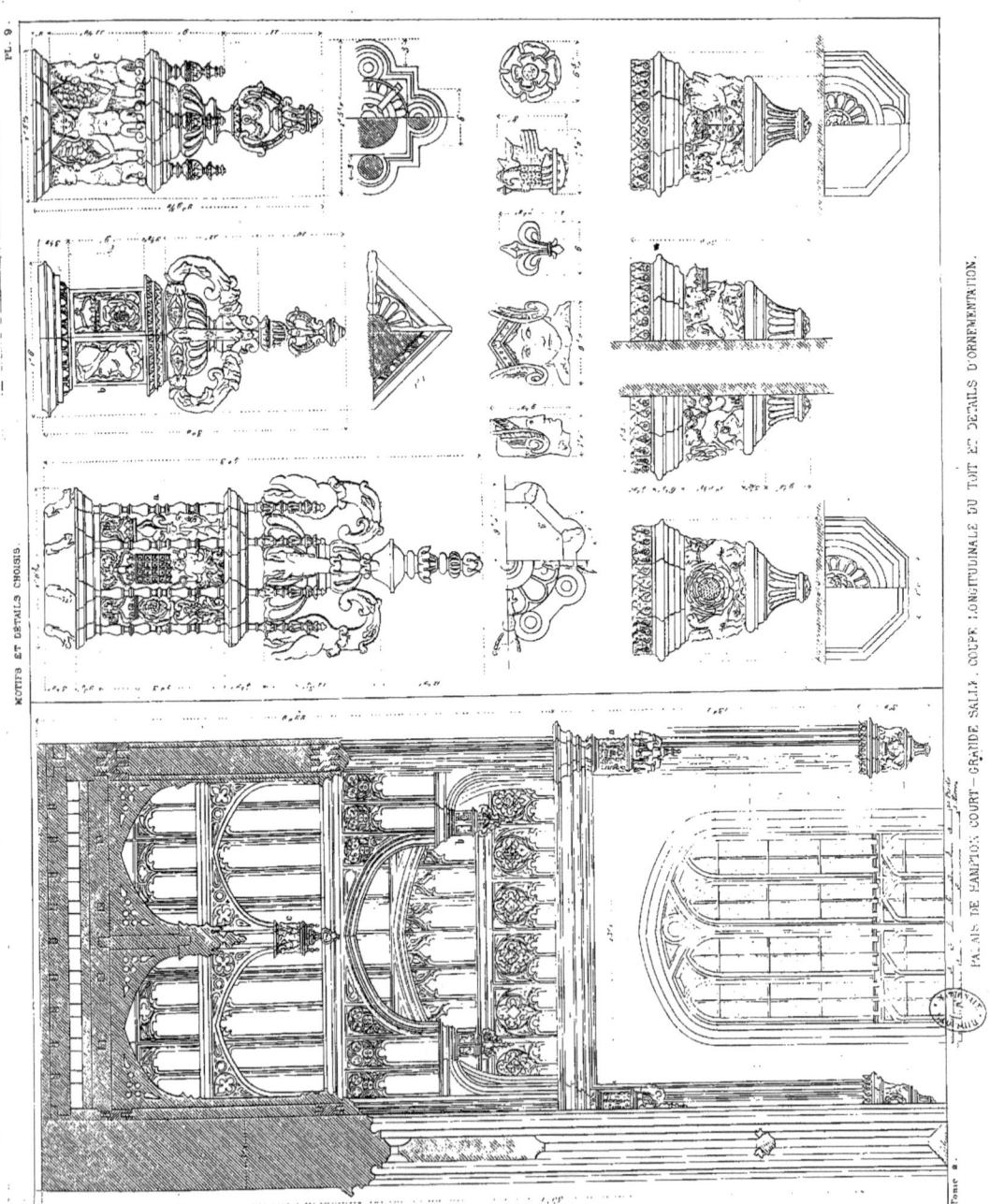

PALAIS DE HAMPTON COURT — ÉLÉVATION DE LA GALERIE DES MUSICIENS DANS LA GRANDE SALLE

PALAIS DE HAMPTON COURT — PORTE FAISANT FACE A LA FENÊTRE EN ENCORBELLEMENT DE LA GRANDE SALLE.

PALAIS DE HAMPTON COURT-ÉLÉVATION DE L'OREIL (FENÊTRE EN ENCORBELLEMENT) ET DE DEUX AUTRES FENÊTRES DU BOUDOIR (OU SALON DE RETRAITE.)

MOTIFS ET DÉTAILS CHOISIS

PALAIS DE HAMPTON COURT — PLAN ET COUPE DU PLAFOND DU BOUDOIR (OU SALON DE RETRAITE).

Pl. 13.

COUPE TRANSVERSALE DE L'ÉGLISE Sᵗᵉ MARIE A OXFORD.

TRAVÉE DE L'ÉGLISE STE MARIE A OXFORD. CÔTÉ DU SUD.

PORTE MÉRIDIONALE DE L'ÉGLISE D'IFFLEY, COMTÉ D'OXFORD.

MOTIFS ET DÉTAILS CHOISIS.

Pl. 16.

ÉGLISE St SAUVEUR A SOUTHWARK. — PORTE OCCIDENTALE.

MOTIFS ET DÉTAILS CHOISIS

PORTE ÉTROITE A ENCADREMENT QUADRANGULAIRE AU COLLEGE DE MERTON.

OXFORD.

LARGE PORTE A ENCADREMENT QUADRANGULAIRE A L'ÉGLISE DU CHRIST.

Pl. 18.

PORCHE DE L'ÉGLISE St MICHEL A OXFORD. PORCHE DE L'ÉGLISE DE LA TRINITÉ A CAMBRIDGE.

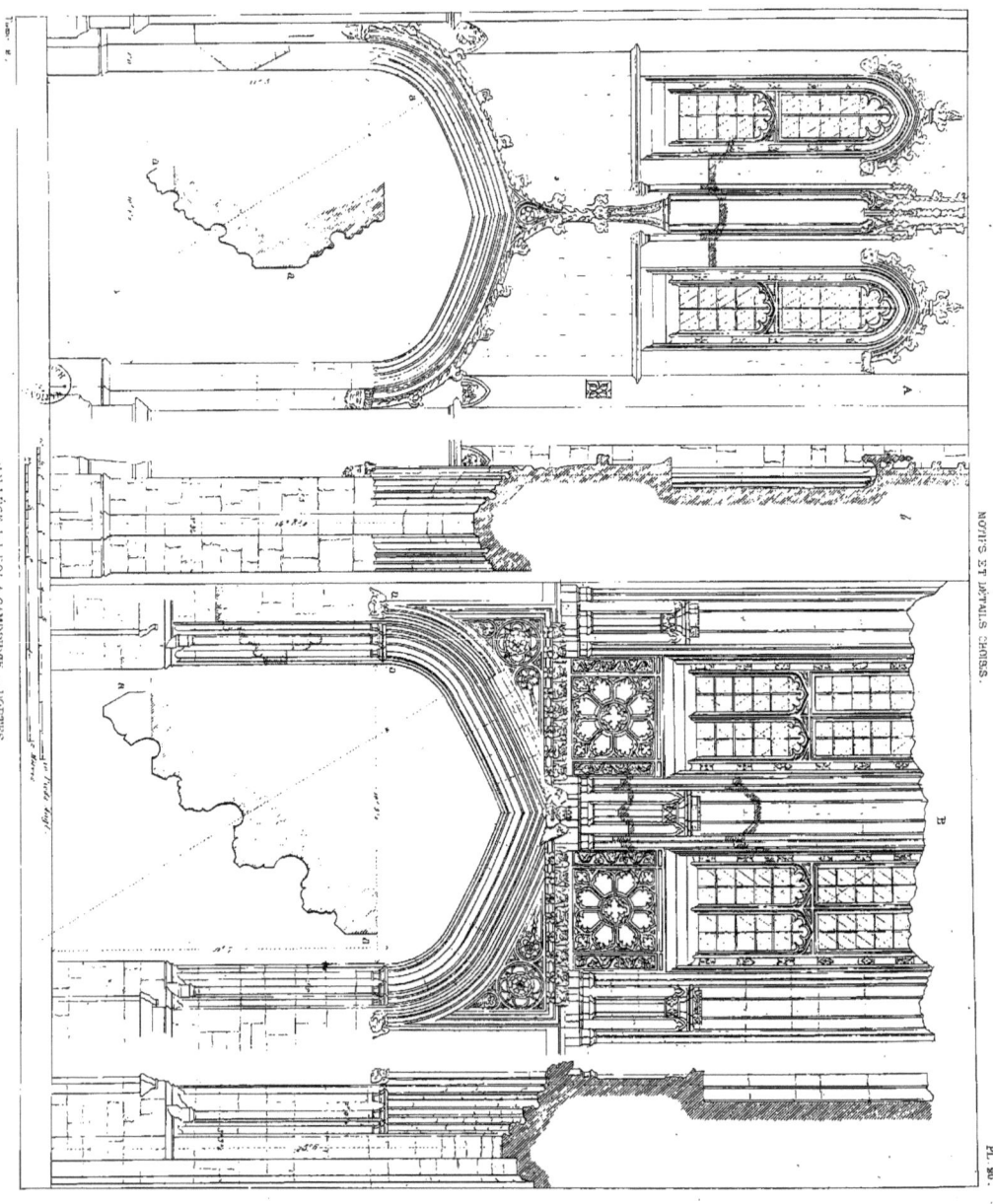

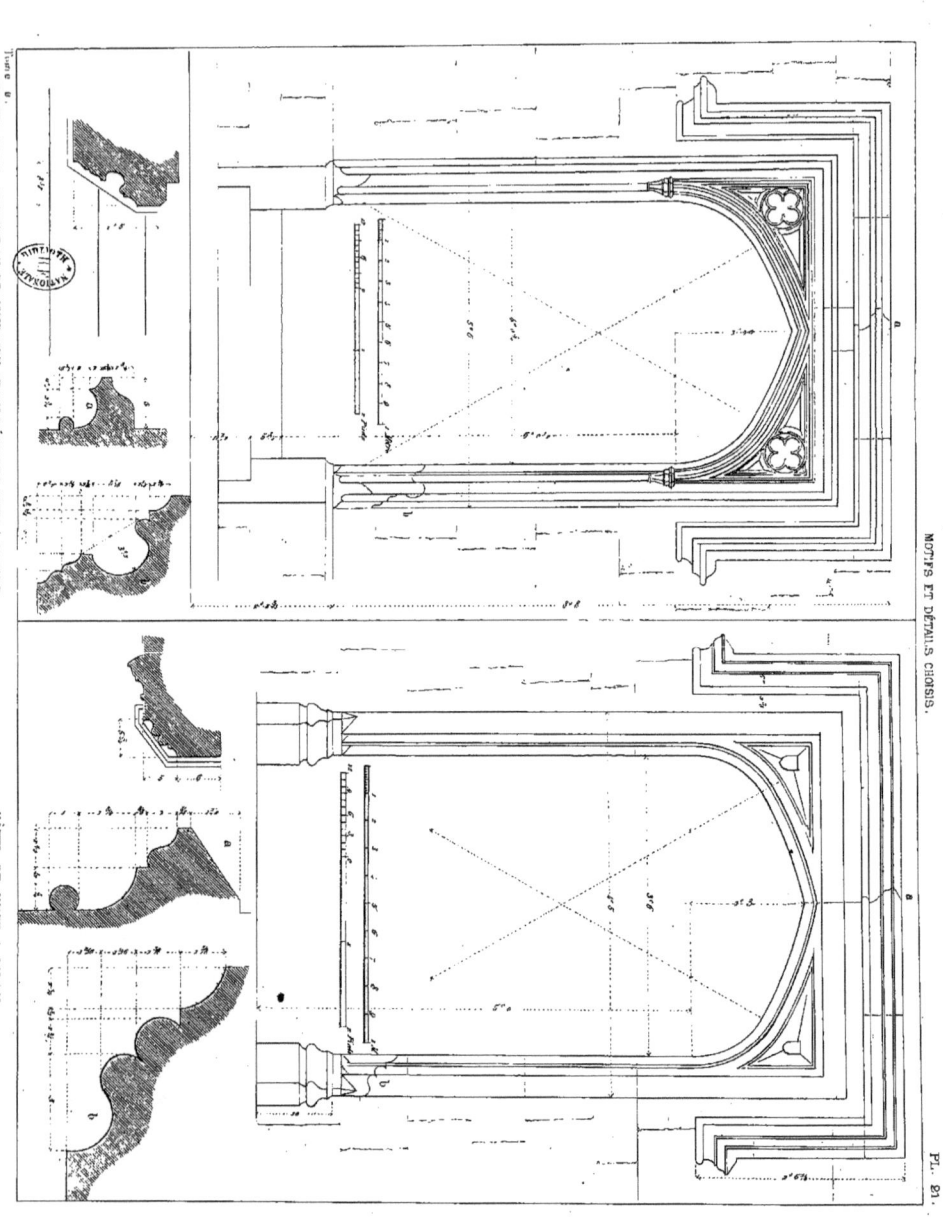

HÔTEL DE GUISE A CALAIS. GRANDES PORTES. COLLÈGE DES AMES A OXFORD.

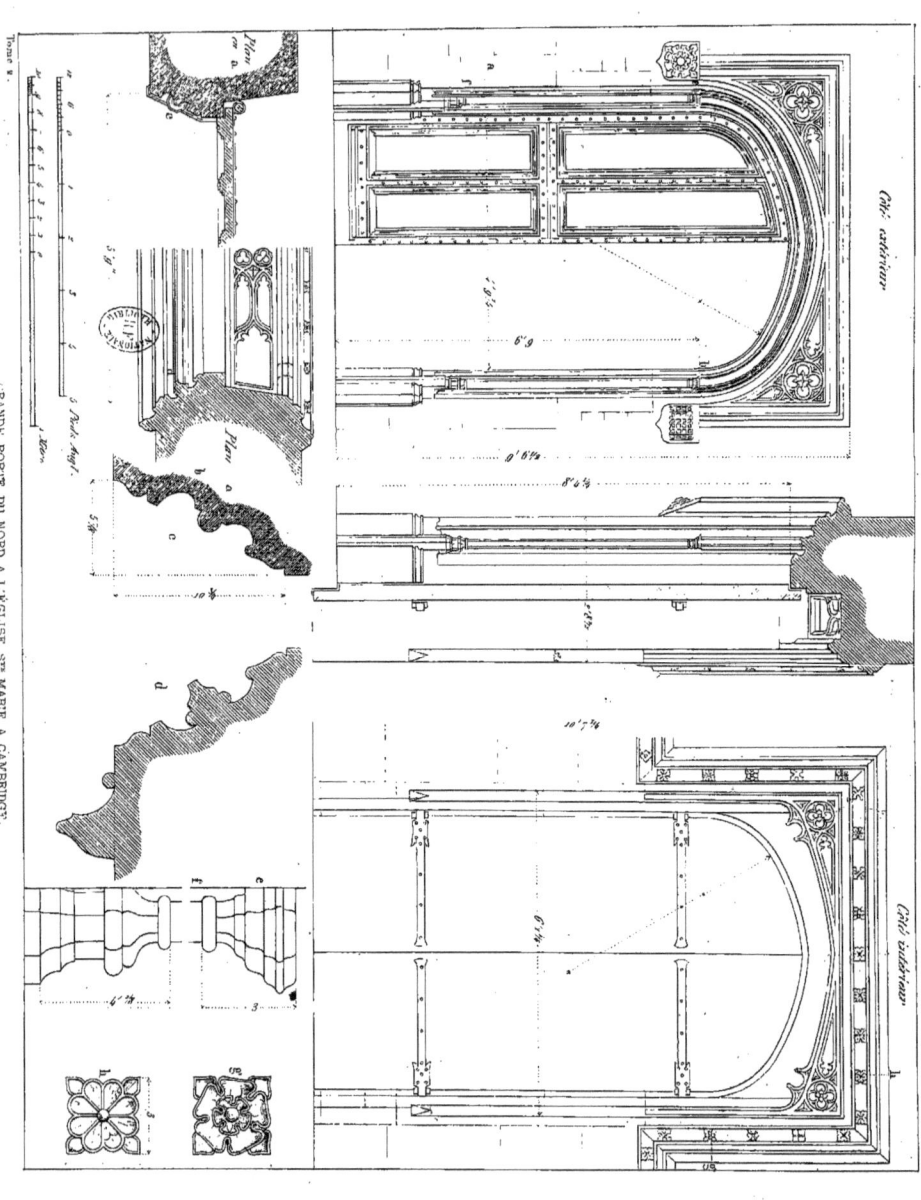

GRANDE PORTE DU NORD A L'ÉGLISE S^{TE} MARIE, A CAMBRIDGE.

PORTES EN BOIS

DANS LES CLOITRES DU NOUVEAU COLLÈGE A OXFORD.

ÉCRAN DANS LA CHAPELLE D'ÉDOUARD LE CONFESSEUR
A L'ABBAYE DE WESTMINSTER.

PORTAIL DE LA CHAPELLE ST ETIENNE A WESTMINSTER.

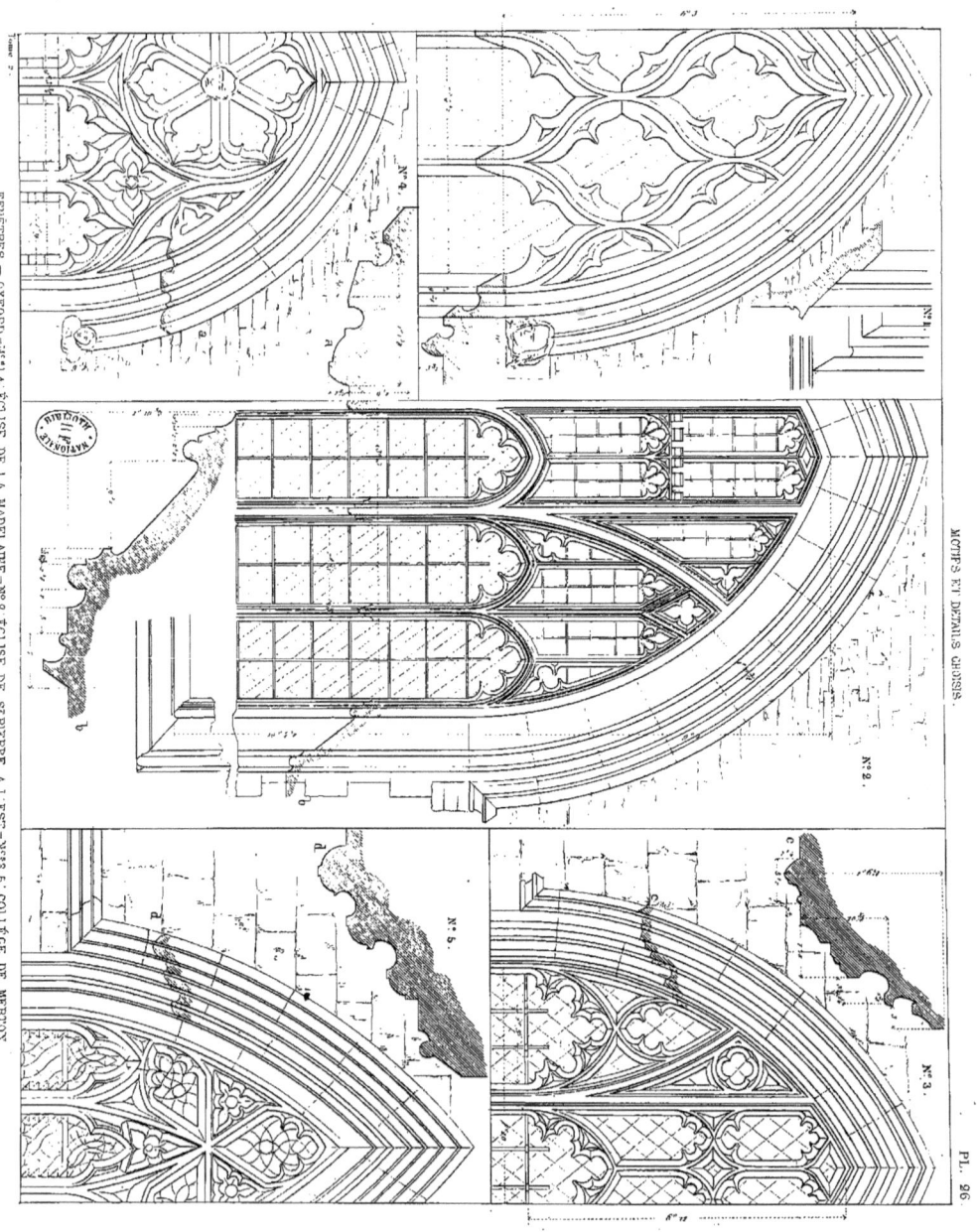

ÉGLISE DE L'ABBAYE DE WESTMINSTER
ROSE INSCRITE DANS UN CARRÉ, AU TRANSEPT MÉRIDIONAL.

FENÊTRE AU COLLÈGE DU ROI A CAMBRIDGE.

FENÊTRE DANS LA SALLE DU COLLÈGE DE BALIOL A OXFORD.

MOTIFS ET DÉTAILS CHOISIS.

PL. 28.

FENÊTRE EN ENCORBELLEMENT DANS LA GRANDE SALLE DU COLLÈGE DE JÉSUS A CAMBRIDGE.

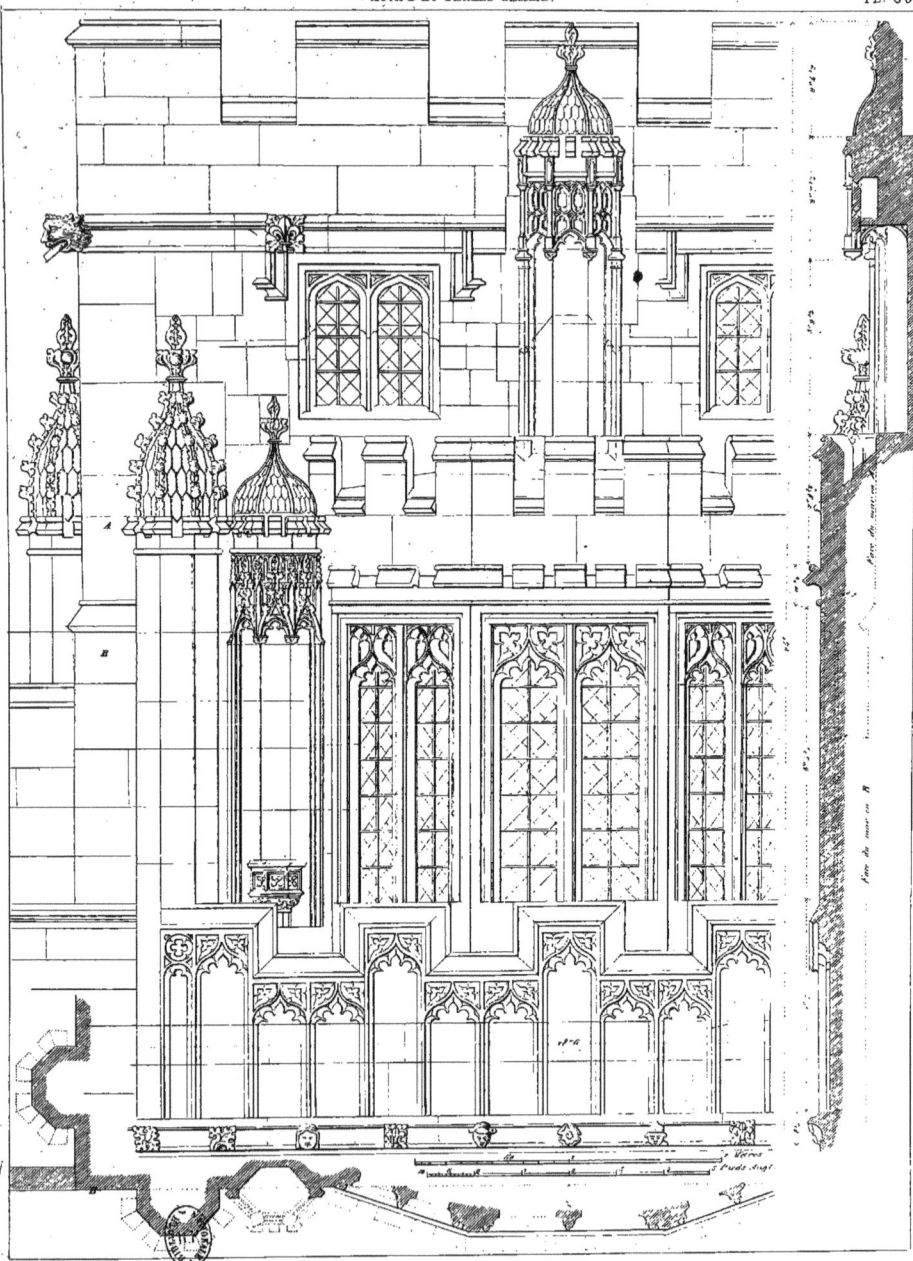

PARTIE SUPÉRIEURE DE LA TOUR D'ENTRÉE DU COLLÉGE DIT BRAZEN NOSE (NEZ DE BRONZE) A OXFORD.

MOTIFS ET DÉTAILS CHOISIS. PL. 31.

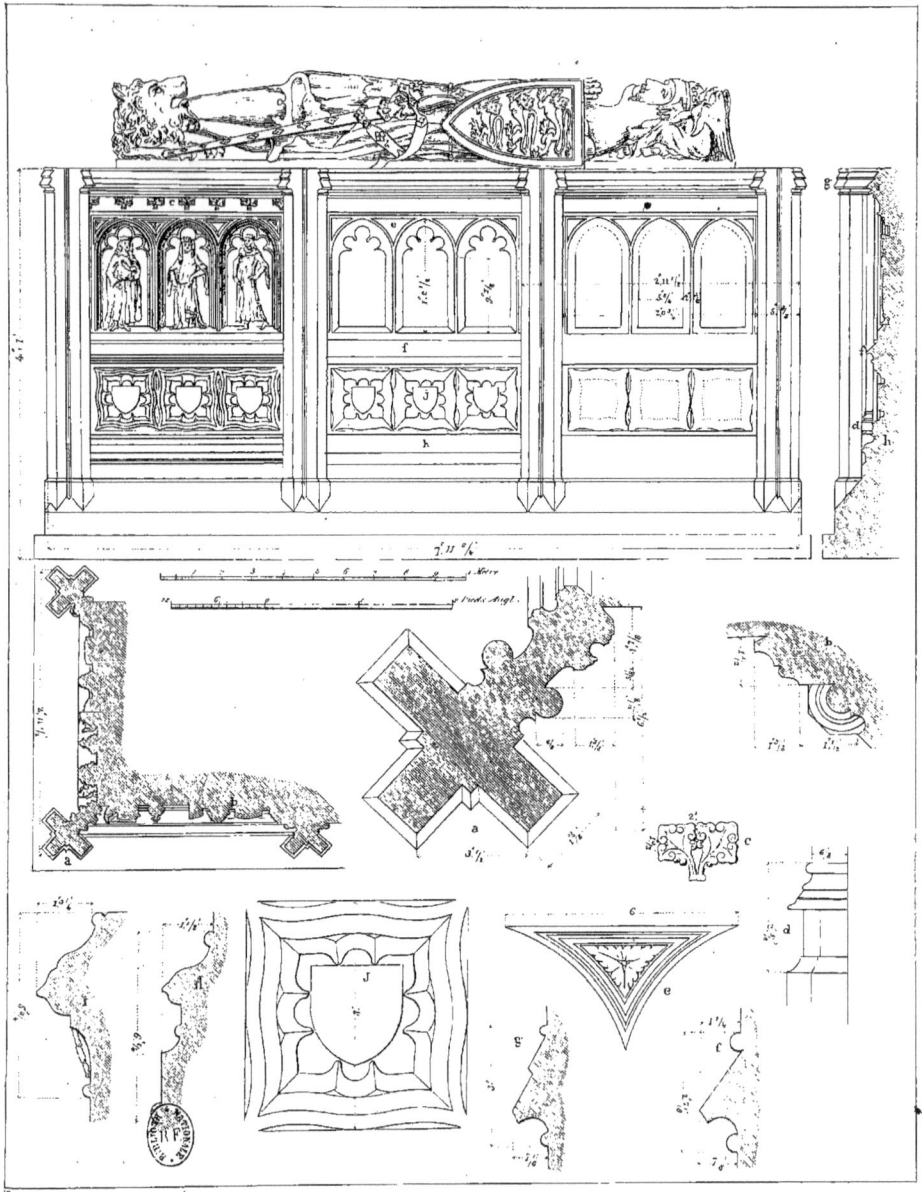

MONUMENT DE JOHN D'ESTHAM, COMTÉ DE CORNOUAILLES.
DANS LA CHAPELLE DE S.T EDMOND. (ÉGLISE DE L'ABBAYE DE WESTMINSTER).

Établ.t et impr.ie de Noblet et Baudry.

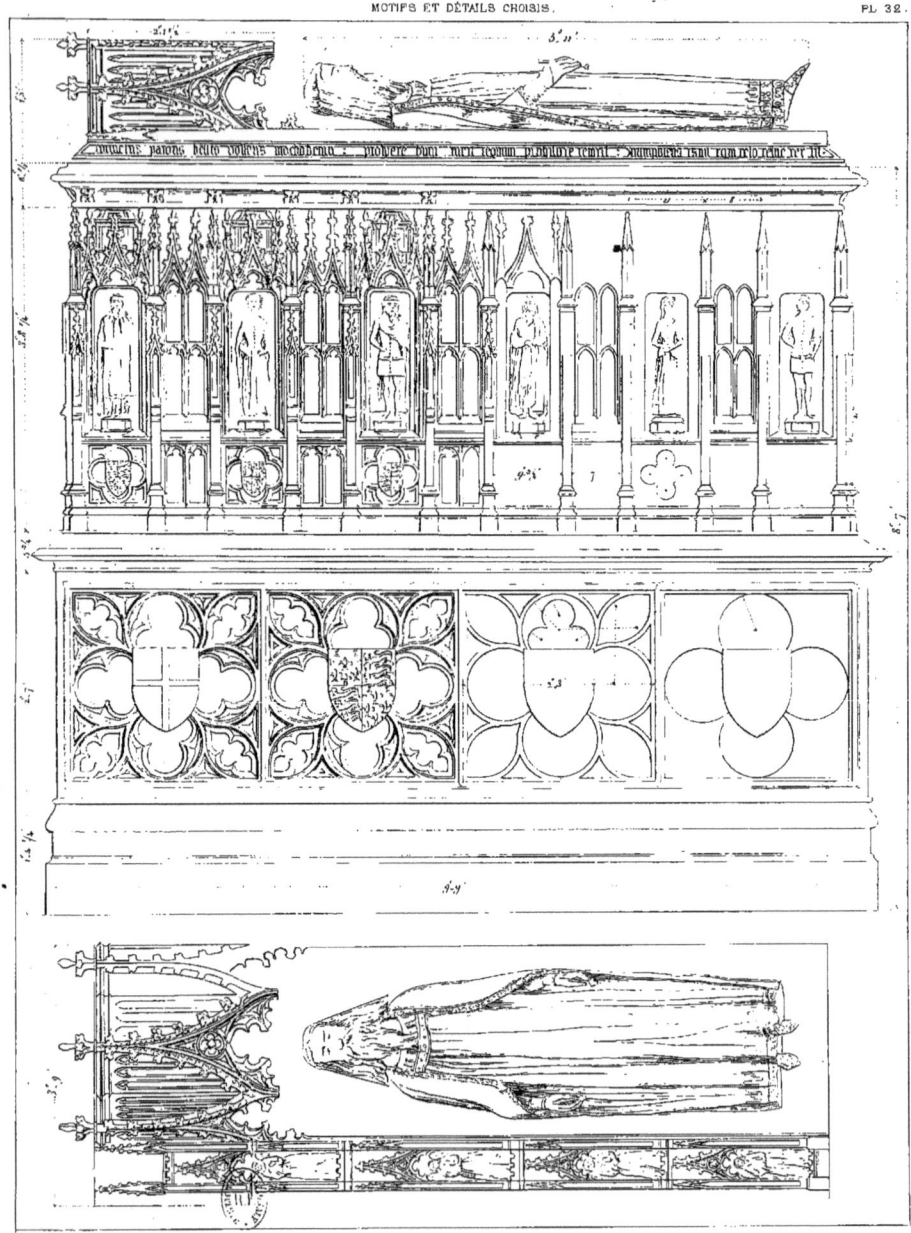

MONUMENT D'ÉDOUARD III. (ÉGLISE DE L'ABBAYE DE WESTMINSTER)

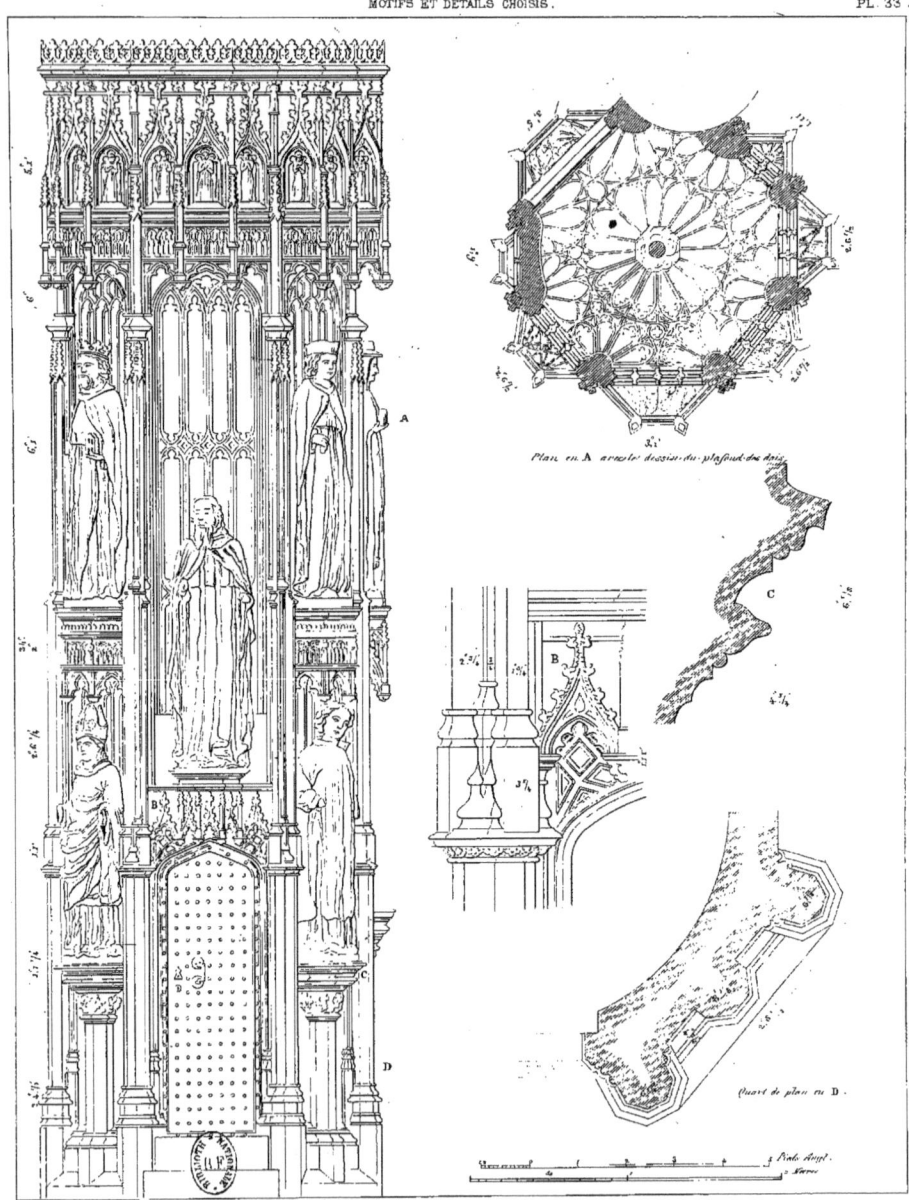

ÉLÉVATION DE LA CAGE D'ESCALIER DU MONUMENT DE HENRY V, DANS L'ÉGLISE DE L'ABBAYE DE WESTMINSTER.

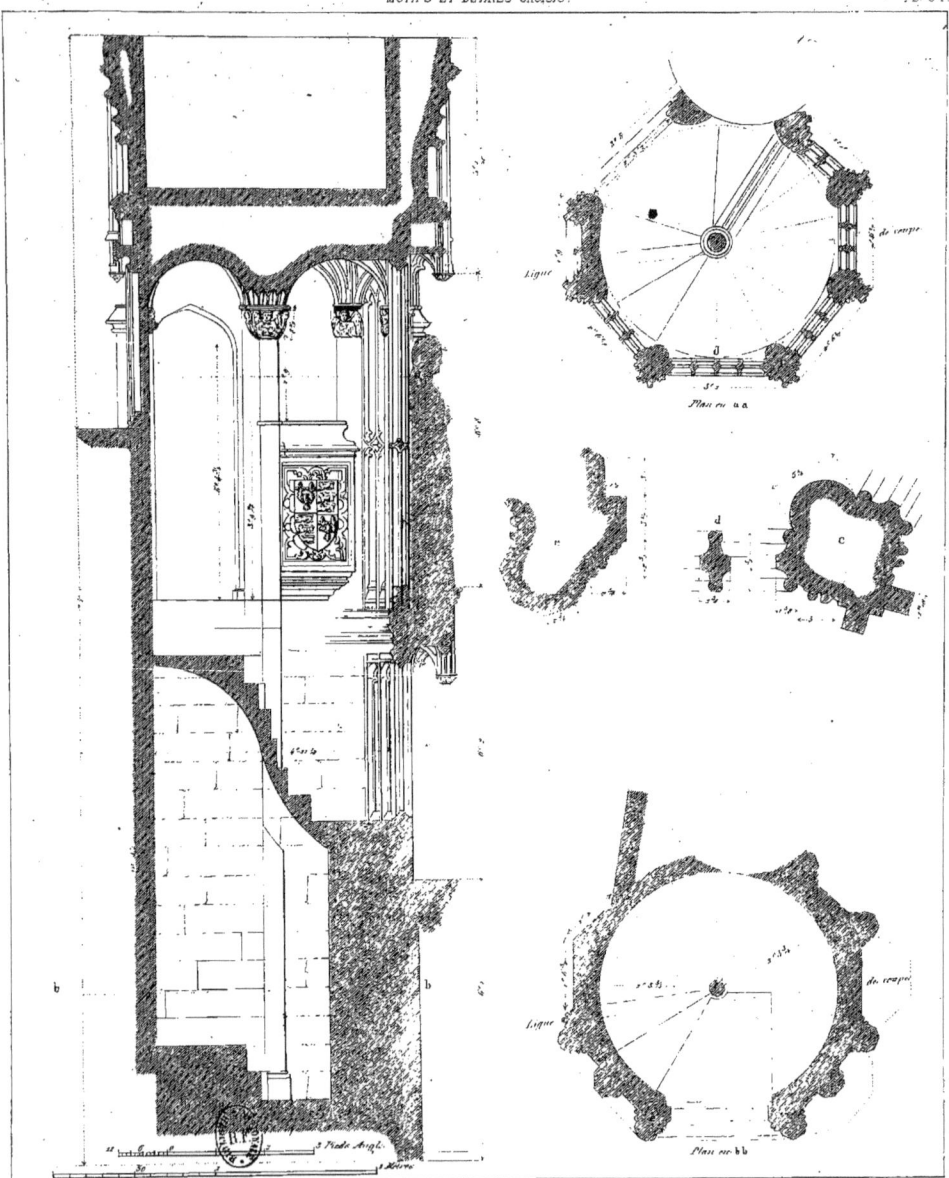

COUPE DE L'ESCALIER DU MONUMENT DE HENRY V, DANS L'ÉGLISE DE L'ABBAYE DE WESTMINSTER.

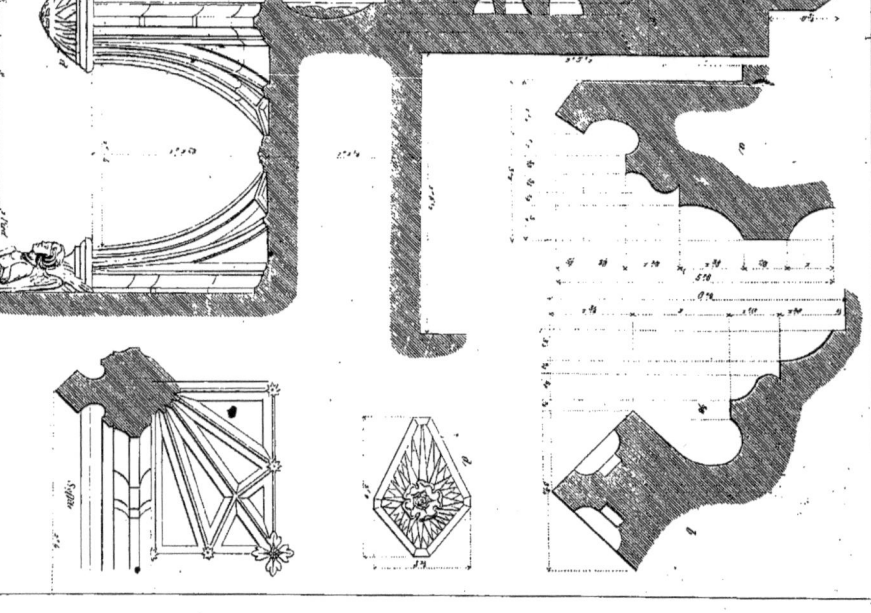

DAIS EN PIERRE DU MONUMENT DE L'ÉVÊQUE DUDLEY, DANS L'ÉGLISE DE L'ABBAYE DE WESTMINSTER.

MOTIFS ET DÉTAILS GOTHIQUES.

MONUMENT DE C. VASCET, ABBÉ DE WESTMINSTER. (CHAPELLE DE ST ERASME DANS L'ÉGLISE DE L'ABBAYE DE WESTMINSTER.)

Pl. 36.

ÉGLISE DE L'ABBAYE DE WESTMINSTER — PORTE ET ECRAN DANS LA CHAPELLE DE L'ABBÉ ISLIP.

NICHE DANS LA CHAPELLE DE HENRY VII. (ÉGLISE DE L'ABBAYE DE WESTMINSTER)

MOTIFS ET DÉTAILS CHOISIS. PL. 32.

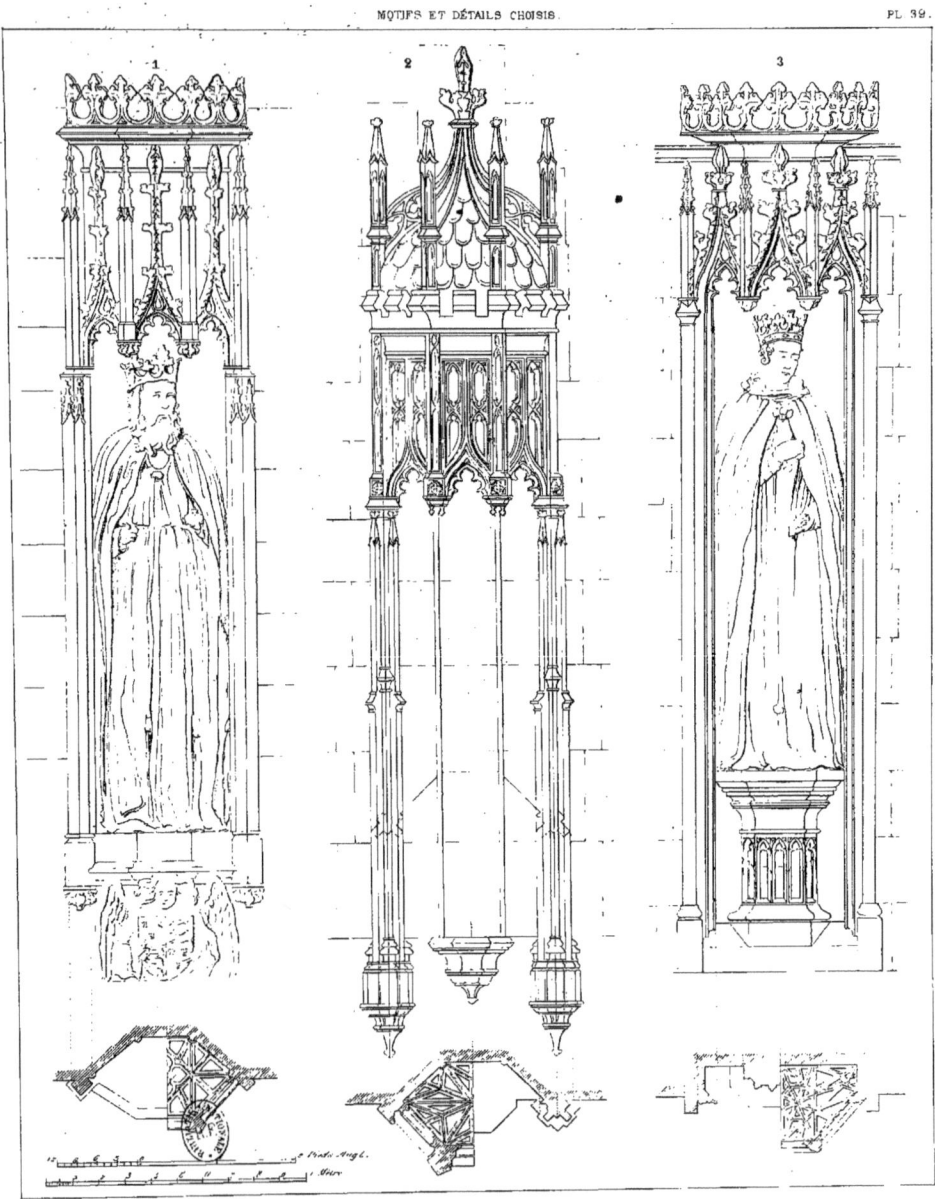

NICHES A OXFORD — 1 COLLÈGE DE MERTON. 2 COLLÈGE DE CORPUS CHRISTI. 3 COLLÈGE DES AMES.

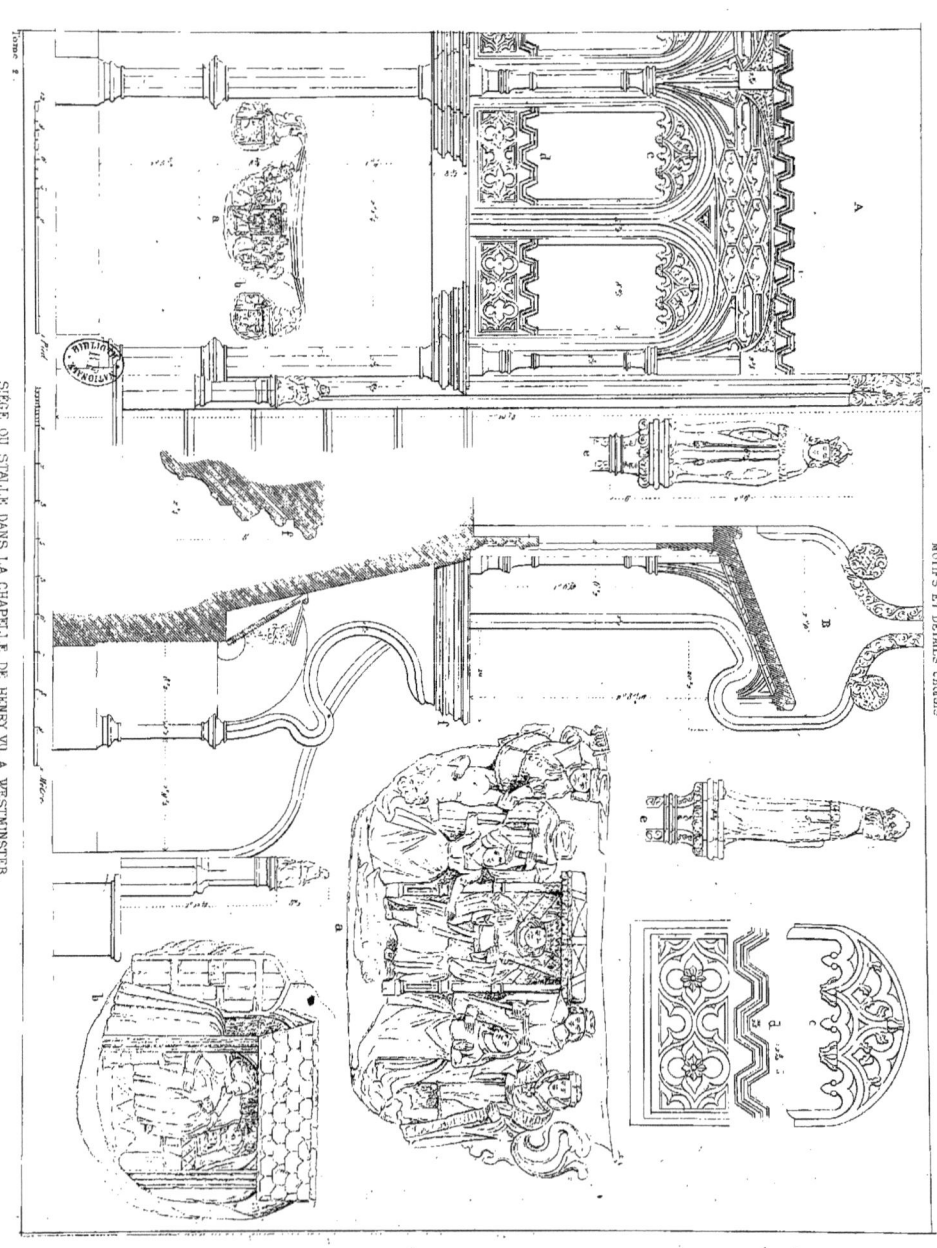

SIÈGE OU STALLE DANS LA CHAPELLE DE HENRY VII A WESTMINSTER.

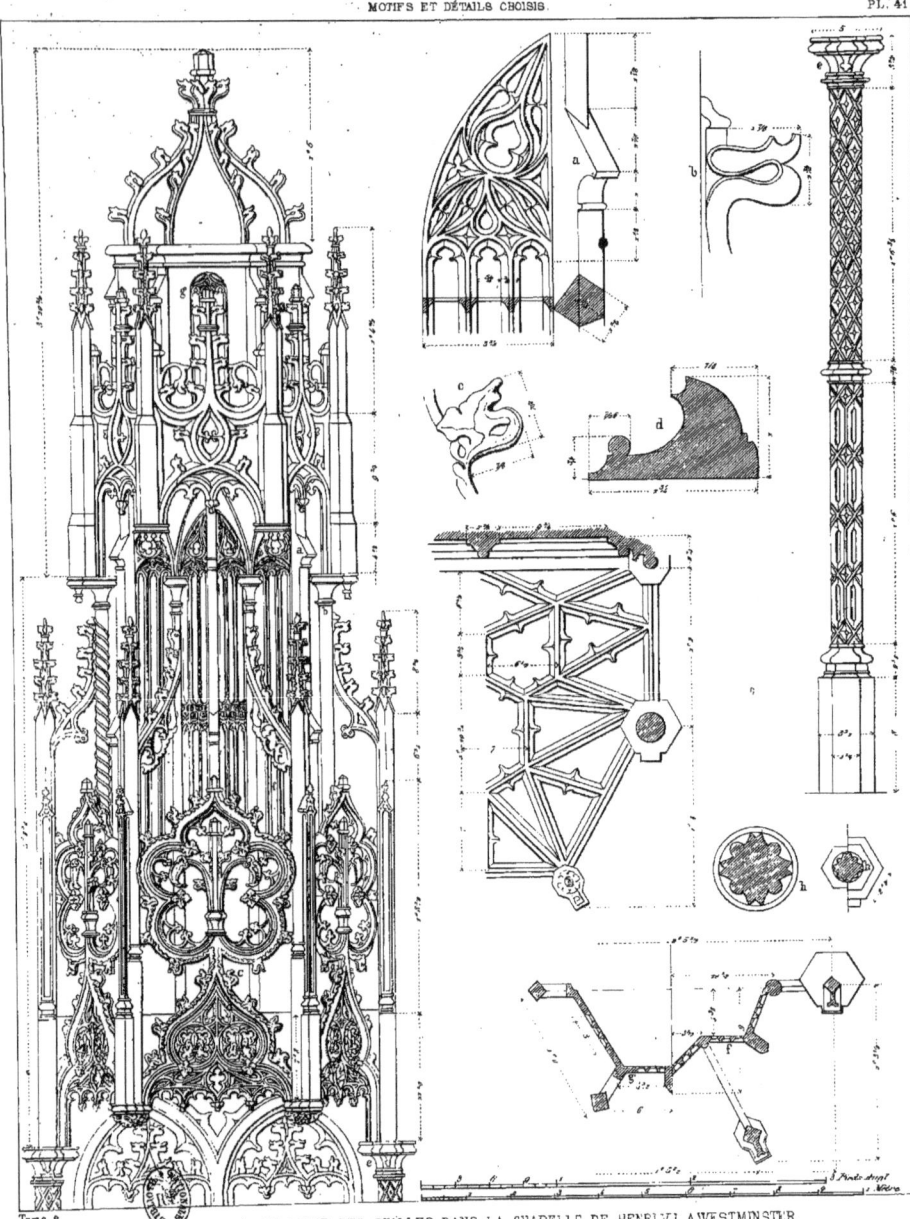

DAIS SURMONTANT L'UNE DES STALLES DANS LA CHAPELLE DE HENRI VII, A WESTMINSTER

MOTIFS ET DÉTAILS CHOISIS. PL. 42.

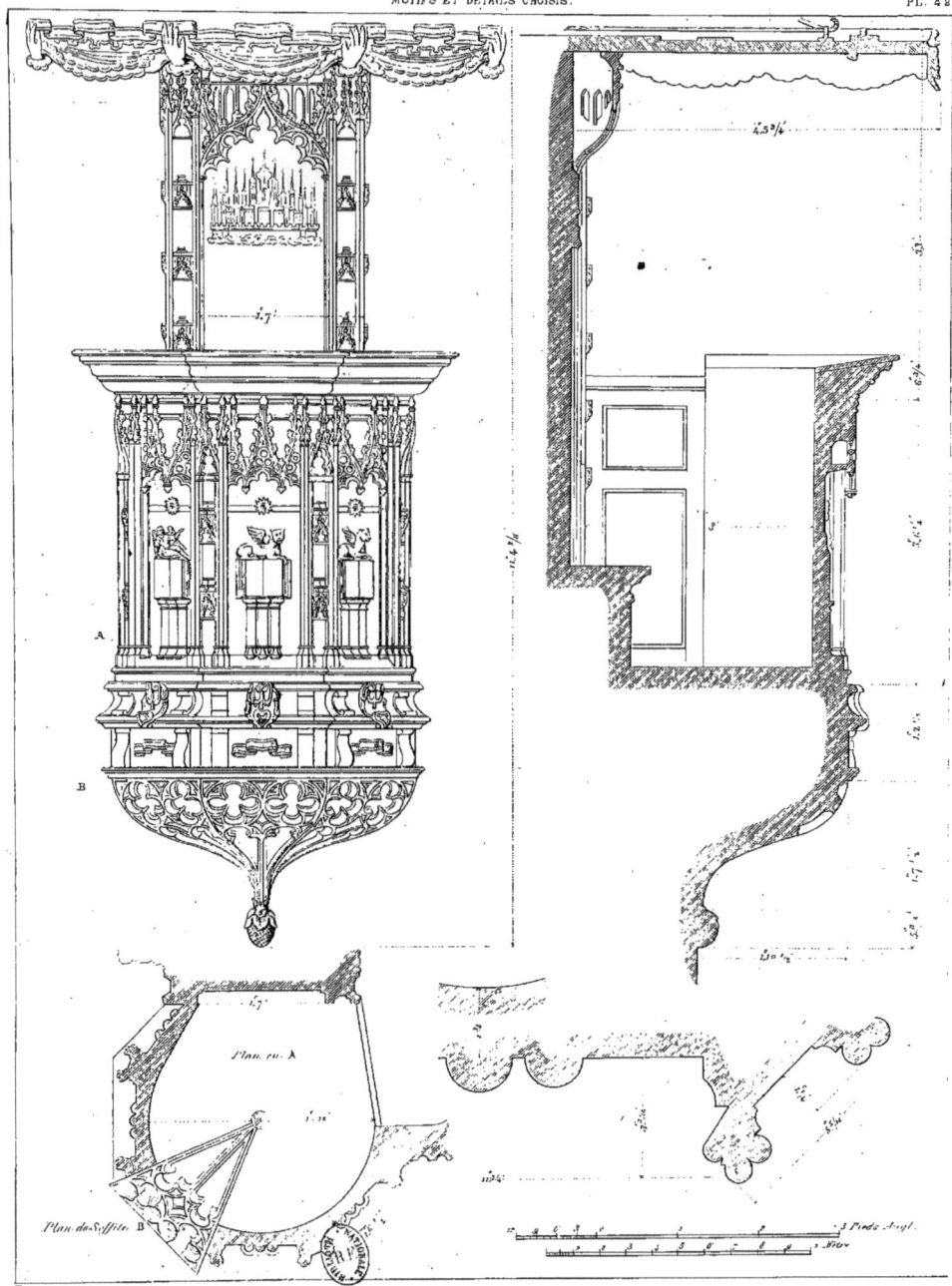

CATHÉDRALE DE WORCESTER — TRIBUNE EN PIERRE (CÔTÉ NORD DU CHOEUR)

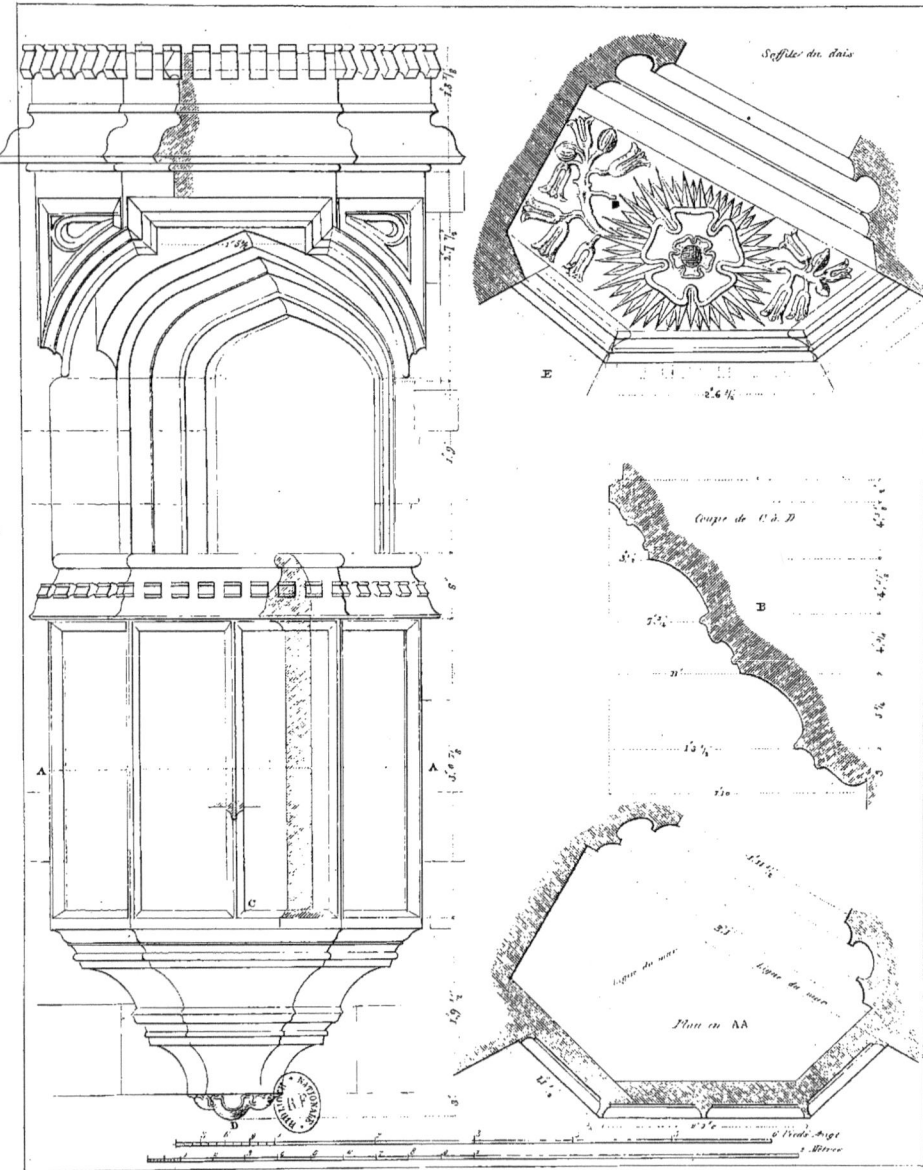

TRIBUNE EN PIERRE AU COLLÈGE DE LA MADELAINE A OXFORD

COFFRE APPARTENANT A M.G. ORMEROD, ESQRE

EGLISE DE L'ABBAYE DE WESTMINSTER — TRIFORIUM OU ÉTAGE MOYEN DE LA GRANDE NEF.

MOTIFS ET DÉTAILS CHOISIS

MOTIFS ET DÉTAILS CHOISIS. PL. 46.

CHAPELLE DU COLLÉGE DU ROI, A CAMBRIDGE — TOURELLE ET GABLE.

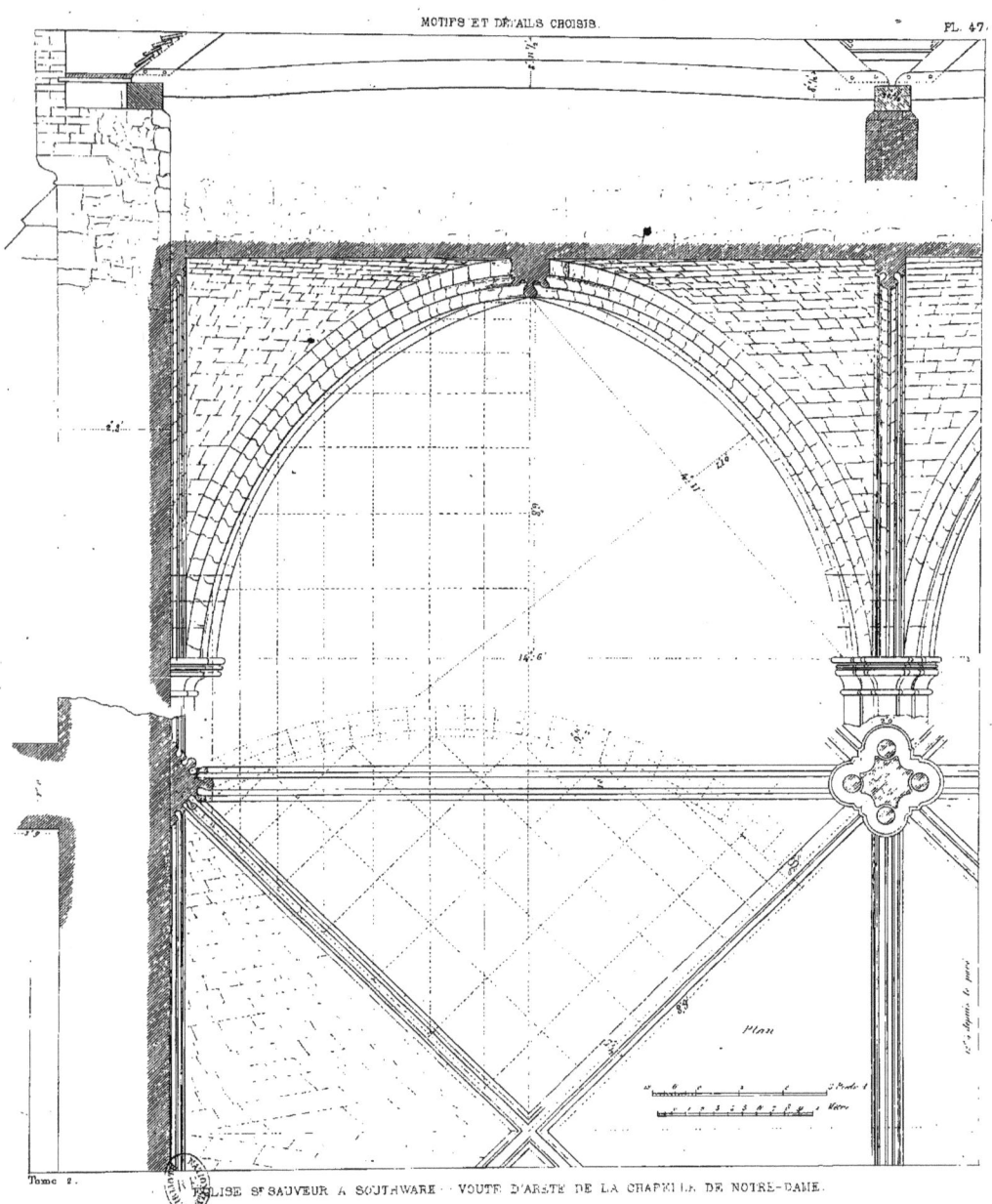

ÉGLISE St SAUVEUR A SOUTHWARK — VOUTE D'ARÊTE DE LA CHAPELLE DE NOTRE-DAME.

MOTIFS ET DÉTAILS CHOISIS. Pl. 48.

Tome 2. Nos 1.2. ÉGLISE St SAUVEUR. 3. ÉGLISE DE L'ABBAYE DE WESTMINSTER. 4. ÉGLISE Ste MARIE A OXFORD.

MOTIFS ET DÉTAILS CHOISIS

Nos 1 ET 2. TRANSSEPT DE L'ÉGLISE DE L'ABBAYE DE WESTMINSTER. — 3 ET 4. ÉGLISE St SAUVEUR A SOUTHWARK.

Pl. 49.

CONSOLES, CULS-DE-LAMPE, ETC. A OXFORD.

MOTIFS ET DÉTAILS CHOISIS. PL. 51.

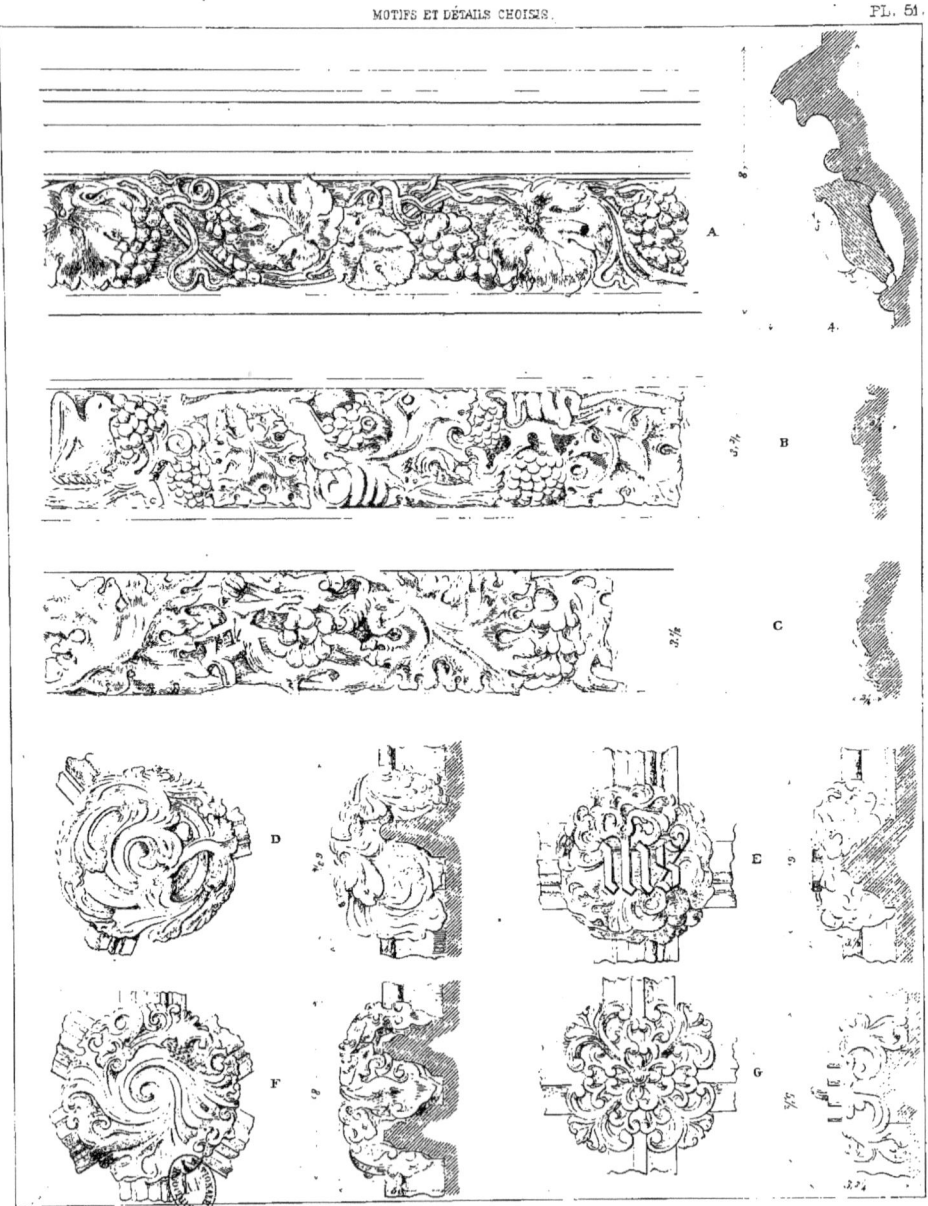

ÉGLISE DE L'ABBAYE DE WESTMINSTER — ORNEMENTS DIVERS.

MOTIFS ET DÉTAILS CHOISIS

N° 1. AIRE.
N° 2. CHOEUR.
N° 3. CHOEUR.
N° 4. CHAPELLE DE S.T ERASME.
N° 5. AILE SEPTENTRIONALE.
N° 6. ÉCRAN DE BOIS, AILE MÉRIDIONALE.

Tome 2.

N°s 1, 2, 3, 5, ET 6 : CHAPELLE DE HENRY VII. – N° 4 : ÉGLISE DE L'ABBAYE DE WESTMINSTER

Lith. et imp.r de Noblet et Baudry.

PL. 58.

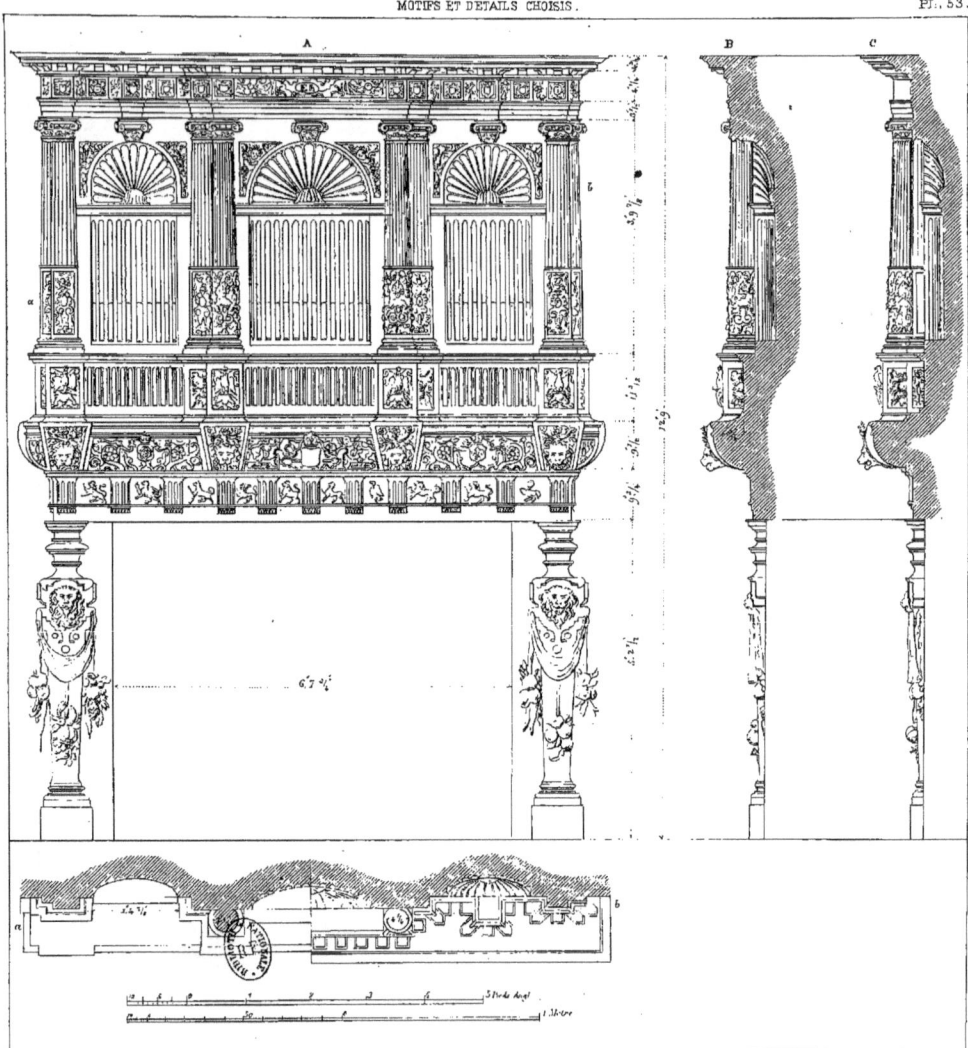

CHÂTEAU DE WINDSOR.— CHEMINÉE DANS LA GALERIE DE LA REINE ÉLISABETH.

CHÂTEAU DE WINDSOR — DÉTAILS DE LA CHEMINÉE CONSTRUITE DANS LA GALERIE DE LA REINE ÉLISABETH

MOTIFS ET DÉTAILS CHOISIS.

Pl. 54.

www.ingramcontent.com/pod-product-compliance
Lightning Source LLC
Chambersburg PA
CBHW071937160426
43198CB00011B/1434